Connaître
et se connaître

A basic reader for communication

third edition

Connaître
et se connaître

A basic reader for communication

third edition

Gilbert Jarvis
Thérèse Bonin
Diane Birckbichler
The Ohio State University

Harcourt Brace Jovanovich College Publishers

Fort Worth   Philadelphia   San Diego   New York   Orlando   Austin   San Antonio
Toronto   Montreal   London   Sydney   Tokyo

Acknowledgements and photo credits appear on page 240.

Publisher Nedah Abbott
Acquisitions Editor Vincent P. Duggan
Senior Project Editor Ines Greenberger
Production Manager Lula Als
Design Supervisor Renee Davis
Illustrator Ruth Gembicki Bragg

Library of Congress Catologing-in-Publication Data

Jarvis, Gilbert A.
    Connaître et se connaître

    Rev. ed. of: Connaître et se connaître/Gilbert A. Jarvis . . . [et al.]. 2. ed. c1980.
    1. French language—Readers. 2. French language—Textbooks for foreign speakers—English. I. Bonin, Thérèse M. II. Birckbichler, Diane W. III. Connaître et se connaître. IV. Title.
PC2117.J34   1986   448.6′421   85-27198

ISBN 0-03-002122-7

Printed in the United States of America

123   039   9 8 7 6

PREFACE to the third edition

The third edition of *Connaître et se connaître*, like its predecessors, has been designed to develop the ability to communicate in French—the ability to send or receive messages in a new language. Students enjoy expressing their own ideas, whether opinions about major world issues or reactions to events in their own lives. They enjoy discovering what an author has written about topics of interest, especially when the reading is within their range of competence.

While retaining the emphasis of communicative and meaningful language use, this third edition incorporates changes that further enhance the student's ability to communicate in French, that further develop reading skill, and that further increase knowledge of French-speaking cultures.

These changes are reflected in the new chapter organization. Like previous editions, each chapter begins with an excerpted and adapted text from a French magazine or newspaper. In this edition, however, the material following the reading is arranged in three main parts: *Lire et comprendre*, *Coin culturel*, and *Activités*.

Lire et comprendre contains comprehension questions, an *Aide-lecture* section and its accompanying application exercise, and a new *Document* section. The *Documents* (e.g., advertisements, maps, excerpts from articles and books) are related to the chapter reading and give students practice in reading authentic and unedited materials. Thus, students are presented both with adapted, excerpted readings designed to be within their range of competence and with authentic *Documents* that challenge them to test their reading skill.

The next part, *Coin culturel*, includes three sections. First, the *Notes Culturelles* provide information about various aspects of French-speaking cultures. The second section, *Le saviez-vous?*, functions as a cultural teaching quiz that asks students a series of questions related to a topic and then provides answers, thus enabling students to acquire actively additional cultural knowledge. The final section, *Entre cultures*, provides a series of discussion questions, within the linguistic range of the students, that ask them to compare and contrast various aspects of French-speaking and American cultures.

The final part of the chapter, *Activités*, retains its emphasis on communicative language use and its variety of interesting and challenging activities.

Although this reader is suitable for a variety of situations, it is most widely used in the latter half of a first-year college course or by the beginning of a second-year high school course.

INTRODUCTION *to the teacher*

Students learning to read French want to receive messages and information that *matter to them*. Students learning to speak or write French want to send messages that *matter to them*. Today's textbook must therefore provide highly interesting content as well as the means for developing all communication skills and increasing cultural knowledge and understanding. *Connaître et se connaître* has been designed to foster real communication in French and to develop the student's proficiency in all skills, but particularly in reading comprehension, oral communication, and cultural awareness.

The twenty-four chapters in *Connaître et se connaître* are arranged in three levels or parts. The *Première Partie* (the first eight chapters) is written entirely in the first 500 words of *Le Français fondamental*, plus recognizable cognates. All other words are glossed in the margin. Structures are limited to the most simple, and only the present tense is used. The *Deuxième Partie* adds the next 500 words of *Le Français fondamental* and adds the *passé composé*, future tenses, and reflexive verbs. The *Troisième Partie* uses the next 500 words of *Le Français fondamental* and adds the conditional and imperfect tenses. Thus, the entire book is written within the first 1500 words of *Le Français fondamental* and cognates, and there is a clear progression in difficulty. To assure student comprehension, directions are given in English in the *Première Partie* and in simple French throughout the rest of the book.

Each chapter of the book has the following organization:

Reading.   Each chapter begins with high-interest readings that have been excerpted and adapted from French magazines. The reading selections are diversified and will appeal to most students. Each reading is followed by a section entitled *Lire et comprendre* whose purpose is to evaluate the comprehension of the initial reading and to further develop reading skill. After the *Compréhension du texte* is an *Aide-lecture*, which gives students specific suggestions on the development of reading skill and an application exercise to test their ability to apply the reading hint. The *Document* section contains a variety of types of reading materials such as surveys, maps, articles, petitions, menus, and excerpts from a French history book. The purpose of this section is to provide authentic and unedited readings to the student to complement and supplement the adapted and modified initial reading. Unknown vocabulary is not glossed, as questions on the *Documents* are carefully structured to be within the range of the student's language skill. The *Documents* therefore provide students with realistic experience in dealing with materials containing unfamiliar language.

Culture.   The student's cultural knowledge and insights are further developed in this section of the chapter. The *Notes culturelles* (in English in the first part of the book and in French thereafter) provide information on cultural topics related to the chapter reading. *Le saviez-Vous?* is a teaching quiz that asks students questions about various aspects of French-speaking culture. Although in many cases the students may not know the answers, they are challenged to try to find answers through discussions with other students or with the teacher, through use of reference books, or finally through consulting the *réponses* at the end of the activity. This activity can be assigned as homework, used as an in-class discussion activity, or treated as a type of trivia game. The *Entre cultures* questions are designed to encourage students to compare and contrast their own and French-speaking cultures through a series of questions appropriate for their level of linguistic competence.

Activités.   These activities focus on communication, but they are not restricted to any one language skill. They can be done in large groups, small groups, or individually. Some can be omitted, others expanded. Many are intentionally open-ended. Often value judgments are involved to challenge students to communicate what they think about a particular topic. The flexibility of this format enables teachers and students to develop these *Activités* in any direction that seems appropriate. Rather than having one particular way of teaching imposed by textbook authors, the teacher must make decisions about the best way for students to achieve their goals.

INTRODUCTION *to the student*

As a student, you need to know what the overall goals of a course or textbook are, why you are asked to perform certain tasks, and what you will learn as a result. *Connaître et se connaître* has five main goals: (1) development of reading skill in French; (2) development of listening, speaking, and writing skills in French; (3) discovery of the pleasures of reading in a foreign language; (4) exploration of the differences between French-speaking cultures and your own culture; and (5) a greater awareness of your own identity and thoughts.

Although the reading topics are varied and interesting to most people, we realize that some topics will be more attractive to you than others. Some are serious; some are light. The difficulty of the material increases gradually throughout the book. To make the reading process more efficient and pleasant, try to use the dictionary as little as possible.

Following each reading are a *Compréhension du texte* section, which tests your understanding of the reading; an *Aide-lecture*, which gives you hints on how to read more efficiently and effectively in French; and a *Document*, which gives you practice reading authentic material in French (maps, surveys, ads, etc.).

Most of readings are intentionally chosen to highlight differences among cultures. We hope that you will develop insights into the ways that cultures differ and a "new pair of eyes" for viewing other cultures as well as your own. The *Notes culturelles*, *Le saviez-vous?*, and *Entre cultures* are all designed to further help you gain knowledge of and insight into France and French-speaking cultures.

Generally, most of the activities after the reading selection can be done in multiple ways, depending on your particular purpose and learning style. They do not force every student to do the same things or to "come up with the right answer." You will have to make some decisions yourself rather than rely on the textbook authors or your instructor. Therefore, there is considerable potential for learning how you best learn.

You may be learning all the language skills (listening, speaking, reading, and writing), or you may be developing only one or two of them. It is important to remember a very simple principle: You learn the skills you practice or use. If you are trying to develop oral skills, you must hear and speak French. Practicing reading or writing is not sufficient. There is no magical transfer between skills.

All the activities in *Connaître et se connaître* involve meaningful practice; that is, you need to think about what you are reading or saying. There are many opportunities for expressing your own ideas and feelings as well as for receiving those of others.

The Reading Process

Reading always involves attaching meaning to printed words. It is a successful process when the meaning attached reflects the meaning the writer had in mind. Thus, accuracy as well as efficiency is important in reading. Both can be achieved through a strategy referred to in several "reading hints" as *logical contextual guessing*. Basically it involves identifying the appropriate meaning of a smaller part of the reading material, like a word, by looking at a larger portion, such as a sentence or sentences.

Initially, you will probably relate French words to English words. You will talk about meaning in terms of English. There is nothing wrong with this strategy, but it should be recognized that reading is much more accurate and efficient when you do not need to relate French to English—when meaning is perceived directly. The technique of translating word for word is often slow and tedious and sometimes thoroughly misleading. Instead of translating a word, try to read a larger segment. You will know most of the words, and often the one or two that are not familiar will become meaningful as you read. If, for example, you do not know the word *déjeuner*, the meaning becomes clearer when you read beyond the word: *Jean veut déjeuner. Il est midi et il a faim.* This is a process similar to the one we use in English. If you have never encountered the word *detergent*, you do not immediately run to the dictionary when you see it in a context like "Our new detergent gets your clothes clean and bright." Thus, the context helps to clarify meaning.

We recommend that you first read the entire passage to get as much meaning as you can. Do not take time to look up words. Then read it again, guessing the meanings of words you do not know. Finally, read it a third time for more complete meaning, looking up words you are still unsure of if it will make you more comfortable. We think that this strategy will save you time compared with the word-for-word translation approach. Try it. If it is not successful for you, it can still serve as a point of departure in your search for your own best reading strategy.

Table des matières

première partie

deuxième partie

troisième partie

Connaître
et se connaître

A basic reader for communication

third edition

première

PARTIE

CHAPITRE un

J'adore, je déteste

Les teenagers français, comme tous les teenagers, aiment connaître leurs idoles. Pour satisfaire leur curiosité, le magazine des teenagers français Salut les copains pose souvent ces deux questions aux idoles des jeunes : Qu'est-ce que vous adorez? Qu'est-ce que vous détestez? Voici la réponse d'un jeune chanteur (singer).

J'adore

J'adore la discrétion.
J'adore les gens dynamiques et indépendants.
J'adore la cuisine de ma mère.
J'adore dormir longtemps. J'adore jouer du piano.
J'adore les enfants.
J'adore les plantes aromatiques.
J'adore écouter des disques avec mes amis.
J'adore marcher *pieds nus.*   barefoot
J'adore les gens amusants. J'adore les films d'aventure.
J'adore les vieilles maisons. J'adore les animaux.
J'adore le chocolat.
J'adore le téléphone. J'adore les voitures de sport.
J'adore porter un blue jean.
J'adore les *chansons* de Jacques Brel.   songs
J'adore décorer un appartement. J'adore les jolies filles.
J'adore Paris. J'adore le ski nautique.
J'adore le jazz et les vieilles chansons folkloriques.
J'adore les longs voyages.

Je déteste

Je déteste les pyjamas.
Je déteste la brutalité des matches de boxe.
Je déteste la *pluie.*   rain
Je déteste les appartements ultra-modernes.
Je déteste prendre l'autobus. Je déteste la vulgarité.
Je déteste les terrains de camping.
Je déteste les personnes qui parlent tout le temps.
Je déteste les moustaches. Je déteste la mentalité bourgeoise.
Je déteste la soupe et les carottes.
Je déteste la pollution. Je déteste les uniformes.
Je déteste les cigarettes américaines.
Je déteste la violence.
Je déteste les dimanches en famille. Je déteste les snack-bars.
Je déteste les serpents.
Je déteste les hommes politiques. Je déteste l'hypocrisie.
Je déteste aller chez le dentiste.
Je déteste porter une *cravate.* Je déteste attendre.   tie
Je déteste les disques de musique classique.

Extrait et adapté d'un article de *Salut les copains.*

LIRE ET COMPRENDRE

A   *COMPRÉHENSION DU TEXTE*

Answer the following questions based on the information in the reading.

1   Est-ce que ce jeune homme déteste les voyages?
2   Est-ce qu'il déteste les terrains de camping?
3   Est-ce qu'il adore la soupe et les carottes?
4   Est-ce qu'il adore les gens dynamiques?
5   Est-ce qu'il déteste porter une cravate?
6   Est-ce qu'il adore ou déteste les animaux?
7   Est-ce qu'il adore ou déteste les hommes politiques?
8   Est-ce qu'il adore ou déteste la violence?
9   Est-ce qu'il adore ou déteste les personnes qui parlent beaucoup?
10   Est-ce qu'il adore ou déteste les vieilles maisons?

B   *AIDE-LECTURE*

In French as in English, several words are often derived from a single base form. If you can recognize words that are related, you increase your vocabulary significantly without a great deal of effort. Below are some examples based on words in the reading.

Verb	*Noun* *Performer of action*	*Noun* *Action performed*
chanter	le chanteur la chanteuse	la chanson le chant
décorer	le décorateur la décoratrice	la décoration le décor
vendre	le vendeur la vendeuse	la vente
voyager	le voyageur la voyageuse	le voyage
camper	le campeur la campeuse	le camping
travailler	le travailleur la travailleuse	le travail

To practice using related words, complete each sentence by supplying a noun or verb derived from the same base form as the word in italics. Consult the preceding list if necessary.

1   Gilles Vigneault est un *chanteur* canadien. « Mon pays » est une de ses _____.
2   J'adore les longs *voyages*. Et vous, préférez-vous _____ ou rester à la maison?
3   Pierre Lenoir *travaille* dans une banque; il aime son _____ et son directeur est très content de lui.
4   Nous faisons du *camping* ce week-end; je connais un terrain de camping où il n'y a pas trop de _____.
5   Regardez cette *vendeuse*; elle va _____ du parfum à ce monsieur.
6   Qui va *décorer* votre nouvel appartement? Est-ce une _____ professionnelle?

C   DOCUMENT

Based on the information given in the following graph, describe what French people enjoy doing in their spare time.

Exemple :   21% des femmes, mais seulement 18% des hommes aiment lire.

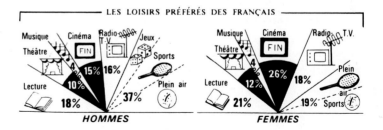

COIN CULTUREL

A   NOTES CULTURELLES

Americans tend to imagine that French people spend much of their leisure time sitting and socializing in neighborhood cafés. But this stereotype is not accurate. The favorite pastimes of the French are, in fact, going for drives and watching television. As recent surveys have shown, going to cafés is actually among the least popular activities — along with hunting and fishing. Other diversions enjoyed by French people include taking care of gardens and houses; entertaining guests; reading; sewing or knitting; participating in sports; going to movies and attending concerts, the theater, and art exhibits.

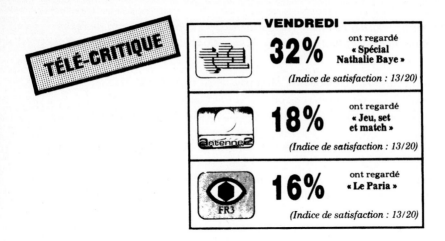

Similarly, French Canadians identify television as one of their favorite pastimes. They also like to listen to the radio; read magazines, books, and newspapers; and visit friends and relatives, according to a Canadian government survey. Movies and sports events are very popular with French Canadians, while the opera and classical music concerts are considered less enjoyable. Bicycling is the most popular active sport, and swimming and skiing are widely enjoyed as well.

B LE SAVIEZ-VOUS?

*Try to answer the following questions about various preferences that French people have. If you do not know the answers, consult the **réponses** at the end of this activity. (You are not expected to know the answers to all these questions. View them as a game that challenges you in much the same way that trivia games do. Working alone or in groups, try to come up with tentative answers and see how close you get to the actual ones.)*

1   Qu'est-ce que les Français préfèrent : lire (*to read*) un bon livre, manger un bon repas ou voir (*to see*) un bon film?

2   Quels types de films les Français aiment-ils?

3   Les Français aiment-ils rire (*to laugh*)?

4   Quelle(s) cuisine(s) les Français préfèrent-ils?

5   Quelle sorte de boisson (*drink*) préfèrent-ils? Le vin ou la bière? Le vin blanc ou le vin rouge?

6   Quelle partie du repas les Français préfèrent-ils? L'entrée ou le dessert?

7   Qu'est-ce que les Français aiment faire pendant leur temps libre?

8   Quelle(s) sorte(s) de musique les jeunes Français aiment-ils?

9   Est-ce que les Français préfèrent l'art classique ou l'art moderne?

10   Quels sont les sports préférés des Français?

Réponses

1 Voir un bon film — 45%; lire un bon livre — 30%; manger un bon repas — 21%.
2 40% préfèrent les films comiques.
3 80% des Français pensent que oui.
4 84% pensent que la cuisine française est la meilleure (*best*) du monde, mais ils aiment aussi la cuisine italienne et la cuisine chinoise.
5 74% préfèrent le vin et 14% préfèrent la bière. Parmi les amateurs de vin, 64% préfèrent le vin rouge et 18% préfèrent le vin blanc.
6 57% aiment les entrées et 36% les desserts.
7 Les Français aiment surtout les promenades à pied ou en voiture; regarder la télévision; s'occuper (*take care*) de leur jardin ou de leur maison; inviter des amis; lire; et bricoler (*to putter*).
8 La musique préférée des jeunes Français est le rock et la musique pop. Ils aiment aussi la musique folklorique, le jazz des États-Unis et la musique classique.
9 65% préfèrent l'art classique.
10 Les sports les plus populaires sont le football européen et les courses cyclistes (*bicycle races*). Ils aiment aussi les courses automobiles et les courses de chevaux, le rugby, l'athlétisme et les sports d'hiver.

C ENTRE CULTURES

À votre avis, est-ce que les Américains aiment les mêmes choses que les Français? Dans quel(s) domaine(s) (*area*) est-ce que les réponses vous semblent très différentes? Où trouvez-vous des similarités? Si vous voulez, vous pouvez utiliser les idées présentées dans *Le saviez-vous?* pour poser des questions aux autres étudiants de la classe. Comparez les réponses.

A ET VOUS?

1 Est-ce que vous détestez aller chez le dentiste?
2 Est-ce que vous détestez attendre?
3 Est-ce que vous adorez ou détestez les moustaches?
4 Est-ce que vous adorez ou détestez marcher pieds nus?
5 Préférez-vous les appartements modernes ou les vieilles maisons?
6 Préférez-vous aller au concert ou écouter des disques?
7 Qu'est-ce que vous préférez — le jazz, la musique classique, la musique pop ou la musique disco?
8 Est-ce que vous préférez manger chez vous ou manger au restaurant?

B PRÉFÉRENCES

Construct original sentences expressing your own likes and dislikes by combining elements from each column or by creating your own. Then formulate questions that you would like to ask other students about their preferences.

	voyager
	danser
	parler français
	les films amusants
	les voitures de sport
	l'argent
	travailler
J'adore	aller en classe tous les jours
J'aime	les examens
J'aime bien	sortir avec des amis
J'aime assez	aller au cinéma
Je n'aime pas beaucoup	les matches de football à la télévision
Je n'aime pas	manger au restaurant
Je déteste	le chocolat
	le camping
	la politique
	jouer au tennis
	les beaux garçons
	les filles intelligentes
	conduire une voiture
	?

C JE SUIS COMME JE SUIS

Complete each statement by selecting one or more of the choices or by creating an answer of your own.

1 Je suis content(e) quand...
   a je suis avec mes ami(e)s
   b j'écoute mes disques préférés
   c il fait beau
   d ?

2 Je ne suis pas content(e) quand...
   a j'ai beaucoup de travail
   b je suis seul(e) à la maison
   c je suis obligé(e) d'attendre
   d ?

3   Je suis enthousiaste quand...
    a   je regarde un match de basket-ball
    b   j'ai la possibilité de voyager
    c   j'ai une bonne idée
    d   ?

4   Je suis furieux(-euse) quand...
    a   quelqu'un m'insulte
    b   je perds mon argent
    c   je n'ai pas assez de temps
    d   ?

5   Je suis fatigué(e) quand...
    a   je travaille trop
    b   je dors moins de huit heures
    c   mon travail n'est pas intéressant
    d   ?

6   Je suis curieux(-euse) quand...
    a   mes ami(e)s parlent de moi
    b   un télégramme arrive
    c   je vois beaucoup de gens ensemble
    d   ?

7   Je suis jaloux(-ouse) quand...
    a   mon ami(e) sort avec un autre garçon ou une autre fille
    b   mes ami(e)s ont plus d'argent que moi
    c   mes ami(e)s ont plus de succès que moi
    d   ?

8   Je suis impatient(e) quand...
    a   je suis obligé(e) d'attendre
    b   j'attends une visite importante
    c   je veux téléphoner et la ligne est occupée
    d   ?

D   *RÉACTIONS*

Complete the sentences by telling how you react in each situation.

1   Quand je suis seul(e) à la maison, je...
2   Quand il fait mauvais, je...
3   Quand j'écoute mes disques préférés, je...
4   Quand je regarde un match de football, je...
5   Quand je suis avec mes ami(e)s, je...
6   Quand je vois un accident, je...
7   Quand le téléphone sonne, je...
8   Quand je suis en vacances, je...

E   *POINTS DE VUE*

1   Imaginez que vous êtes un(e) touriste français(e) qui visite les États-Unis. Qu'est-ce que vous aimez et qu'est-ce que vous détestez dans ce pays?

2   Imaginez que vous êtes une vieille dame ou un vieux monsieur de 75 ans. Qu'est-ce que vous aimez et qu'est-ce que vous détestez?

Chapitre deux

L'Enfer

« C'est un véritable *enfer* », dit-on souvent. Mais est-ce que l'enfer existe *hell*
vraiment? Qu'est-ce que c'est que l'enfer? Demandez à vos amis, sollicitez
les opinions sur ce sujet *brûlant*. *très chaud*

Pour commencer, voyons l'opinion de quelques auteurs illustres :

« L'enfer, c'est les autres », dit Sartre.

« L'enfer, c'est l'absence », écrit Verlaine.

« L'enfer, c'est la solitude », proclame Victor Hugo.

« L'enfer, c'est ne pas aimer », affirme Bernanos.

« L'enfer, c'est la *vieillesse* », constate La Rochefoucauld. *quand on est vieux*

Mais, à côté de ces enfers illustres, il y a aussi les enfers des gens ordinaires, les enfers de tous les jours.

L'enfer, c'est les détergents, pensent tristement les pauvres *poissons*   *fish*
de la rivière. Pour l'automobiliste parisien, l'enfer, c'est ne pas trouver
une place pour sa voiture. Pour le campeur, c'est la *pluie* qui tombe   *rain*
pendant toutes ses vacances. Pour les jeunes étudiants, c'est le jour du
baccalauréat. Pour un Français, c'est être obligé de faire comme tout le
monde. Pour le politicien, c'est quand tous les journaux donnent la préférence à son rival. Pour un *chat*, c'est habiter une rue où il y a beaucoup   *cat*
de *chiens*. Et pour un étudiant de français, l'enfer, c'est être obligé de   *dogs*
chercher tous les mots dans le dictionnaire.

Alors, quelle est votre conclusion? Qu'est-ce que c'est que l'enfer?
Chaque personne l'imagine d'une façon différente. Et puis, l'enfer des
uns, c'est le paradis des autres! Alors, il faut être philosophe et prendre
la vie comme elle vient.

LIRE ET COMPRENDRE

A COMPRÉHENSION DU TEXTE

*On the basis of the information given in the reading, indicate whether each statement is
true or false. If a statement is false, reword it to make it true.*

1   Victor Hugo pense que l'enfer, c'est les autres.
2   Pour La Rochefoucauld, l'enfer, c'est quand on est vieux.
3   Pour Bernanos, l'enfer, c'est l'absence.
4   Généralement, les automobilistes parisiens n'ont pas de difficulté à trouver une place
     pour leur voiture.
5   Le jour du baccalauréat est un enfer pour beaucoup de jeunes Français.
6   Les campeurs aiment beaucoup la pluie.
7   Les chats et les chiens sont généralement de très bons amis.
8   Les Français sont très individualistes et ils n'aiment pas faire comme tout le monde.

B AIDE-LECTURE

As was suggested in the introduction to the book, a very useful reading strategy is to guess
the meaning of an unfamiliar word. Often the words that surround the unfamiliar one
make the meaning clear. In this reading, for example, you might not have known the
meaning of the word **tombe** in the sentence **Pour le campeur, c'est la pluie qui tombe
pendant toutes ses vacances.** But you probably guessed the meaning correctly because

you recognized it as a verb and because you inferred that there is not much else that rain can do but fall. One great advantage of this strategy is that you will spend less time looking up words in the glossary or a dictionary.

To practice contextual guessing, try to identify the meaning of the words in italics.

1   Ce soir, je vais regarder la télévision parce qu'il y a une *émission* spéciale sur Jean-Paul Sartre.
2   J'aime bien faire la cuisine, mais je n'aime pas *faire la vaisselle* après le dîner.
3   Les employés vont demander une *augmentation* de salaire à leur *patron*.
4   Si tu vas au marché, achète des fruits et des *légumes*.
5   Une rose est une *fleur*, mais toutes les *fleurs* ne sont pas des roses.
6   En ce moment, il y a une *exposition* de *tableaux* de Picasso au Musée de l'art moderne.
7   On dit que les vieux *mènent* une vie simple et tranquille, mais je ne sais pas si c'est vrai.

C DOCUMENT

Each of the headlines below presents a problem or crisis. Pick out the key word or words that help you identify the problems being alluded to and then give the gist of each headline.

MONDE

Italie : l'agonie de la Iʳᵉ République

VIE MODERNE

Drogue au lycée : le diagnostic du Dr Olievenstein

VIE MODERNE

Pourquoi fumez-vous ?

Sartre : « Fumer, c'est une façon d'exister. » Pour beaucoup de Français, aujourd'hui, c'est aussi une façon de mettre sa santé en danger. Pourtant, la consommation de tabac ne diminue pas. Alors ?

MONDE

La tragédie asiatique

La crise de l'énergie commence

ESPÈCES EN PÉRIL

Inflation : à l'Est aussi...

Réfugiés : le voyage sans retour ?

COIN CULTUREL

A NOTES CULTURELLES

Although **l'enfer** can be many different things for different people, for Parisians it often involves problems of driving their cars and of traffic. In a city built for horses and carriages, heavy automobile use has created many problems. Traffic jams have become the norm and parking places are limited, yet few streets can be widened without destroying many of the historically significant aspects of the city. Traffic is particularly frustrating during rush hour and on weekends on routes leading out of the city. Likewise, at the end of July, when vast numbers of Parisians take their annual vacation, roads leading out of the city are badly clogged. The cost of gasoline is also very high in France. Although gasoline has become more expensive throughout the world, its cost in France has for years been more than twice that in the United States.

B LE SAVIEZ-VOUS?

*Paris, Bordeaux, Lyon, and Saint-Étienne are four large yet very different French cities. Based on what you know about France in general and these cities in particular, what do you think are the major problems according to those who live in these cities? If you do not know the answers, consult the **réponses** at the end of this activity.*

1 Selon les habitants de Paris, quel est, parmi les problèmes suivants, le problème numéro un?
   a Les possibilités de logement (*the housing situation*)
   b La circulation
   c La sécurité
   d L'emploi (c'est-à-dire la possibilité de trouver du travail)
   e Le bruit (*noise*)
2 Et à Lyon, quels sont les principaux problèmes?
   a La sécurité
   b L'emploi
   c La propreté (*cleanliness*) des rues
   d Les impôts (*taxes*) locaux
   e La présence de travailleurs immigrés
3 Et à Bordeaux, qu'est-ce qui ne va pas très bien?
   a L'emploi
   b La propreté des rues
   c Les impôts locaux
   d La sécurité
   e La circulation

4   Et à Saint-Étienne, quel est le problème numéro un?

      a   L'emploi

      b   La présence de travailleurs immigrés

      c   Les impôts locaux

      d   La sécurité

      e   La circulation

5   À votre avis, pourquoi Saint-Étienne et Bordeaux sont-elles les villes où le problème de l'emploi — c'est-à-dire la difficulté de trouver du travail — est le plus grand?

6   Selon les habitants de chacune de ces villes, quel programme d'action leur ville doit-elle adopter dans les années à venir?

7   Est-ce que les habitants de ces villes pensent que la vie dans leur ville est plutôt agréable ou plutôt désagréable?

8   Parmi les personnes qui ont envie de vivre dans une autre région, quelle est la région de France que la plupart des gens préfèrent?

Réponses

1   Paris : a = 78%; b = 74%; c = 72%; d = 65%; e = 60%

2   Lyon : a = 84%; b = 83%; c = 70%; d = 67%; e = 60%

3   Bordeaux : a = 84%; b = 83%; c = 70%; d = 69%; e = 68%

4   Saint-Étienne : a = 94%; b = 66%; c = 66%; d = 65%; e = 65%

5   L'économie de ces villes est essentiellement basée sur des industries traditionnelles, c'est-à-dire les industries qui sont maintenant en difficulté.

6   Augmenter la sécurité à Paris et à Lyon; développer l'activité économique, les industries et le commerce à Saint-Étienne et à Bordeaux.

7   La majorité des gens pensent que la vie dans leur ville est assez agréable (Paris 79%; Lyon 87%; Bordeaux 84%; Saint-Étienne 81%).

8   La région Méditerranée–Côte d'Azur.

C   ENTRE CULTURES

Et dans votre ville ou dans votre région, qu'est-ce qui va plutôt bien et qu'est-ce qui va plutôt mal? Voici quelques aspects de la vie urbaine que vous pouvez considérer: la propreté des rues, le bruit, l'emploi, la sécurité, les impôts, les rapports avec l'administration locale, le logement, les possibilités d'activités sportives ou culturelles, les transports, les parkings dans le centre-ville. En quoi la situation est-elle différente de la situation des villes françaises présentées dans *Le saviez-vous?*

Activités

A ET VOUS?

What are **le paradis** *and* **l'enfer** *for you? What are they for other people? Make original sentences by combining elements from each column or by creating your own.*

Pour moi		le téléphone
Pour les étudiants		écouter des disques avec des ami(e)s
Pour les professeurs		pouvoir dormir jusqu'à midi
Pour les enfants	le paradis, c'est	posséder une vieille Volkswagen
Pour les parents	l'enfer, c'est	les jours où il n'y a pas de classe
Pour les filles		manger au restaurant
Pour les garçons		passer des vacances en Floride
Pour les automobilistes		aller à l'opéra
?		des élèves qui étudient leurs leçons

Pour moi
Pour les étudiants
Pour les professeurs
Pour les enfants
Pour les parents
Pour les filles
Pour les garçons
Pour les automobilistes
?

le paradis, c'est
l'enfer, c'est

le téléphone
écouter des disques avec des
  ami(e)s
pouvoir dormir jusqu'à midi
posséder une vieille Volkswagen
les jours où il n'y a pas de
  classe
manger au restaurant
passer des vacances en Floride
aller à l'opéra
des élèves qui étudient leurs
  leçons
être seul(e)(s) à la maison
le jour de Noël
le jour des examens
aller au zoo
sortir avec un garçon (une fille)
  qui est sympathique et
  intelligent(e)
perdre un match de football
une route où il n'y a pas de
  circulation
aller chez le dentiste
avoir une motocyclette
recevoir beaucoup de lettres
  pour la Saint-Valentin
apprendre la conjugaison des
  verbes irréguliers
acheter une Jaguar
?

B VIVENT LES DIFFÉRENCES!

To complete each statement, select the answer you prefer, combine several that seem equally suitable, or supply another choice of your own creation.

1 Pour quelqu'un qui adore la musique pop, le paradis, c'est...
   a écouter un disque classique
   b être obligé de rester à la maison le jour d'un concert de rock
   c être présenté à son idole
   d ?

2 Pour un / une athlète, l'enfer, c'est...
   a être malade le jour du match le plus important
   b être pénalisé(e) injustement
   c gagner tous les matches de la saison
   d ?

3 Pour un garçon qui aime une fille (ou vice versa), l'enfer, c'est...
   a écrire des lettres passionnées et ne pas recevoir de réponse
   b avoir un rival qui est beau et intelligent
   c aller au cinéma ou faire un pique-nique avec elle
   d ?

4 Pour un(e) étudiant(e) pauvre, le paradis, c'est...
   a travailler dans un restaurant jusqu'à minuit tous les soirs
   b gagner l'argent nécessaire pour payer ses études
   c recevoir un chèque de 500 dollars
   d ?

5 Pour un(e) touriste qui visite un pays étranger, l'enfer, c'est...
   a perdre son passeport
   b ne pas avoir assez d'argent pour rentrer
   c arriver dans une ville où tous les hôtels sont pleins
   d ?

6 Pour quelqu'un qui aime le calme, l'enfer, c'est...
   a être en compagnie de gens qui parlent tout le temps
   b essayer de lire son journal quand les enfants écoutent des disques
   c camper dans une région isolée
   d ?

7 Pour un(e) Américain(e) qui aime parler, l'enfer, c'est...
   a avoir un argument avec un(e) Français(e) qui ne parle pas anglais
   b être seul(e) pendant une semaine
   c aller au café avec des amis
   d ?

8 Pour un(e) automobiliste, le paradis, c'est...
   a une route où il n'y a pas d'autres voitures
   b la crise de l'énergie
   c la circulation dans une grande ville à six heures du soir
   d ?

C LE BON ET LE MAUVAIS CÔTÉ DES CHOSES

Every situation has a good and a bad side. Complete these sentences accordingly.

1 À la fin de l'année scolaire, { le paradis, c'est...
{ l'enfer, c'est...

2 Quand il fait très beau, { le paradis, c'est...
{ l'enfer, c'est...

3 Quand il fait très froid, { le paradis, c'est...
{ l'enfer, c'est...

4 Pendant le week-end, { le paradis, c'est...
{ l'enfer, c'est...

5 En classe, { le paradis, c'est...
{ l'enfer, c'est...

6 Pendant les vacances, { le paradis, c'est...
{ l'enfer, c'est...

D JOUEZ AVEC LES MOTS

I *A statement made by a well-known French writer and mentioned in the text has been scrambled. Can you reconstruct the sentence?*

II *If you guess the missing words in the sentences below and say them aloud in sequence, you will be able to recreate a statement made by another French writer mentioned in the article.*

1 Devant une voyelle, l'article défini singulier est _____.
2 Mon frère est plus jeune que moi; il a seulement 15 _____.
3 Cet après-midi je fais une promenade. Et vous, qu'est-ce que vous allez _____?
4 Pierre téléphone souvent à sa petite amie et à _____ parents.

5   Les touristes visitent le Louvre, la Tour Eiffel et ____ Champs-Élysées.

6   La dernière lettre de l'alphabet est ____.

7 H_2O est la formule chimique de l' ____.

8   « Je suis » est la première personne du verbe ê ____.

Réponses

I L'enfer, c'est ne pas aimer.   *II* *1* l'   *2* ans   *3* faire   *4* ses
5 les   *6* z   *7* eau   *8* tre   (L'enfer, c'est les autres.)

E   *POINTS DE VUE*

---

*Comment briefly on the definitions of **l'enfer** given by the authors in the reading. Indicate whether you agree or disagree with each point of view. If you disagree, reword the statement so that it reflects your views.*

Exemple :   « L'enfer, c'est ne pas aimer. »
Ce n'est pas vrai. À mon avis, l'enfer, c'est aimer et ne pas être aimé en retour.

CHAPITRE TROIS

La France et les touristes

Qu'est-ce que la France? Pour les touristes *étrangers*, la France, c'est   qui viennent d'autres pays
« Paris by night ». Beaucoup de touristes voient seulement Paris et Paris
seulement la nuit!

Monsieur Forester, médecin américain, arrive à Paris un jeudi soir en
juillet. Un peu fatigué par son *voyage*, il prend un taxi et va directement
à son hôtel. Il a juste le temps de dormir une heure ou deux avant de
partir à la conquête de Paris. À *21 heures* il monte dans un autobus spécial   9 heures du soir
pour touristes et la visite de Paris commence. Chaque soir 2 000 étrangers,
comme Monsieur Forester, visitent Paris en autobus.

Le premier *arrêt* est un « nightclub for bad boys of Paris », une boîte   *stop*
de nuit spéciale pour les touristes. Là, on donne un *verre* de vin à chaque   *glass*
visiteur. Un jeune homme et sa partenaire dansent une *java*. Le spectacle   danse populaire des années
est totalement artificiel et plus représentatif du style de l'après-guerre,   40, mais peu dansée
mais Monsieur Forester ne le sait pas. Pour lui, c'est Paris. Monsieur   aujourd'hui
Forester est enchanté.

Le matin, après la visite de trois autres boîtes de nuit, Monsieur
Forester rentre à son hôtel, fatigué mais content. Maintenant il connaît
la France; il peut dormir jusqu'à l'heure du départ de son *avion* pour   *airplane*
Rome.

Ce n'est pas une caricature. Depuis trente ans, pour les étrangers,
Paris, c'est Pigalle; Pigalle et quelques monuments qui symbolisent Paris :
le Sacré-Cœur, la Tour Eiffel, l'Arc de Triomphe, Notre-Dame. On leur
montre le Paris qu'ils désirent voir, le plus vite possible. En général, les
touristes américains restent moins de trois jours à Paris, et ils *oublient*   *forget*
complètement que le reste de la France existe.

Une *affiche* publicitaire de l'office du Tourisme demande ironique-   *poster*
ment : Est-il nécessaire de construire une Tour Eiffel dans chaque village
pour vous faire apprécier le reste de la France?

Ce n'est pas seulement les touristes qui sont responsables de cette
situation. Souvent, en province, les hôtels sont trop vieux ou trop chers,
ou alors, il n'y a pas de place. Souvent aussi, les Français n'ont pas assez
de patience avec les étrangers. Alors, la solution, ce n'est peut-être pas
une Tour Eiffel dans chaque village, mais être plus gentil avec les étrangers et leur donner le désir de connaître la « vraie » France.

Extrait et adapté d'un article de *L'Express*.

LIRE ET COMPRENDRE

A COMPRÉHENSION DU TEXTE

Answer the following questions based on the information in the reading.

1 Quand les touristes étrangers viennent en France, quelle ville visitent-ils en général?
2 Que fait Monsieur Forester quand il arrive à Paris?
3 À quelle heure commence la visite organisée?
4 Combien de touristes visitent Paris en autobus chaque soir?
5 Quelle sorte de boîte de nuit Monsieur Forester visite-t-il?
6 Quel pays Monsieur Forester va-t-il visiter ensuite?
7 Quels sont les monuments qui symbolisent Paris pour les étrangers?
8 En général, combien de temps les touristes américains restent-ils à Paris?
9 Pourquoi les touristes américains ne visitent-ils pas le reste de la France?
10 Quelle est souvent l'attitude des Français quand ils parlent avec des touristes étrangers?

B AIDE-LECTURE

We have all had the experience of "reading" something but not really comprehending what we read—we were merely looking at the words. We thus discovered that reading is not a passive process but a very active one in which we mentally make a commentary upon the printed words or in which we relate the words to all of our previous experience. One technique that can help us comprehend what we read is to paraphrase, or to put into other words (in English, or in French, if possible), the main idea of a paragraph or passage.

*Below are statements that paraphrase different parts of the reading « **La France et les touristes.** » Which of these sentences were written by a person who understood the passage, and which were written by someone who did not?*

1 Quand il arrive à Paris, Monsieur Forester n'a pas le temps de dormir avant de visiter la ville.
2 Monsieur Forester va passer seulement deux ou trois jours à Paris parce qu'il n'aime pas beaucoup cette ville.
3 Il va partir à Rome où les gens sont plus gentils.
4 En général, les touristes américains passent moins d'une semaine à Paris.
5 Pour aider les touristes américains à apprécier la France, on va construire une Tour Eiffel dans chaque grande ville.
6 Selon l'office du Tourisme, un des problèmes les plus importants est que les touristes n'ont pas assez de patience avec les Français.

C DOCUMENT

Read the descriptions of both France and Monaco and then answer the questions below.

1 Quelle est la superficie de la France? Et de Monaco?
2 Quelle est la population de la France? Et de Monaco?
3 Quelles sont les plus grandes villes de France?
4 Où est situé Monte-Carlo et quelle est sa population?
5 Quelle est la capitale de la France? Et de la principauté de Monaco?
6 Quelle sorte de gouvernement a la France? Est-ce que Monaco a la même sorte de gouvernement?
7 Quelle monnaie utilise-t-on en France? Et à Monaco?
8 Quelle(s) religion(s) pratique-t-on en France? Et à Monaco?

- *Superficie:* 550.000 km^2.
- *Population:* 53 millions d'habitants.
- *Gouvernement:* République présidentielle. Le président est élu pour sept ans au suffrage universel. Le pouvoir législatif est exercé par deux institutions parlementaires: l'Assemblée nationale et le Sénat.
- *Langue:* Français. En minorité: le breton, le basque, le catalan, le flamand, l'allemand, l'arabe, l'italien.
- *Monnaie:* Franc français.
- *Capitale:* Paris - 2,5 millions d'habitants; plus de 8 millions avec la banlieue.
- *Villes principales:* Marseille, Lyon, Lille, Bordeaux, Nice, Toulouse, Strasbourg, Nantes, Le Havre, Reims, Brest, Dijon, Roubaix.
- *Religion:* En grande majorité catholique - 900.000 protestants, 520.000 Hébreux, 180.000 Arméniens.

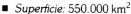

- *Superficie:* 1.5 km^2.
- *Population:* 23.000 habitants.
- *Gouvernement:* Monarchie constitutionnelle. Le pouvoir législatif appartient au prince et au Conseil national; le pouvoir exécutif au ministre d'Etat, sous l'autorité du prince.
- *Langue:* Français. Dialecte monégasque.
- *Monnaie:* Franc français.
- *Capitale:* Monaco, 1.700 habitants.
- *Autres villes:* Montecarlo, 10.000 habitants. La Condamine, 11.000 habitants.
- *Religion:* Catholique.

COIN CULTUREL

A NOTES CULTURELLES

Unlike Mr. Forester, the French themselves rarely vacation in Paris; they like to get out of the city. According to a survey conducted by *L'Express*, what is most valued in a vacation is a feeling of closeness to nature, a break from daily routine, and good weather. Many French people thus consider the Alps, Brittany, and Corsica to be especially attractive vacation spots. On the other hand, despite its natural beauty, the French Riviera has become less appealing because of enormous numbers of tourists.

Certain distinctive customs reflect the value that the French place on vacations. For example, most businesses close during the month of August to allow both employers and employees to take an annual break. And employees are usually entitled to four to six weeks of time off—considerably more than many American workers. When asked by the *Express* researchers whether or not they would be willing to economize on clothing, car expenses, leisure activities, food, housing, or vacations, only a small percentage of French people indicated that they would be willing to cut back on their vacations.

B LE SAVIEZ-VOUS?

*Based on what you know, answer the following questions about vacations in France. If you do not know the answers, consult the **réponses** at the end of this activity.*

1 Où sont situées les principales plages de la Côte Atlantique?
2 Et où sont situées les principales plages de la Méditerranée?
3 De nombreux touristes visitent Chamonix? Pourquoi?
4 Beaucoup de touristes visitent les châteaux de la Loire. Où sont-ils situés?
5 Quand un touriste arrive dans une ville française, où peut-il obtenir des renseignements sur les ressources touristiques et sur les hôtels et les restaurants de la région?
6 Quel guide peut-on consulter pour avoir des renseignements (par exemple, prix, qualité, spécialités) sur les restaurants et les hôtels de la région qu'on visite?
7 Quelle est la différence entre le Guide Michelin rouge et les Guides Michelin verts?
8 Comment peut-on avoir une idée de la qualité d'un hôtel ou d'un restaurant?

Réponses

1 Deauville en Normandie et la Baule au sud de la Bretagne.
2 Sur la Côte d'Azur entre Marseille et l'Italie. Il y a aussi de jolies plages sur la Côte Vermeille entre Montpellier et l'Espagne.
3 Situé dans les Alpes, Chamonix est un grand centre de sports d'hiver et d'alpinisme.
4 Dans la vallée de la Loire, entre Tours et Orléans.
5 Chaque ville a son « Syndicat d'initiative » qui est là pour informer les visiteurs et pour les aider à trouver une chambre pour la nuit.
6 Le Guide Michelin.
7 Le guide rouge donne des renseignements sur les hotels et les restaurants; les guides verts décrivent les villes et les attractions touristiques de chaque région.
8 Le nombre d'étoiles *(stars)* indique leur qualité.

C ENTRE CULTURES

Y a-t-il beaucoup de touristes étrangers qui visitent les États-Unis? À votre avis, quelles sont les régions ou les villes des États-Unis qui les intéressent et pourquoi? À votre avis, qu'est-ce qu'un étranger qui visite les États-Unis a besoin de savoir au sujet de votre pays?

Activités

A ET VOUS?

Do you agree or disagree with the following opinions? If you disagree, reword the statement so that it reflects your views.

1 Les visites organisées sont une excellente façon de visiter une ville.
2 Trois jours suffisent pour visiter une ville comme Paris.
3 Si vous connaissez Paris, vous connaissez la France.
4 Un étranger qui connaît bien New York connaît l'Amérique.
5 Les boîtes de nuit donnent une image authentique de la vie française.
6 Les Américains ont beaucoup de patience avec les étrangers.
7 Pour connaître vraiment un pays, il est nécessaire de vivre dans ce pays pendant un certain temps.

B À QUELLE HEURE?

*In France, official times, such as train departures or TV programs, are stated using a 24-hour system. For example: **21 heures = 9 heures du soir.** When speaking of ordinary activities, however, one uses a 12-hour system. See how quickly you can make the adjustments from the 24-hour to the 12-hour system in the situations given.*

1 Vous allez prendre le train. Votre train part à 17h30. À quelle heure faut-il arriver à la gare?
2 Vous consultez la *Semaine Télévisée* pour voir quels sont les programmes de télévision ce soir. De 19h30 à 22h il y a des programmes sportifs qui ne vous intéressent pas. Mais à 22h10 il y a un film sur la vie de Napoléon que vous désirez voir. À quelle heure commencez-vous à regarder la télévision?
3 Vous partez en voyage. Votre avion part de l'aéroport d'Orly à 20h45 et vous voulez arriver une demi-heure avant le départ. Il faut 30 minutes pour aller à Orly en taxi. À quelle heure devez-vous partir?
4 Vous allez en France en avion. L'avion part de New York à 19h15. Il faut sept heures pour aller à Paris. Mais entre la France et New York il y a une différence de cinq heures. Par exemple, quand il est sept heures du matin à New York, il est midi à Paris. Quelle est l'heure de votre arrivée à Paris?

CROISIERES COMMENTEES : 10 h 30, 11 h 15, 12 h,
de 13 h 30 à 18 h. Sam. dim. soir à 21 h.
PROMENADES SUR LA SEINE A TRAVERS PARIS
Square du Vert-Galant — Ile de la Cité
VEDETTES DU PONT-NEUF ● ts les jours ● Tél. 633-98-38

C   FICHE DE VOYAGEUR

*When you travel in France and stay at a hotel, you may need to fill out a form like the one below. It is called a **fiche de voyageur.** You may fill out this card yourself or you may want to work with a classmate so you can assume the roles of a desk clerk and a traveler. These are questions the desk clerk might ask the traveler while filling out the form.*

1   Quel est votre nom de famille?
2   Quel est votre nom de jeune fille? (Seulement si vous parlez à une femme mariée.)
3   Quels sont vos prénoms?
4   Quelle est la date de votre naissance?
5   De quel pays venez-vous?
6   Quelle est votre profession?
7   Quelle est votre adresse permanente?
8   Quelle est votre nationalité?
9   Avez-vous un passeport?

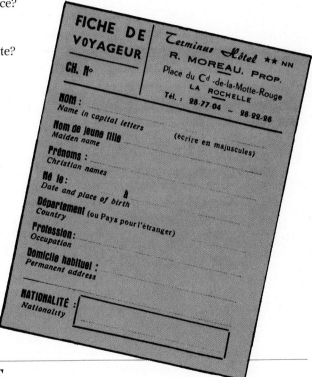

D   VOYAGE EN FRANCE

Imagine that you are planning a vacation in France. Using the following questions as a guide, compose a brief narrative about your trip. You may find it helpful to refer to the map and suggestions on page 28.

1   Quelles villes et quelles régions allez-vous visiter? Pourquoi?
2   Comment allez-vous voyager? Pourquoi?
3   Où allez-vous dormir? Pourquoi?
4   Qu'est-ce que vous allez faire dans les différentes villes et régions que vous allez visiter?

Comment voyager

voyager en avion (prendre l'avion), voyager par le train (prendre le train), voyager en autobus (prendre l'autobus), voyager à bicyclette, voyager à pied, faire de l'auto-stop

Activités

visiter le musée, la cathédrale, les monuments, la ville;   faire une promenade dans les rues, le long de la Seine, près du lac, dans les montagnes;   aller au café, boire et regarder les gens dans la rue; aller au restaurant, apprécier la bonne cuisine, essayer les spécialités régionales;   nager *(to swim)* dans la mer, l'océan, le lac, la rivière;   aller au théâtre, au cinéma, au concert, au musée; acheter des souvenirs et des cartes postales;   faire du camping, dormir dans les auberges de jeunesse *(youth hostels)*;   prendre une chambre dans un hôtel

CHAPITRE QUATRE

La Graphologie: Votre caractère est dans votre écriture

Vous cherchez du travail et vous trouvez une annonce intéressante dans un journal. Cette annonce vous demande d'écrire au chef du personnel. Est-ce que votre *avenir* dépend de lui? Non, il dépend d'un petit homme anonyme qui travaille dans la solitude de son bureau. Qui est-ce? Cet homme, c'est le graphologue. Il examine en détail votre lettre. Ce n'est pas votre expérience qui intéresse cet expert mais votre écriture. « Ce n'est pas la main qui écrit, c'est la tête », affirment les graphologues. L'écriture révèle la personnalité. La main trace inconsciemment le caractère d'une personne: ses tendances, ses obsessions, ses désirs profonds.

futur

Monsieur Trilliat, expert graphologue, raconte cette anecdote au sujet du commencement de sa carrière. Il sait qu'une firme qui fabrique des stylos désire faire de la publicité pour ses produits. Monsieur Trilliat entre dans le bureau du *patron* de cette firme. — *boss*

— J'ai une idée, propose-t-il. Avec chaque stylo, donnez une offre d'analyse graphologique.

Le patron est une petite dame, âgée et très autoritaire. Elle lui donne un exemplaire de son écriture.

— Lisez cela et dites-moi ce que vous pensez.

La réponse du graphologue est brutale.

— Madame, vous êtes agressive, dure, inflexible, mais généreuse et humaine.

— Monsieur, dit la dame, votre analyse est brutale et dure mais honnête et précise. Vous commencez à travailler pour nous aujourd'hui.

Sur quoi un graphologue comme Monsieur Trilliat base-t-il son analyse? Votre écriture peut être *droite* ou *penchée* . Si elle est droite, cela indique que vous êtes plus intellectuel qu'émotif. Réservé et distant, vous avez de la difficulté à révéler vos sentiments. Vous avez *l'esprit* analytique et votre jugement est sûr. Si votre — *mind* écriture *penche à gauche* , vous êtes très réservé et solitaire. Vous êtes loyal et sincère mais difficile à connaître. Vous aimez être différent — un peu bohème quelquefois. Si votre écriture *penche à droite* , vous êtes plus contrôlé par le *cœur* que par la tête. Vous êtes gentil, — *heart* affectueux, *sensible*, généreux et sincère. Vous avez quelquefois tendance — *sensitive* à être sentimental et vous aimez la compagnie des autres.

Une écriture *arrondie* indique une certaine docilité et naïveté et une tendance à la passivité. Elle révèle aussi un caractère *doux* et paci- — *gentle* fique. Une écriture *angulaire*, au contraire, indique un caractère indépendant, *volontaire* et même agressif, beaucoup d'énergie et d'initia- — *strong-willed* tive.

Est-ce que vous écrivez *petit* ou *gros* ? Cela aussi a de l'importance. Une écriture petite révèle une personne intelligente, perceptive, patiente et méticuleuse. Cette personne pense beaucoup mais parle peu. Les personnes qui écrivent gros ont tendance à être extroverties. Elles sont enthousiastes et actives. Elles ont peu de patience pour les détails.

Et si votre écriture n'est pas toujours la même, cela dénote une certaine versatilité!

Extrait et adapté d'un article de *Paris Match* par William de Bazelaire.

LIRE ET COMPRENDRE

A COMPRÉHENSION DU TEXTE

On the basis of the information given in the reading, indicate whether each statement is true or false. If a statement is false, reword it to make it true.

1 La graphologie est l'art de bien écrire.
2 Les graphologues basent leur analyse sur l'écriture d'une personne.
3 Les graphologues disent que l'écriture révèle inconsciemment les tendances d'une personne.
4 Vous cherchez du travail et vous écrivez une lettre qu'un graphologue va examiner. C'est votre expérience qui l'intéresse.
5 Dans l'anecdote de Monsieur Trilliat, la vieille dame emploie le graphologue parce qu'il la complimente sur son écriture.
6 Votre écriture révèle la position sociale de vos parents.
7 Si votre écriture est droite, cela indique que vous avez de la difficulté à révéler vos sentiments.
8 Une personne qui écrit gros a tendance à être introvertie.
9 Si votre écriture penche à gauche, cela indique que vous êtes quelquefois bohème.
10 Si votre écriture change beaucoup, cela indique que vous êtes versatile.

B AIDE-LECTURE

Anyone who learns to read French discovers that some French words that resemble English words have very different meanings. In this reading, for example, the word **patron** appears, but its meaning is not the same as the English *patron*. Instead, it is closer in meaning to *boss*. We also find the adjectives **sensible** and **gentil,** but their meanings are not "sensible" and "gentle"; rather, they mean "sensitive" and "nice." Thus, while the ability to recognize cognates and near-cognates is a useful and important reading skill, sensitivity to false cognates **(les faux amis)** is also essential.

Try to guess the meaning of each false cognate in italics by using the clues provided by the context of the sentence.

1 La rue où nous habitons n'est pas très longue, mais elle est très *large*.
2 Je n'aime pas lire; c'est pourquoi la *lecture* n'est pas un de mes passe-temps favoris.
3 Que fais-tu samedi? Veux-tu passer la *journée* avec nous?
4 Vas-tu *assister* au match de football ce week-end?
5 Les Martin ne prennent pas de vacances cette année; ils vont *rester* à la maison.
6 Vendredi, le professeur d'histoire va donner une *conférence* sur le rôle des femmes dans la Révolution française.

C DOCUMENT

The advertisement on the opposite page describes a book on improving one's ability to write and to speak. Answer the questions below based on the information given in the ad.

1 Pourquoi ce livre peut-il être utile à un(e) étudiant(e)?
2 Dans quels domaines ce livre peut-il être utile à une famille?
3 Quelles parties du livre peuvent intéresser un(e) employé(e) de bureau?
4 Dans ce livre, qu'est-ce qui peut être utile à un homme ou à une femme politique?
5 Pouvez-vous nommer un des auteurs de ce livre?
6 Selon la publicité, combien de livres ce livre contient-il en réalité?
7 À quelle adresse faut-il écrire pour obtenir une copie de ce livre?
8 Comment peut-on vérifier si on comprend bien le contenu du livre?

COIN CULTUREL

A NOTES CULTURELLES

Americans generally seem to value neatness and legibility of handwriting. French people, on the other hand, tend to value having a distinctive or more "stylish" handwriting. The following is a note written by a French student to the principal of his school in which he explains his absence from class and promises to do better in the future.

Lyon, le 24 mars 1980

Madame la Directrice,

Permettez-moi de vous adresser mes excuses au sujet de mon absence de la semaine dernière. Je vous promets de faire tout mon possible à l'avenir pour éviter d'autres absences de ce genre.

Je vous prie de croire, Madame la Directrice, à l'expression de mes sentiments les plus respectueux.

Jean-Marie Vilain

B   LE SAVIEZ-VOUS?

Answer the following questions about letter writing in French. If you do not know the answer, consult the **réponses** *at the end of this activity.*

1   Quand on écrit une lettre officielle, où et comment indique-t-on à qui la lettre est destinée?

2   Où et comment écrit-on la date?

3   Comment s'adresse-t-on à la personne à qui la lettre est destinée?

4   Et si cette personne est un supérieur hiérarchique, comment commence-t-on la lettre?

5   Comment indique-t-on qu'on répond à une lettre de cette personne?

6   Comment indique-t-on qu'on a l'intention de demander un service ou un emploi?

7   Comment termine-t-on une lettre officielle?

8   Et quand on écrit à un(e) ami(e) ou à un membre de la famille, comment s'adresse-t-on à cette personne?

9   Comment termine-t-on une lettre à un(e) ami(e) ou à un membre de la famille?

Réponses

1   En haut, à droite.

2   En haut, à droite, après le nom du lieu. Notez que quand on utilise des abbréviations, le jour est placé avant le mois (par exemple, le 23-3-86 = le 23 mars, 1986).

3   Monsieur, Madame ou Mademoiselle, sans le nom de la personne.

4   Monsieur le Président, Madame la Directrice, etc.

5   Il y a deux possibilités : (1) « J'ai bien reçu votre lettre du 6 juin et vous en remercie », ou (2) « En réponse à votre lettre du 7 octobre, j'ai le plaisir de... »

6   « J'ai l'honneur de solliciter un poste de... dans votre école, entreprise, etc. »

7   « Veuillez agréer (ou je vous prie d'agréer), Madame, mes salutations distinguées. »

8   Exemples : « Cher Richard », « Chers parents », « Chère maman », « Ma chère Suzanne ».

9   Exemples : « Bien amicalement à vous », « Je t'embrasse bien affectueusement », « Grosses bises (*kisses*) ».

C   ENTRE CULTURES

Est-ce que les Américains écrivent beaucoup de lettres ou est-ce qu'ils préfèrent téléphoner? Quand on écrit une lettre à des amis, comment commence-t-on et comment finit-on la lettre? Et quand on écrit une lettre officielle?

ECOLE de PSYCHO-GRAPHOLOGIE
Initiation et perfectionnement aux techniques psychologiques et préparation à la profession de graphologue.

A ET VOUS?

I   *Select one of the adjectives listed below to describe another student in your class or someone else you know.*

II   *Choose those adjectives that describe your own personality.*

> **Exemple:** **Je suis enthousiaste et dynamique, mais j'ai tendance à être trop ambitieuse. Je ne suis pas assez patiente.**

III   *Now describe your ideal self, the kind of person you want to be.*

> **Exemple:** **Je voudrais être plus patient, plus consciencieux et moins impulsif.**

modeste	loyal(e)	émotif(-ive)
sincère	réservé(e)	perceptif(-ive)
irrésistible	extroverti(e)	impulsif(-ive)
mélancolique	précis(e)	ambitieux(-euse)
analytique	patient(e)	généreux(-euse)
solitaire	impatient(e)	méticuleux(-euse)
bohème	indépendant(e)	consciencieux(-euse)
énergique	intelligent(e)	
sensible	intellectuel(le)	
dynamique	gentil(le)	

B SITUATIONS

What adjective best describes each person?

1   Jean-Claude aime être seul dans sa chambre. Quand ses amis vont au cinéma, Jean-Claude préfère rester à la maison pour écouter la radio ou lire un livre. C'est un garçon...
     a solitaire   *b* agressif   *c* extroverti

2   Marie écrit une composition pour sa classe de français. Elle examine chaque détail parce qu'elle veut donner à son professeur un travail parfait, sans aucune faute. Marie est...
     a impatiente   *b* méticuleuse   *c* indifférente

3   Pierre donne toujours des ordres à ses amis, à ses frères et à ses sœurs. Cela indique que Pierre a tendance à être...
     a patient   *b* docile   *c* autoritaire

4   Paul veut aller au cinéma mais il n'a pas assez d'argent. Il demande l'argent nécessaire à un de ses amis qui lui donne l'argent immédiatement. Paul est content parce que son ami est...
     a généreux   *b* économe   *c* inflexible

5   Quand Jeanine a un problème, elle aime parler à son amie Françoise parce que Françoise est une personne...

  a modeste   *b* indifférente   *c* perceptive

6   Monsieur Jones, un touriste américain, demande à un Français de lui indiquer l'adresse de l'ambassade américaine. Cet homme décide de l'accompagner. Monsieur Jones est content; il pense que les Français sont...

  a gentils   *b* réservés   *c* durs

7   Pierre est un garçon qui préfère ne pas révéler ses sentiments. Quand il a un problème, il essaie de trouver une solution sans demander l'aide de ses amis ou de ses parents. C'est un garçon...

  a réservé   *b* affectueux   *c* irrésistible

C   *EST-CE QUE VOTRE CARACTÈRE EST DANS VOTRE ÉCRITURE?*

Using the information presented in the reading, analyze your own handwriting. In what ways does your analysis correspond to your personality?

D   *ÊTES-VOUS GRAPHOLOGUE?*

Ask one of your classmates for a sample of his or her handwriting and make an analysis of it. Then find out if your analysis is accurate by asking your classmate if he or she really does have those characteristics. For example: **Votre écriture révèle que vous avez tendance à être quelquefois bohème. Est-ce vrai?**

E   *AVEZ-VOUS UNE BONNE MÉMOIRE?*

With a group of classmates describe an imaginary person or someone you know. Start with a simple sentence describing this person. For example: **Jean est gentil.** *Each person in turn repeats the entire sentence and adds one more adjective. See how long you can continue to add adjectives without a mistake. Compete with other groups if you wish. (You can refer to Activity B for a list of adjectives.)*

Play the game again, but this time choose a person of the opposite sex. Pay attention to both the meaning and the form of the adjective.

CHAPITRE CINQ

Adieu les vacances traditionnelles

Chaque personne a une idée de ses vacances idéales. Il y a les personnes
tranquilles qui cherchent le *soleil* chaud, la *mer* et les *plages* immenses. *sun / sea / beaches*
Il y a les romantiques qui cherchent la solitude, les îles exotiques et la
musique tropicale. Il y a aussi les sportifs qui aiment la *voile*, le tennis et *sailing*
le ski nautique. D'autres préfèrent les montagnes et la nature.

    Le Club Méditerranée et d'autres clubs de vacances offrent aux tou-
ristes la possibilité de visiter le pays de leurs *rêves*. Bien sûr, ces clubs *dreams*
installent des « villages » dans les plus beaux sites de France. Mais pour
le touriste qui désire visiter un pays exotique où on parle français, ils ont
aussi des programmes dans d'autres pays du monde. Partout leurs villages
sont construits en harmonie avec la nature.

    Quelles sortes de vacances offrent ces clubs?

    Tahiti, c'est le paradis. (Voir la carte, pages 38–39.) C'est l'île

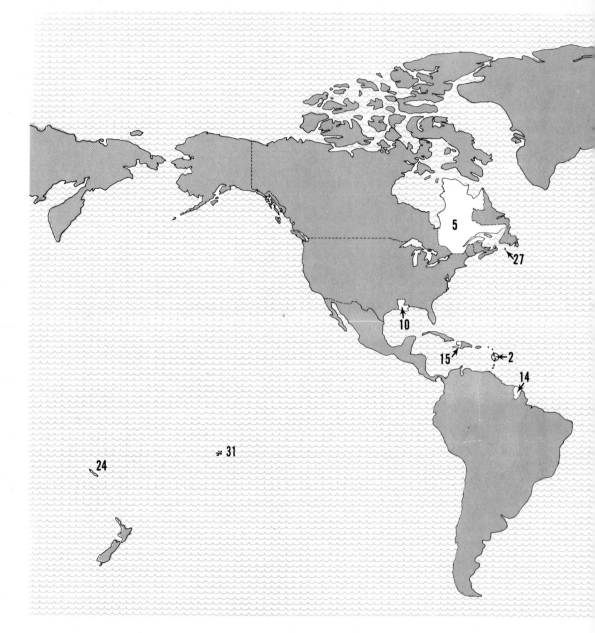

1. l'Algérie	**5.** le Canada (le Québec)	la Nouvelle-Angleterre)
2. les Antilles	**6.** le Congo	**11.** la France
(la Guadeloupe	**7.** La Corse	**12.** le Gabon
la Martinique,	**8.** la Côte-d'Ivoire	**13.** la Guinée
Saint-Martin)	**9.** le Bénin	**14.** la Guyane
3. la Belgique	**10.** les Etats-Unis	**15.** Haïti
4. le Cameroun	(la Louisiane,	**16.** Burkina Faso

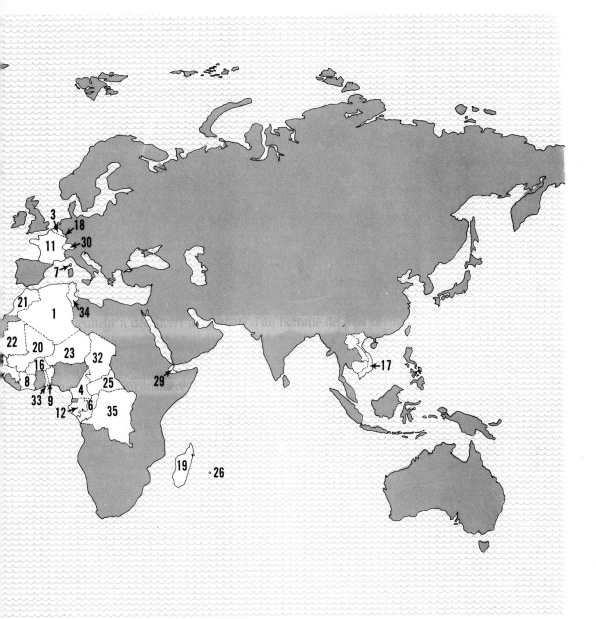

17. l'Indochine
(le Cambodge,
le Laos,
le Viêt-Nam)
18. le Luxembourg
19. la République Malgache
20. le Mali

21. le Maroc
22. la Mauritanie
23. le Niger
24. la Nouvelle-Calédonie
25. la République
Centrafricaine
26. la Réunion
27. Saint-Pierre et Miquelon

28. le Sénégal
29. Djibouti
30. la Suisse
31. Tahiti
32. le Tchad
33. le Togo
34. la Tunisie
35. le Zaïre

enchanteresse, le paradis des *amoureux* de la nature, du soleil et de la — qui aiment
mer. Sur cette île enchantée du Pacifique, les fruits sont plus succulents,
les fleurs plus belles, et les *poissons* plus nombreux et plus colorés que — *fish*
dans les autres pays. Là-bas, vous allez vivre dans une maison typiquement tahitienne et vous allez *pratiquer* tous les sports de mer: le ski — *participate in*
nautique, la voile, l'exploration sous-marine et la *natation*. Si vous voulez, — *swimming*
vous pouvez faire des promenades en voiture ou à bicyclette à l'intérieur
de l'île. À Tahiti, la saison de votre arrivée n'a pas d'importance. Il fait
beau toute l'année.

Vous connaissez déjà la plage? Maintenant voici un programme pour
le vrai aventurier. Prendre le *volant* d'une « jeep » pour faire 1600 kilo- — *steering wheel*
mètres dans le sud du Maroc est une expérience mémorable! (Voir la
carte, pages 38–39.) Avant de partir, on vous familiarise avec le désert,
avec les routes et avec la mécanique. Vous voyagez dans un convoi de six
ou sept voitures pendant neuf ou dix jours dans le Sahara torride. Vous
visitez les oasis avec leurs *jardins* exotiques, les casbahs intrigantes, les — *gardens*
dunes interminables et silencieuses où la possibilité de voir des mirages
est toujours présente. Mais attention, il faut avoir des *vêtements* et des — *clothing*
bagages très pratiques et résistants. C'est seulement après dix jours de
cette excursion mémorable et aventureuse que vous avez le confort moderne d'une chambre *climatisée* à Marrakech. — *air-conditioned*

La Martinique, appelée aussi l'île parfumée, va vous charmer! (Voir
la carte, pages 38–39.) Le village du Club est installé entre une vaste forêt
de *palmiers* et une mer bleue et calme, idéale pour pratiquer tous les — *palm trees*
sports de mer. Vous pouvez loger dans un bungalow confortable, construit
dans le style du pays. Si vous voulez visiter le reste de l'île, vous pouvez
participer à des expéditions pour explorer les forêts tropicales, pour admirer le célèbre volcan de la montagne Pelée ou pour visiter d'autres
petites îles.

Il y a beaucoup d'autres villages de vacances dans des pays où on
parle français. Par exemple au Sénégal, en Tunisie, en Guadeloupe, en
Côte-d'Ivoire, au Canada ou dans l'Île de la Réunion.

Alors, choisissez le pays de votre préférence, faites vos bagages et
bonnes vacances!

Extrait et adapté de brochures publicitaires du Club Méditerranée.

LIRE ET COMPRENDRE

A COMPRÉHENSION DU TEXTE

Answer the following questions based on the information in the reading.

1   Les personnes tranquilles préfèrent-elles les plages désertes ou les grandes villes?
2   Le Club Méditerranée a-t-il seulement des villages en France ou dans d'autres pays du monde aussi?
3   Fait-il beau à Tahiti seulement en été ou toute l'année?
4   Pour voyager dans le désert, faut-il avoir des vêtements élégants ou pratiques?
5   La voiture idéale pour un voyage dans le désert est-elle une Landrover ou une Jaguar?
6   Trouve-t-on des oasis en Martinique ou dans le Sahara?
7   Tahiti est-elle une île de l'Atlantique ou du Pacifique?
8   En Martinique le village du club est-il situé au bord de la mer ou dans la montagne?
9   En général, parle-t-on français ou anglais dans les villages?

B AIDE-LECTURE

Although there are advantages in attempting to guess the meaning of a word you do not recognize, there are times when you must check its definition in order to feel comfortable. Each time you look up a word in the glossary, place a small dot beside it. If you accumulate three dots by a word, it is probably a frequently used term that you should know. Take a few moments to learn it and you will save yourself time in the long run.

One way to learn a new word is to use it correctly in a sentence. Create sentences that will help you remember the meaning of each of these words from the reading.

1   la plage
2   le rêve
3   la natation
4   les vêtements
5   le pays
6   vivre
7   choisir
8   le poisson

C DOCUMENT

Use the descriptions of vacations abroad that appeared in **Le Figaro-Magazine** *to answer the questions below.*

1 Dans quelle région des États-Unis offre-t-on le plus de circuits touristiques?
2 Quel est le plus long circuit aux États-Unis?
3 Que peut-on faire si on veut visiter aussi le Canada? Quelle est la solution?
4 Quelle organisation offre des vacances en Haïti et à Saint-Domingue?
5 Quelle sorte de circuit offre-t-on aux Français qui désirent voyager en Guadeloupe ou en Martinique?
6 Et au Mexique, quels sont les circuits possibles?
7 Dans quel pays d'Amérique du Sud offre-t-on aussi des circuits?

Amérique du Nord et Amérique latine

ÉTATS-UNIS-CANADA

● Circuit de deux semaines en autocar, « Western Story », et « Berceau de l'Amérique ». En avion : « Transamérica » et « Eastern Panorama ». **Camino,** dans les agences de voyages.

● Circuit Canyon Lands, les plus beaux paysages de l'Ouest. **Kuoni,** dans les agences de voyages.

● Circuit de luxe « Les merveilles de l'Est », U.S.A.-Canada, en neuf jours. **Forum Voyages,** 1, rue Cassette, 75006 Paris. Tél. : 544.38.61.

● « Mickey Follies », huit jours en Floride, avec visites d'Epcot, Disney World, et location d'une voiture pour une semaine. **Comitour,** dans les agences de voyages.

● Grand tour de New York à San Francisco, en treize jours. Western Wonders (les merveilles de l'Ouest). Spécial exposition mondiale de La Nouvelle-Orléans, séjours d'une semaine avec accès à l'exposition. **Zénith,** dans les agences de voyages.

● Un circuit de seize jours à la découverte de la Californie, ou seize jours également pour la découverte de la côte Est, avec une incursion au Québec. **Horizons Lointains,** dans les agences de voyages.

AMÉRIQUE CENTRALE

● Aux Antilles, un combiné Guadeloupe-Martinique. Séjours balnéaires avec sports. Séjours à la créole avec location de villa en Guadeloupe. **Rêv Vacances,** Super Marché Vacances, 52, rue de Bassano, 75008 Paris. Tél. : 720.10.22. Ou 42, boulevard de Sébastopol, 75001 Paris. Tél. : 277.10.22.

● A Haïti et à Saint-Domingue, les villages de Magic Haïti et Punta Cana. **Club Méditerranée,** place de la Bourse, 75002 Paris. Tél. : 296.10.00.

● Au Mexique, un circuit de seize jours avec extension balnéaire possible à Cancun et hébergement en hacienda. **Kuoni,** dans les agences de voyages.

● Au Mexique, un circuit de douze jours, « El Mexicano », dans le centre du Mexique et au Yucatan. **Le Tourisme Français,** dans les agences de voyages.

● Un circuit Mexique-Guatemala en vingt-deux jours, dans le centre et le Yucatan, la région du Chiapa. **Le Tourisme Français,** dans les agences de voyages.

● Un circuit « Fiesta Mexicana » en seize jours avec tour complet des civilisations. **Kuoni,** dans les agences de voyages.

● Au Mexique toujours, séjour sur les plages d'Acapulco et à Mexico. **Jet Tours,** dans les agences de voyages.

● Des séjours combinés Mexico-Cancun-Mérida de neuf jours. **Jet Tours,** dans les agences de voyages.

AMÉRIQUE DU SUD

● Au Brésil, un circuit de quinze jours au cœur du Brésil colonial, « Feria Brasilia ». **Kuoni,** dans les agences de voyages.

● Un circuit classique de vingt et un jours, à la découverte de Manaus, Belo Horizonte, Iguaçu, Salvador de Bahia, Sao Paulo et Rio. **Andestour,** dans les agences de voyages.

● Au Brésil, des séjours combinés de douze jours de Bahia à Rio. Des séjours balnéaires dans la baie de Rio, de douze jours. **Jet Tours,** dans les agences de voyages.

COIN CULTUREL

A NOTES CULTURELLES

Whether they vacation at a Club Méditerranée or elsewhere, increasing numbers of French people are choosing alternatives to traditional vacations. Many who are sports-minded go on hiking or bicycling vacations in France or abroad — in French-speaking Africa or the Grand Canyon of Arizona, for example. Horseback riding, scuba diving, and tennis vacations are available for those who want to learn or practice their skills. Vacations in the country have special appeal to city dwellers who prefer a slower-paced vacation. Opportunities are available for such vacationers to rent country houses or to stay with farm families.

Ocean cruises whose emphasis is on a theme like classical or popular music or on theater are becoming increasingly popular. These vacations combine relaxation at sea with the occasion for cultural and intellectual growth. Those desiring to learn a language can take courses while living with a family in England, Germany, Ireland, the United States, or elsewhere. A program called **Découvrir l'Amérique** provides four weeks of living with an American family.

Many young people choose to vacation at work camps where they build recreation centers or restore old monuments, castles, or even entire villages.

B LE SAVIEZ-VOUS?

*Based on what you know about the French and their vacation patterns, answer the following questions. If you do not know the answers, consult the **réponses** at the end of this activity.*

1   Est-ce que beaucoup de Français prennent des vacances chaque année?
2   Est-ce que beaucoup de Français voyagent à l'étranger pendant leurs vacances?
3   Où restent-ils pendant leurs vacances?
4   À quelle organisation les jeunes qui aiment voyager et qui n'ont pas beaucoup d'argent peuvent-ils appartenir?
5   Qu'est-ce que c'est que les « gîtes de France »?
6   Qu'est-ce que c'est qu'une colonie de vacances?
7   Où les Français préfèrent-ils passer leurs vacances?
8   Les Français aiment-ils camper?
9   Y a-t-il beaucoup de Français qui passent leurs vacances à la campagne?
10   Dans quelle région touristique de France les Français préfèrent-ils passer leurs vacances?

Réponses

1   Oui, 30 millions de Français prennent des vacances chaque année.

2   Oui, 6 millions vont à l'étranger.

3   22% vont à l'hôtel; 12% louent une maison; 40% vont chez des parents ou des amis; 12% en camping; et 10% en voyage organisé.

4   Les Auberges de Jeunesse où on peut passer la nuit et manger un repas pour un prix très modeste.

5   Ce sont des maisons rurales restaurées et aménagées (*set up*) pour recevoir des hôtes payants (*paying guests*).

6   C'est un peu l'équivalent du « summer camp » américain. Les colonies de vacances sont financées par différentes organisations publiques ou privées.

7   50% les passent à la plage.

8   Oui, 8 millions de Français pratiquent le camping-caravaning (plus 2 millions de campeurs étrangers).

9   Oui, environ 30% des Français choisissent de passer leurs vacances à la campagne et de « re-découvrir » la France.

10   Selon un récent sondage d'opinion, ils préfèrent les Alpes, la Corse et la Bretagne.

C   ENTRE CULTURES

Voici les vacances idéales des Français interviewés au cours d'un sondage. À votre avis, est-ce que les Américains ont les mêmes préférences? Sinon, quelles sont les différences? Est-ce que ces choix représentent vos préférences? À votre avis, quelle est l'attraction de ces différents pays pour un(e) Français(e)?

7 Quelles vacances idéales?

Si vous ne deviez tenir aucun compte des problèmes d'argent, où choisiriez-vous d'aller?

1er	Tahiti	26%
2e	Californie	18%
3e	Machupicchu	13%
4e	Chine	9%
5e	Kenya	8%
	Inde	8%
	Égypte	8%
8e	New York	4%
	Jérusalem	4%
10e	Saint-Tropez	2%

Activités

A ET VOUS?

1   Est-ce que vous êtes une personne tranquille, romantique ou sportive?
2   Préférez-vous le soleil chaud et les plages immenses ou la montagne et la nature?
3   Quand vous êtes en vacances, préférez-vous la solitude ou la compagnie des autres?
4   Vous avez la possibilité de passer vos vacances dans un pays où on parle français. Quel pays allez-vous choisir et pourquoi?
5   Vous avez la possibilité de voyager à Tahiti, en Martinique ou au Sahara. Quel voyage vous intéresse le plus et pourquoi?

B AGENCE DE VOYAGE

You work in a travel agency where you are repeatedly asked for advice on vacation planning. From the choices available, select the type of vacation that would be most suitable for each person. You may combine several or suggest another possibility.

1   Mr. Jones est un homme très riche qui a très peu de temps pour ses vacances. Il ne parle pas français mais désire visiter la France. Quel est le voyage idéal pour lui?
     a   voyage à bicyclette organisé par des jeunes qui vont faire du camping dans les Alpes
     b   visite des différentes plages et des casinos de la Côte d'Azur; logement en hôtel de luxe; possibilité de promenade en yacht
     c   visite de Paris avec chauffeur-guide privé; restaurants les plus prestigieux; boîtes de nuit les plus « sexy »; cabarets les plus pittoresques
     d   **?**

2   Dan est un jeune étudiant qui a beaucoup de temps mais très peu d'argent. Il n'aime pas beaucoup la mer mais il est très sportif et énergique. Qu'est-ce que vous lui suggérez?
     a   voyage à bicyclette avec un groupe d'étudiants français; camping; itinéraire flexible
     b   deux semaines à Paris dans des hôtels de luxe; dîner chez « Maxim's »; visite des différents monuments de la ville
     c   tour du monde en auto-stop
     d   **?**

3   Richard et Pat sont un jeune couple dynamique. Fatigués des vacances traditionnelles, ils cherchent l'aventure. Avez-vous une suggestion?
     a   deux semaines en Martinique pour faire du ski nautique et de la voile
     b   safari-photo au Congo; visite de réserves d'animaux sauvages; exploration de la jungle en jeep

une robe

une chemise

une jupe

un short

des chaussures

des chaussettes

un pull-over

un pantalon (blue-jean)

une cravate

un manteau

un maillot de bain

des pyjamas

du dentifrice

un complet

une blouse

une brosse à dents

une veste

des chaussures de marche

des sous-vêtements

des lunettes de soleil

    c   trois semaines au Tibet; méditation transcendantale; retraite dans un monastère de lamas

    d   **?**

4   Lynne aime les sports de mer. Elle veut aussi passer ses vacances dans un pays où on parle français. Que peut-elle faire?

    a   passer quelques semaines au Québec et voir toutes les attractions touristiques de la province

    b   passer deux semaines dans les Alpes au mois de janvier et faire du ski tous les jours

    c   passer un mois sur la Côte d'Azur : Nice, Juan-les-Pins, Saint-Tropez; tous les avantages de la plage; logement en hôtel modeste

    d   **?**

C   *FAITES VOS VALISES*

You've decided to take a trip and it's time to pack. What would you need for each of these trips? You might want to include some of the items shown opposite.

1   un voyage à la mer
2   un voyage à la montagne
3   un voyage à Paris
4   un voyage dans le désert
5   un voyage à bicyclette

D   *OÙ ALLER?*

*Complete each sentence with the appropriate country or city. Be sure to use the correct preposition (**en, à, au, aux**).*

1   Pour voir la Tour Eiffel, il faut aller...
2   Pour faire du ski dans les Alpes, on va...
3   Pour visiter un pays où on parle espagnol, vous pouvez aller...
4   Si vous voulez faire du ski nautique, allez...
5   Pour visiter la ville de Moscou, un touriste va...
6   Pour visiter un pays d'Afrique du Nord où on parle français, on peut aller...
7   Si vous voulez visiter les pyramides, allez...
8   Si vous voyagez en Europe et vous voulez visiter un pays où on parle anglais, n'oubliez pas d'aller...
9   Si vous arrivez à Rome, vous êtes...
10   Vous êtes en Europe au printemps et vous voulez voir de belles fleurs, surtout des tulipes; allez...
11   La Volkswagen est une voiture fabriquée...
12   J'habite..., mais je voudrais habiter...

CHAPITRE SIX

La Révolte des femmes

En France, comme partout, le sexisme existe. Il n'est pas nécessaire de chercher bien loin pour trouver de nombreux exemples de préjugés contre la femme.

Vous ouvrez un magazine; qu'est-ce que vous voyez? Là, dans une publicité pour un *téléviseur*, vous voyez une ravissante jeune femme près d'un poste de télévision. L'image est accompagnée de ces mots : « Un téléviseur peut aussi être beau ». Pourquoi ne pas présenter un homme dans la même situation? Est-ce que cela veut dire que la nature de la femme est d'être belle? Est-ce que les femmes qui ne sont pas belles et qui ne sont pas jeunes sont moins « féminines » que les autres? *television set*

Tournez la page de ce même magazine. Là, une publicité pour une *montre* vous invite à acheter « la montre idéale pour l'homme qui veut connaître l'exacte *vérité* ». Vérité, exactitude, connaissance — les mots eux-mêmes révèlent les qualités généralement attribuées aux hommes. Pourtant, une femme n'a-t-elle pas besoin de savoir l'heure précise, elle aussi? *watch* / *truth*

Vous écoutez la radio. Un journaliste — un homme, bien sûr — parle de son travail. Il explique qu'un bon journaliste doit être capable de présenter une question politique d'une manière que « même une femme peut comprendre »! Peut-on blâmer les femmes de douter de leurs *propres* capacités quand elles sont exposées jour après jour à ce genre de conditionnement? *own*

Regardez votre livre de français. Que font les femmes? Madame Dupont fait la cuisine, passe son temps dans les magasins, aide les enfants à faire leurs devoirs, parle beaucoup avec ses amies. Et Monsieur Dupont, que fait-il? Nous le voyons à son bureau où il dicte une lettre à sa secrétaire — une femme, bien sûr. Plus loin, nous le voyons *en train de* conduire sa voiture, de commander un dîner au restaurant, de donner des ordres à ses employés. Ces images de la famille française ne sont pas seulement stéréotypées, elles sont contraires à la réalité. Savez-vous qu'en France 15% des docteurs en médecine et 17% des *avocats* sont des femmes, et qu'il y a 400 000 femmes qui sont chefs de compagnies commerciales ou industrielles? En réalité, il y a beaucoup plus de femmes dans les professions *libérales* en France qu'aux États-Unis. Mais cette réalité-là n'est jamais présentée dans les livres de classe. *occupé à* / *lawyers* / c'est-à-dire les médecins, les avocats, les professeurs, etc.

D'une façon générale on peut dire avec Simone de Beauvoir, auteur de *Le Deuxième Sexe*, que les hommes sont punis pour leurs *échecs* et les femmes sont punies pour leurs succès. Le fait qu'une femme reçoit souvent un salaire inférieur au salaire d'un homme pour le même travail est un exemple typique de cette discrimination. *failures*

Aujourd'hui les femmes n'acceptent plus de souffrir en silence; elles passent à l'action. Partout elles *manifestent*. Les *pancartes* proclament « *À bas* le sexisme! » et « *Vive* l'égalité! » Sur le plan légal, elles essaient de changer les lois qui sont injustes. Mais c'est sur le plan psychologique que la révolution va être sans doute la plus longue et la plus difficile. *demonstrate / signs* / *Down with / Long live*

Une question aussi chargée d'émotion peut aussi être traitée avec tendresse et humour comme le montrent ces quelques lignes du poète Jacques Prévert :

Il *pleut* Il pleut   *rains*
Il fait beau
Il fait du soleil
Il est *tôt*   *early*
Il se fait tard   *It is getting*
Il
Il
Il
Il
Toujours Il
Toujours Il qui pleut et qui *neige*   *snows*
Toujours Il qui fait du soleil
Toujours Il
Pourquoi pas Elle
Jamais Elle
Pourtant Elle aussi
Souvent *se fait* belle   *makes herself*

© Éditions Gallimard

LIRE ET COMPRENDRE

A.   *COMPRÉHENSION DU TEXTE*

Answer the following questions based on the information in the reading.

1   Est-ce qu'il est difficile de trouver des exemples de sexisme?
2   Où peut-on trouver des exemples de sexisme?
3   Quelles sont les caractéristiques de la femme qui présente le téléviseur?
4   Quelle est la qualité principale d'une bonne montre?
5   Quelle opinion le journaliste a-t-il des femmes?
6   Est-ce qu'il y a beaucoup de femmes dans les professions libérales en France? Aux États-Unis?
7   Est-ce que les femmes sont traitées de la même façon que les hommes pour leurs échecs et leurs succès?
8   Est-ce qu'une femme reçoit toujours le même salaire qu'un homme pour le même travail?
9   Aujourd'hui quelle est la réaction des femmes devant le sexisme?
10 Que font-elles sur le plan légal?
11 Comment cette question est-elle traitée dans le poème de Jacques Prévert?

B AIDE-LECTURE

Knowing the meaning of one word helps you to understand other related words. In this reading, for example, knowing the word **journal** allows you to recognize the word **journaliste** even though you may never have encountered the word before. Likewise, you may recognize **connaissance** and **tendresse** because you already know the meanings of **connaître** and **tendre.**

What words used in the reading are related to these words?

1 le doute	4 préciser	7 la manifestation	10 la présentation
2 la féminité	5 véritable	8 l'explication	11 la souffrance
3 l'exactitude	6 le sexisme	9 le téléviseur	12 le commerce

C DOCUMENT

Use the information from this article that appeared in a Belgian women's magazine to answer the questions that follow.

1 Quel est le pourcentage de femmes qui travaillent à la maison?
2 De quelles sortes de travaux domestiques les femmes sont-elles responsables?
3 Combien d'heures de travail est-ce que cela représente?
4 Quel salaire propose-t-on pour une femme qui travaille chez elle?
5 Pourquoi y a-t-il de différents salaires proposés?
6 Selon l'article, pourquoi est-ce qu'on ne paie pas la femme qui travaille chez elle?

Femme à la maison ou la vie de 70% de femmes

— la femme est une employée de maison
— c'est aussi une femme de confiance; souvent, elle gère l'argent du ménage
— c'est une femme qui « ne travaille pas » : en fait, elle fournit au minimum 42 h de travail par semaine, non payé.

Souvent lorsqu'elle demande de l'aide à son mari ou à ses enfants, on lui répond « tu n'as que ça à faire ! Nous ON TRAVAILLE ! »
Compté à 50 F de l'heure, ça fait = 42 x 50 = 2100 F par semaine. ET ENCORE..! C'EST MAL PAYE !

ÇA DEVRAIT COUTER ENTRE 9300 F ET 26.800 F PAR MOIS !
En Hollande, le ministre de la famille a fait le calcul. Si tous les travaux d'une ménagère : lessive, nettoyage, soin des enfants, cuisine, etc... étaient faits par des professionnels : cuisinier, puéricultrice, femme à journée, voilà ce que ça coûterait :
— sans enfant : 9.300 F
— avec 2 enfants : 16.500 F
— avec plus de deux enfants : 26.800 F
Dans la plupart des couples, l'homme travaille au bureau ou à l'usine
la femme travaille à la maison
Un seul est payé.
QUELLE ECONOMIE POUR LE PATRON !
QUELLE ECONOMIE POUR LA SOCIETE

TRAVAIL MENAGER, NOTRE VOCATION ?
Mais pourquoi n'est-ce en réalité pas payé ? Parce que ce n'est pas considéré comme un métier, mais comme une « vocation » = une chose qu'on fait naturellement, par instinct, parce qu'on est femme...

COIN CULTUREL

A NOTES CULTURELLES

The struggle for the emancipation of women is not a new phenomenon in France.

Christine de Pisan (1362–1435) was one of the early feminists. Widowed at the age of twenty-two and with three children to raise alone, she was the first French woman to earn her living as a writer. As an ardent defender of women in a male-dominated society, she was also the first writer to celebrate the liberation of France by Joan of Arc in a work (*La Ditié de Jeanne d'Arc*) written while the heroine was still alive.

Another early feminist was Olympe de Gouge (1748–1793). Like many Parisian women, she took a very active part in the Revolution. Later she refused to accept women's being denied the civil rights newly won by the Revolution. In response to the *Déclaration des droits de l'homme et du citoyen*, she wrote the *Déclaration des droits de la femme et de la citoyenne*. She argued eloquently that if a woman had the right to be beheaded, she must also have the right to speak out. This philosophy was opposed by Robespierre and his supporters who, despite their revolutionary beliefs, dissolved all women's organizations and forbade women even to be spectators at political assemblies. Olympe de Gouge was beheaded on a directive from Robespierre.

B LE SAVIEZ-VOUS?

*Answer the following questions about women and women's issues in France. If you do not know the answers, consult the **réponses** at the end of this activity.*

1   Depuis quand les femmes françaises ont-elles le droit de voter? Et les femmes suisses?
2   En France, quel est le pourcentage de femmes parmi les salariés, c'est-à-dire parmi les gens qui ont un emploi?
3   Est-ce qu'il y a beaucoup de mères de famille qui travaillent en dehors de la maison?
4   Est-ce qu'une femme qui fait le même travail qu'un homme gagne le même salaire?
5   Quel est le rôle du Ministre des droits de la femme?
6   Qu'est-ce qui arrive quand une femme qui travaille décide d'avoir un enfant? Est-ce qu'elle perd son emploi si elle ne peut pas reprendre immédiatement son travail?
7   Comment les femmes françaises qui ont de jeunes enfants peuvent-elles continuer à travailler?
8   L'avortement (*abortion*) est-il légal en France?

Réponses

1   Depuis 1945. Les femmes suisses ne l'ont pas encore.
2   Environ 39%.

3   Oui, sur 9 100 000 salariées, il y a environ 5 millions de femmes qui ont des enfants, c'est-à-dire plus de la moitié.

4   En principe, oui. Il y a depuis 1946 une loi (*law*) qui dit « À travail égal, salaire égal ».

5   Son rôle est de promouvoir (*promote*) les mesures en faveur des femmes et d'assurer l'application des lois qui garantissent leur égalité.

6   Non, les femmes ont droit à un congé de maternité (*maternity leave*) de seize semaines. Ce congé est payé à 90% du salaire de la femme. Elles peuvent aussi prolonger ce congé jusqu'à un an, mais sans être payées.

7   Il existe de nombreuses crèches (*day-care centers*) et jardins d'enfants où elles peuvent laisser leurs enfants pendant leurs heures de travail. Ces crèches sont subventionnées (*subsidized*) par le gouvernement.

8   Oui, depuis 1979.

C   ENTRE CULTURES

Quelle est la situation des femmes dans votre pays? À votre avis, est-ce qu'elle est plus favorable ou moins favorable qu'en France?

Activités

A   ET VOUS?

1   Est-ce que vous parlez beaucoup de la révolte des femmes?
2   Est-ce qu'il y a du sexisme dans votre classe? Dans votre famille? Donnez des exemples.
3   Est-ce que vous êtes d'accord avec les arguments des féministes?
4   Pourquoi ne parle-t-on pas beaucoup de l'émancipation de l'homme?
5   Que pensez-vous de la publicité dans les journaux et les magazines?

6   Est-ce que vous trouvez sexiste la publicité à la télévision? Donnez des exemples.
7   Les femmes sont-elles quelquefois sexistes, elles aussi?
8   Dans quelles circonstances manifestez-vous? Pour quelles causes?
9   Y a-t-il des images ou des situations sexistes dans vos livres de classe? Donnez des
     exemples.

B   SLOGANS

*Imagine that you want to make posters for a demonstration. Using an item from each
column, compose some messages for your signs. Be as conservative—or as liberal—as
you wish.*

À bas	la violence
Arrêtez	les cigarettes
Cherchez	la guerre
Faites	le sexisme
Respectez	les femmes
Demandez	les hommes
Achetez	l'amour
Écoutez	la liberté
Découvrez	l'égalité
Vive(nt)	les petites autos
Éliminez	la pollution de l'air
Libérez	l'énergie nucléaire
Manifestez pour	les animaux
Manifestez contre	les professeurs
?	?

C   OPINIONS

Use the cues to construct questions. Then use your questions to interview a classmate.

1   Est-ce que vous êtes pour...?
2   Est-ce que les femmes manifestent contre...?
3   Est-ce que vos livres de français sont...?
4   Est-ce qu'un(e) bon(ne) journaliste est capable de...?
5   Est-ce que vous manifestez contre...?
6   Est-ce que les hommes sont...?
7   Est-ce qu'on parle de l'émancipation de la femme dans...?
8   Dans quelles circonstances manifestez-vous pour...?
9   Est-ce que vous voulez libérer...?
10   Est-ce que les réactions des hommes sont...?
11   Est-ce que les réactions des femmes sont...?
12   Peut-on blâmer les femmes de...?

D *ÊTES-VOUS D'ACCORD?*

Pierre Lesage, a young Frenchman, enjoys expounding on his personal philosophy. Do you agree or disagree with his opinions? If you disagree, reword the statement so that it reflects your views.

1 Les hommes sont plus intelligents que les femmes.
2 Les hommes ont plus de courage que les femmes.
3 Les hommes sont plus logiques mais moins intuitifs que les femmes.
4 Les femmes sont moins intéressantes que les hommes.
5 Les femmes sont moins individualistes que les hommes.
6 Les hommes conduisent mieux que les femmes.
7 Les femmes parlent trop.
8 Les femmes n'ont pas d'imagination.
9 Les femmes sont toujours malades.
10 Nous, les hommes, nous n'avons pas de préjugés.

CHAPITRE SEPT

Êtes-vous superstitieux?

Êtes-vous un peu, beaucoup ou dangereusement superstitieux? Si vous voulez savoir la réponse, faites ce test.

1 Vous donnez un dîner. Il y a 14 invités. Une heure avant le dîner, un ami téléphone pour dire qu'il ne vient pas. Que faites-vous pour ne pas être 13 à table?

   a Vous cherchez un quatorzième invité. À la dernière minute, vous finissez par inviter quelqu'un que vous n'aimez pas beaucoup.

   b Vous pensez que c'est trop tard pour inviter une autre personne et que, probablement, on ne va pas remarquer que vous êtes 13.

   c Vous placez vos invités à plusieurs tables différentes.

2 Il y a une *échelle* sur votre passage.   *ladder*
   a Vous faites un détour pour ne pas passer sous l'échelle.
   b Vous passez sous l'échelle sans hésiter.
   c Vous regardez pour voir si l'échelle ne risque pas de tomber sur vous et vous passez sous l'échelle.

3 Vous êtes chez des amis. Une des invitées sait lire les lignes de la *main* et ses talents ont beaucoup de succès. Elle vous propose   *hand* de lire les lignes de votre main et prend votre main *gauche*.   *left*
   a Vous acceptez à condition qu'elle examine vos deux mains. (Vous savez que chaque main représente un aspect différent de votre destinée et de votre personnalité.)
   b Vous refusez parce que vous avez peur d'apprendre votre *avenir*.   *futur*
   c Vous acceptez pour passer le temps.

4 « Certains animaux vous portent *chance*, d'autres vous portent   *good luck* malchance. »
   a C'est rigoureusement exact et cela fait partie des choses inexplicables.
   b Absolument pas.
   c Oui, mais au commencement ce sont probablement de simples coïncidences; ensuite on cultive ces coïncidences et on est influencé.

5 Portez-vous un *vêtement* d'une certaine couleur quand vous avez   *clothes* un rendez-vous important?
   a Oui, parce que c'est votre couleur de chance.
   b Oui, parce que vous aimez cette couleur et que vous avez un vêtement élégant de cette couleur-là.
   c Non, vous portez simplement des vêtements appropriés pour le rendez-vous en question.

6 C'est la première fois que vous êtes dans une maison, mais vous avez l'étrange impression de connaître cette maison — une impression de « *déjà vu* ».   *having already seen*
   a Vous êtes fasciné par l'idée d'avoir habité dans cette maison pendant une autre vie et vous cherchez d'autres signes.
   b Vous trouvez cela intéressant et vous achetez un livre de psychologie.
   c Vous décidez que c'est seulement une impression temporaire et vous pensez à autre chose.

7 Quelle importance le numéro 13 a-t-il pour vous?
   a Vous achetez toujours un billet de loterie nationale le vendredi 13 parce que ça porte *bonheur*.   *good luck, happiness*
   b Si vous voyagez en train, vous êtes toujours sûr d'avoir une place parce que beaucoup de gens refusent le numéro 13.
   c Vous refusez de prendre un appartement situé au numéro 13, même si l'appartement est magnifique et pas cher.

8   Voici les trois habitudes superstitieuses les plus communes. Quelle habitude est la plus typique pour vous?

   a   Vous *touchez du bois.*   *knock on wood*

   b   Vous n'*allumez* pas trois cigarettes avec la même *allumette.*   *light / match*

   c   Vous faites un détour quand vous voyez un chat noir.

9   Dans un Boeing 707 trois passagers ont peur de l'accident. Préférez-vous l'attitude de Jean, de Chantal, ou de Paul?

   a   Jean: « Si c'est le jour de malchance du pilote, tout est fini. »

   b   Chantal « C'est mon jour de chance, il n'y a pas de risque sérieux. »

   c   Paul: « Je vais demander à l'hôtesse comment fonctionne le masque à oxygène. »

10 Faites-vous des *rêves* qui annoncent des événements futurs?   *dreams*

   a   Oui, quelquefois, pour des choses sans importance.

   b   Non, jamais.

   c   Oui, fréquemment.

Résultats du test

Êtes-vous superstitieux ou non? Si vous voulez le savoir, (1) encerclez la lettre qui correspond à votre réponse et (2) additionnez le nombre de lettres cerclées dans chaque colonne.

Questions	Réponses		
No.	□	◇	○
1	b	c	a
2	c	b	a
3	c	a	b
4	b	c	a
5	c	b	a
6	c	b	a
7	b	a	c
8	b	a	c
9	c	b	a
10	b	a	c

Quelle colonne a le plus grand total?

Si c'est la colonne □, vous n'êtes pas superstitieux. Vous êtes logique, lucide, un peu sceptique et difficile à duper.

Si c'est la colonne ◇, vous êtes un peu superstitieux mais sans conviction. Vous avez beaucoup de bon sens et un petit grain de fantaisie. Vous êtes optimiste, tolérant et diplomate.

Si c'est la colonne ○, vous êtes superstitieux. Vous êtes fasciné par l'étrange et le mystérieux. Vous voyez du surnaturel partout. Attention, vous risquez d'être victime des charlatans.

Si vous avez le même nombre de réponses dans la colonne □ et dans la colonne ◇, vous êtes assez rationnel mais vous avez encore quelques superstitions.

Si vous avez le même nombre de réponses dans la colonne ◇ et dans la colonne ○, vous êtes très superstitieux mais avec optimisme et humour.

Si vous avez le même nombre de réponses dans la colonne □ et dans la colonne ○, vous êtes souvent illogique et contradictoire. Ou peut-être vous ne répondez pas sérieusement aux questions? Alors, recommencez!

Extrait et adapté d'un article de *Elle* par Ernst Dichter.

LIRE ET COMPRENDRE

A COMPRÉHENSION DU TEXTE

Based on the vocabulary and information presented in the reading, supply the missing words in the following paragraph.

Ma grand-mère est très superstitieuse; elle refuse absolument de passer sous une _____ parce qu'elle pense que ça porte malheur. Si elle voit un chat noir, elle fait un _____ parce qu'elle croit que c'est un _____ signe et que cela va lui porter _____. Elle me dit toujours de ne pas _____ trois cigarettes avec la même _____. Elle achète souvent un billet de _____ le vendredi 13 parce qu'on dit que cela porte _____. Elle dit qu'elle fait souvent des _____ qui annoncent des _____ futurs et elle a un livre qui explique la signification des différentes lignes de la _____. Mais moi, je pense que ce sont des _____ injustifiées et qu'on ne peut pas prédire l'_____ .

B   AIDE-LECTURE

Words with opposite meanings are often found in a sentence or paragraph in which the writer wants to juxtapose and contrast ideas. Recognizing the presence of opposites often aids comprehension. A sentence from the reading illustrates this: **Certains animaux vous portent chance, d'autres vous portent malchance.** Knowing that **chance** means "luck" may help you understand that **malchance** means "bad luck."

To practice recognizing opposites, match each word in the left column with its opposite in the right column.

1	bonheur	*a*	droite
2	avenir	*b*	sur
3	gauche	*c*	malheur
4	commencement	*d*	fin
5	cher	*e*	passé
6	fréquemment	*f*	premier
7	dernier	*g*	rarement
8	sous	*h*	bon marché

C   DOCUMENT

Tell whether the statements below are accurate according to the following horoscopes.

Lion

1   Mauvaise semaine en ce qui concerne la vie amoureuse
2   Difficultés dans les rapports avec les amis
3   Quelques petites difficultés dans les rapports avec la famille
4   Succès complet en ce qui concerne la vie sociale
5   Bonne semaine financière

Balance

1   Très bonne semaine en général
2   Partenaire idéal: le Lion
3   Peu de contacts avec la famille et les amis
4   Dans le domaine de la santé, il faut être assez prudent
5   Ne pas avoir peur de prendre des décisions

Lion

(23 juillet-23 août)
SOLEIL
CŒUR. *Excellente semaine. Enthousiasme, charme, succès et satisfactions. Consolidez vos liens. Bons rapports avec les amis. Vous serez brillants en société. Possibilité de nouvelles connaissances. Éclaircissements en famille. Harmonie avec le Sagittaire.*
SANTÉ. *Protégée.*
VIE SOCIALE. *Allez de l'avant avec élan et énergie, vous obtiendrez des résultats inespérés. Appuis et protection de personnages importants. Finances favorisées.*
MON CONSEIL. *Une nouvelle rencontre éveillera votre curiosité mais n'accordez pas trop vite votre confiance.*

Balance

(24 sept.-23 octobre)
VÉNUS
CŒUR. *Semaine intéressante et brillante. Rapports affectifs en hausse, charme irrésistible. Projets avec les amis, intuition, aspiration pour les poètes et les étudiants. Soignez les relations sociales mais ne perdez pas de temps auprès de personnes sans intérêt. Projets également en famille. Entente parfaite avec le Sagittaire.*
SANTÉ. *Pas d'excès.*
VIE SOCIALE. *Allez énergiquement de l'avant en suivant un programme précis. Vous réglerez très bien diverses questions et vous serez appuyés.*
MON CONSEIL. *Étudiez bien la situation et défendez votre liberté d'action.*

COIN CULTUREL

A NOTES CULTURELLES

Like Americans, many French people have an irrepressible urge to know what the future holds for them. For those unwilling to wait patiently to see how events unfold, there are between 3000 and 4000 fortune-tellers in France and more than 500 in Paris alone. At least 2500 people visit Parisian fortune-tellers each day, paying from 50 to 700 francs per consultation. The famous crystal ball is often part of the fortune-teller's equipment but is rarely used for consultations. Fortune-tellers rely instead on palm-reading, interpretation of playing cards or tarot cards, numerology, interpretation of ink stains and the meanings of dreams. People who do not care to visit fortune-tellers can read the horoscopes included in most French magazines and newspapers.

B LE SAVIEZ-VOUS?

What is the origin of each of the following superstitions? If you don't know, consult the explanations provided at the end of this activity.

1   Savez-vous pourquoi on dit que cela porte malheur d'allumer trois cigarettes avec la même allumette?

2   On dit que cela porte malheur d'être 13 à table. Savez-vous quelle est l'origine de cette superstition?

3   Pourquoi dit-on que cela porte malheur de passer sous une échelle?

4   Pourquoi dit-on qu'un chat noir porte malheur?

5   Savez-vous pourquoi on touche du bois?

6   En France, le vendredi 13 est-il un jour de chance ou de malchance?

Réponses

1   Cette superstition date de la guerre; quand trois soldats allument leurs cigarettes avec la même allumette, l'ennemi a le temps d'identifier leur position.

2   Cette superstition a une origine religieuse: le dernier souper de Jésus-Christ et de ses douze apôtres. Jésus-Christ est mort quelques jours plus tard à cause du traître Judas.

3   Parce que l'échelle, ou la personne qui est sur l'échelle, risque de tomber sur vous.

4   C'est à cause des sorcières de l'époque médiévale. La tradition dit qu'il est possible pour une sorcière de se transformer en chat; il est donc prudent de faire un détour quand on voit un chat noir!

5   Cette superstition vient de la religion chrétienne: le bois de la croix de Jésus-Christ est une relique qui protège les gens qui le touchent. La légende populaire offre aussi une autre explication. Pour les hommes de l'époque médiévale, le monde est plein de forces mystérieuses ou sataniques qui veulent connaître les secrets des humains. Pendant une conversation importante ou secrète, vous tapez donc sur du bois parce que vous ne voulez pas que les esprits sataniques entendent vos secrets.

6   Les Français considèrent généralement le vendredi 13 comme un jour qui porte chance.

C ENTRE CULTURES

À votre avis, les Américains sont-ils superstitieux? Est-ce qu'ils lisent régulièrement leur horoscope? Est-ce qu'ils consultent souvent des clairvoyant(e)s *(fortune-tellers)?* Expliquez quelques-unes des superstitions américaines à des Français.

Activités

A ET VOUS?

Do you agree or disagree with the following opinions? If you disagree, reword the statement so that it reflects your views.

1   La vie des hommes est gouvernée par des forces surnaturelles.
2   Les sciences occultes peuvent expliquer beaucoup de phénomènes bizarres.
3   Les personnes mortes sont réincarnées sous forme d'animaux.
4   La télépathie mentale est un phénomène réel.
5   Il est possible de communiquer avec des personnes qui sont mortes.
6   La liberté est une illusion; c'est la destinée qui détermine notre vie.
7   Après la mort, l'esprit d'une personne continue à vivre.
8   Il est possible de lire le caractère et la destinée d'une personne dans les lignes de sa main.
9   Tout le monde est plus ou moins superstitieux, mais tout le monde n'a pas le courage de l'admettre.
10 Les jeunes de notre génération sont plus superstitieux que leurs parents.

B SUPERSTITIONS ET REMÈDES DE BONNES FEMMES

*Alone or with a group of students, create new superstitions or old wives' tales (**remèdes de bonnes femmes**).*

Exemples :   Pour parler français sans accent, mangez deux douzaines d'escargots tous les matins. Si vous voulez avoir de la chance en amour, placez un oignon sous votre table de nuit le premier jeudi de chaque mois.

C   *L'HOROSCOPE*

Use the zodiac signs given below to determine your zodiac sign or that of someone you know or of a famous person. Then write a prediction of what is going to happen this week.

Exemple :   Tu vas gagner à la Loterie nationale et tu vas être très riche. Mardi tu vas avoir la visite de gens intéressants.

D   *LA LOTERIE NATIONALE*

*Below is a ticket that you have purchased for the **Loterie nationale.** You have just been informed that the winning number is 12.967. Write a paragraph describing how you are going to spend the 10 000 francs that you have won.*

CHAPITRE HUIT

Vive l'occase!*

Jean-Pierre a un vieux sofa qu'il utilise rarement. Pourquoi garder quelque chose qui *embarrasse*, surtout quand on a besoin d'argent? Il décide de *passer une annonce* dans le journal. « *Fauché*, vend sofa-lit en *cuir*, 350 francs. » Danièle a justement besoin d'un sofa. Elle répond à l'annonce de Jean-Pierre. Ils sont d'accord sur le prix. Danièle explique: « 350 francs pour le sofa, 300 francs pour la *camionnette*. Pour 650 francs, j'ai *ce qu'il me faut*. Je n'ai pas beaucoup d'argent et je préfère le garder pour les voyages. Alors, acheter *d'occasion*, c'est la *meilleure* solution. »

is in the way
place an ad / broke / leather

van
what I need
second hand / best

*Short form for **l'occasion** in reference to purchase of second-hand items. Example: **Une voiture d'occasion** = *A second-hand car*. Example: **Une bonne occasion** = *A bargain*.

Partout, dans les journaux, dans les revues spécialisées, les petites annonces prolifèrent. Cette vogue de *l'occase* révèle un changement dans la mentalité des Français, surtout chez les jeunes de 18 à 35 ans. On cherche moins à impressionner les autres. Trouver une *bonne occasion*, récupérer un objet qui peut encore servir, c'est *montrer* qu'on connaît le système D.[1]

bargain

good deal
show

Qui sont ces pionniers de l'occase? En général, les vendeurs sont *soit* des gens fauchés comme Jean-Pierre, *soit* des gens en mutation: changement de résidence ou de travail, mariage, etc. Les acheteurs ont des *revenus* modestes. En général, ils *débutent* dans la vie — seuls ou à deux.

either
or

income / start

« Futur père de famille cherche *meubles* pour bébé. » Daniel qui est *comptable* gagne seulement 3 500 francs par mois. Il *compte* sur cette annonce pour être prêt au jour J.[2] Les réponses arrivent immédiatement. « J'ai déjà un *landau* en très bon état. Ce soir, je vais *voir* un *lit* et une table; on va discuter du prix sur place. » Voilà, c'est simple : on fait connaissance, on boit quelque chose ensemble, on discute un peu du prix et tout le monde est content.

furniture
accountant / counts

baby carriage / see / bed

Ce qui est important, explique Joëlle, c'est de ne pas dépenser plus qu'on gagne. *Rêver* devant les publicités n'est pas une solution. Son appartement est meublé d'occases : le *frigo* acheté pour 100 francs a 20 ans; la *machine à laver* vient d'une dans le journal; la lampe 1930 vient du Marché aux Puces.[3] La salle de bain — *lavabo*, bidet, *baignoire* — vient d'une maison en réparation.

dream
refrigerator
washing machine
sink / tub

Pour Anne-Marie, l'essentiel c'est de bien calculer pour pouvoir acheter les choses qui comptent vraiment. « Si j'économise sur l'achat des vêtements pour les enfants, l'hiver prochain je vais pouvoir acheter leur équipement de ski pour nos vacances de neige. »

« À mon avis, le désir de « récupérer » dépend de la psychologie du client et non de ses *moyens* financiers », explique un réparateur de la région parisienne. « Certains clients dépensent des sommes importantes pour la réparation de leur équipement, d'autres préfèrent l'abandonner pour acheter du *neuf*. Il ne faut pas essayer de comprendre. »

means

brand new

Bien installée dans son sofa, Danièle est contente de son achat. « La crise économique apporte l'incertitude. Avec l'occase, on peut attendre confortablement que ça passe. »

Extrait et adapté d'un article de *L'Express* par Michèle Leloup.

Notes explicatives

1   *Le système D : l'art de se débrouiller;* the ability to manage, to get by. French people pride themselves on being masters of the *système D.*
2   *Le jour J : Le grand jour;* the day when something important is going to happen.
3   *Le Marché aux Puces :* the Paris flea market. Situated in the northern outskirts of the city, it covers several city blocks and is open every day. Everything from shoe laces to valuable antiques can be found there.

LIRE ET COMPRENDRE

A COMPRÉHENSION DU TEXTE

Which of the three answers given is not true according to the information in the reading?

1 Jean-Pierre désire vendre son vieux sofa parce qu'(e)...
   a il a besoin d'argent
   b il va acheter un autre sofa
   c il n'a pas besoin de ce sofa

2 Danièle répond à l'annonce de Jean-Pierre parce qu'(e)...
   a elle vient d'acheter un nouvel appartement
   b elle n'a pas assez d'argent pour acheter un sofa neuf
   c elle aime mieux garder son argent pour autre chose

3 Danièle préfère acheter des meubles d'occasion parce qu'(e)...
   a elle aime les vieux meubles
   b ça coûte moins cher de cette façon
   c elle préfère louer une camionnette

4 En général, les gens qui vendent ou qui achètent des objets d'occasion...
   a cherchent à impressionner leurs amis et ils ont des revenus importants
   b sont jeunes et ils débutent dans la vie
   c aiment récupérer les choses qui peuvent encore servir et utiliser leur argent pour des choses plus importantes

5 Daniel place une annonce dans le journal parce qu'(e)...
   a il va bientôt être papa
   b il aime rencontrer des gens
   c son salaire est assez modeste

6 Les meubles qui sont dans l'appartement de Joëlle ont les origines suivantes:
   a annonces dans le journal
   b grand magasin de meubles
   c Marché aux Puces

7 Anne-Marie préfère acheter des vêtements d'occasion pour ses enfants parce qu'avec l'argent qu'elle économise de cette façon, elle va pouvoir...
   a acheter des vêtements neufs pour son mari
   b équiper ses enfants quand ils vont aller faire du ski
   c garder son argent pour les choses qui sont importantes pour toute la famille

Profitez de l'occasion!

Prix réduits!

B *AIDE-LECTURE*

One of the major advantages an English-speaking person learning French enjoys is the resemblance between French and English words. Many French words are spelled exactly the same as in English (for example, **voyage, solution, sofa**) or are spelled the same except for the addition of an accent (**décide**). Such words are called *cognates*. Other French words differ from English by only a few letters (**appartement, modeste, confort**). Still others have similar roots but have different prefixes or suffixes: **annonce** = *announcement*; **impressionner** = *impress*; **abandonner** = *abandon*. The meanings of cognates or near-cognates are not always identical, but they are usually close enough to the English to provide clues.

Make a list of the cognates and near-cognates that appear in this reading. What patterns of correspondance do you notice between the French and English spellings?

C *DOCUMENT*

The following classified ads for new and used items are taken from a Canadian newspaper. Answer the questions based on the information in the ads.

MARCHANDISES ET SERVICES

(202) MOBILIERS, ARTICLES DE MÉNAGE

A + DE 200 APPAREILS 7 ANS EN AFFAIRES Très propre, poêle, réfrigérateur, laveuse sécheuse, lave-vaisselle, laveuse-tordeur, congélateur; usagés et reconditionnés, 90 jours garantie 100%. Achetons comptant. App. M.L. 8205 Casgrain. 388-1130

A VENDRE bibelots, vaisselle, meubles, etc. 384-1885.

ACHAT et vente meubles usagés. 271-7930. Loyer du Chômeur.

ARMOIRES de cuisine, modernes, rouge-orangé, Jenn-Air, four et laveuse de vaisselle encastrables. Bas prix. 387-9159.

AUBAINE réfrigérateurs, poêles, lessiveuses, sécheuses. Achetons, vendons meubles usagés. S&D Réfrig. 270-3466, 7581 St-Hubert.

BAR à boisson, 6 pi de long par 3 pi de haut, plus 4 tabourets, rens. 688-8654 après 6h p.m.

BEAU divan provincial-français, $200, 272-3165.

BEAU salon, provincial français, brocart turquoise, $500, 5960 Victoria apt 6, Montreal.

BELLES tables (3) de salon, en marbre d'Italie, $780, 5960 Victoria, apt 6,Montreal.

BUREAUX pour chalet d'été à vendre. $10/chacun. 256-4706.

CHAISE berçante en rotin comme neuve, $80, plus 3 tabourets de bar Amisco $130. 527-5068.

CHAISE HAUTE moderne transformable en table de jeux et chaise, comme neuve, valeur $125 laisserais $60. 527-5068.

CHAMBRE à coucher noyer clair, 2 bureaux, lit, belle qualité, $450. 671-3652.

ENSEMBLE salon traditionnel, 2 pièces, presque neuf, beige et rouille, $450, après 16½h 796-5984.

FAUTEUILS (2), pivotants, cuir et bois, $230 chacun, 672-0352 soir.

HUMIDIFICATEUR Viking, $100, ventilateur Airking 20'' $20, perceuse B&D $10, Brossard 671-7754.

LITS (2) capitaine, en érable, bonne condition, 478-4612.

MACHINE A COUDRE Kenmore, bras libre, avec meuble, chaise, presque neuve, $425. 694-4937

MEUBLES variés, bonne condition, idéal pour chalet. 681-0717

MEUBLES DE MANUFACTURE

Style futuriste moderne canadien-nartisanat 351-7079 A. Tessier Ltée.

(206) VENTE DE GARAGE

GRANDE VENTE-GARAGE au Centre Mgr Pigeon 5500, rue Anger (coin Galt) Tél: 769-2741 le dimanche 25 mars de 9 heures à 5 heures p.m.

(208) AUDIO-VISUEL, TÉLÉVISEURS, STÉRÉOS, RADIOS, PHOTO, CINÉ-CAMÉRAS

ACHAT - RÉPARATION vidéo-cassette, T.V. couleur, toutes marques, estimation gratuite à domicile, 471-7497.

ACHAT, vente, échange composants audio haute-fidélité. Le Stéréo Usagé 495-3181.

BOITES DE SON et pre-amp pour disco-mobile 250w R.M.S. 931-7581.

CAMERA électronique Sony, HVC-2400; enregistreur vidéo, portatif Sony SL-2000; synthonisateur vidéo avec minuterie Sony TT-2000, le tout comme neuf. Entre 9h et 17h: 253-5689.

CANON FTB 35mm, lentille 50mm 1.8, lentille Bell & Howell 28mm, zoom 70-200mm Vivitar, sacoche, plusieurs filtres. Prix à discuter. 1-773-1722.

CASSETTES VIDEO, TDK, SONY, FUJI, formats VHS T-120 et Beta L-750, un seul prix $10.95. Aubaines Bélanger, 5221A Bélanger, Mtl., HIT 1E1, 721-1285 (lundi fermé). Commandes postales acceptées.

EQUIPEMENT chambre noire Omega B-66XL, bassins, etc. Parfait état, doit vendre, faites une offre. 691-7732.

INTELLIVISION II, et 3 cassettes, parfaite condition, $100, 663-3818.

NOUS achetons TV couleur toutes conditions. Ekudes TV, 340-1762.

RECEPTEUR Macintosh, 55W par canal, $625. Table tournante AR $300,disponible avec bras Grace 707, neuf $85, haut parleur Spendor SA1, parfait état, $385 négociable, 381-2016.

SYSTEME de son, table tournante Dual, ampli Nad, colonnes Rega, très bon état, 2 ans, 768-8721.

TABLE tournante neuve, Fisher, Pioneer, $75 chaque. Daniel 274-2708

TDK SA-90, $2.90, JBL, BGW Megason, 5656 Cote-Des-Neiges.

TDK, SA 90 - $2.99, T-120 - $10.50. UDXL II 90 - $2.99. Avec ce coupon. Stéréo U.F.O. 2121 Ste-Catherine ouest.

TV COULEUR 20'' à 26'', reconditionnés. 525-6606.

(210) INSTRUMENTS DE MUSIQUE

A LIQUIDER 3000 instruments Centre de Liquidation Musical 1250 Ontario est. 527-8287 (visa)

ACHETE pianos. Bouthillier Musique 722-8741, 725-6338.

ACHETE-VEND, accorde et répare pianos. Pianophinals 684-3609.

(217) LE COIN DU VIDÉO ET DE L'ORDINATEUR

A LOUER Commodore, Apple, IBM, heure, semaine, mois. Ordiloc 284-3224.

ALPHA, micro-ordinateur. Système comprenant l micro ordinateur Alpha CPU, lecteur disquettes 90 Meg, l logiciel de traitement de textes Spin-Writer printer, 2 imprimantes; 5 terminaux, régulateur de voltage, jeux de disquettes rigides, programmes. Peu utilisé pendant 1½ an. Prix à convenir. James Russell: 637-3713 de 9h à 17h.

APPLE et IBM PC, compatible, périphérique. Microbit 663-2592

BMC 64k, moniteur couleur, imprimante Oki, 2 disques, Wordstar, dbases II, basic supercalc cpm, 487-9231 après 6h.

COMMODORE VENTE & LOCATION MEILLEUR PRIX EN VILLE A.B.Y.L Electronique - 526-4582

DISQUETTES en boite de 10 en plastique $20.95. C.I.A.P. 525-7313

I.B.M. PC, 64K, 2 DD - DS, carte couleur-graphique, moniteur Zenith, vert. D.O.S. 2.00. Pierre Robert 353-6000, entre 2h et 3h sur semaine.

JEUX couleurs sur cassette, pour TI-99-4A, $20, 388-0045.

JEUX et programmes divers, Commodore 64, 641-0402.

LOGICIEL pour Apple, jeux, business, éducation, utilité, etc. Bon marché. Particulier. 665-1607.

MEILLEUR PRIX Z-80 8 MHZ, 256K ram, multi usagé, avec C.P.M. 3.0. $2800. 659-9948

ORDINATEUR Hypérion 256K, 2 lecteurs de disque, compatible IBM, nombreux logiciels inclus, 691-2769.

ORDINATEURS 100% compatibles Apple II, à partir de $499. Offrons cours de Basic. 663-4429 **ORDINATEURS LAVAL**

PROGRAMMATION de tous genres sur micro-ordinateurs. Prix abordable. 270-6713 et soir 729-8146.

SUPER SPECIAL OUVERTURE Apple Compatible 64 K, Z80, numérique, minuscule, 188 fonctions, 10 programmables. $525. **MICRO PROF ORDINATEUR**, 5781, Côte des Neiges, 733-7661.

(222) ANIMAUX

BOSTON TERRIER 2 mois, enregistre, vacciné, propre. 523-1864.

BOUVIER des Flandres, femelle, 3 mois, enregistree, après 18 h 468-1559

CANICHE mini-toy, femelle, 2 mois, abricot, 259-4569, 663-5567.

CHAT himalayen mâle 1 an, dégriffé, pedigree, après 18h 495-2645

CHATONS Himalayens & Persans & Siamois. 688-4529, 326-6017

1   Quelles sont les différentes catégories de marchandises qu'on peut trouver dans ces annonces?

2   Quels meubles peut-on trouver dans les annonces présentées sous la rubrique *mobiliers, articles de ménage?*

3   Quelle sorte d'équipement audio-visuel peut-on trouver dans ces petites annonces?

4   Y a-t-il beaucoup d'instruments de musique offerts cette semaine?

5   Quelles sortes d'ordinateurs sont à vendre?

6   Quels animaux sont à vendre cette semaine?

COIN CULTUREL

A   NOTES CULTURELLES

In many ways, the **occase** described in this chapter is another version of the open-air market where shoppers and shopkeepers haggle over prices, discuss merits of their products, and ultimately come to a decision about price. Open-air markets still take place in most cities once or twice a week, and large cities may have permanent markets (**les halles**) with restaurants, and food shops where people can buy produce daily. Although the number of supermarkets, **centres commerciaux,** and **hypermarchés** (large supermarkets selling both food and other types of goods) are increasing, many French people still shop daily in neighborhood stores.

    Some expenses tend to be more important than others to the French. For instance, the average family spends about 21 percent of its budget on food, 16.1 percent on housing, and about 7 percent on shoes and clothing. Although 10.5 percent of a family's budget is spent on the purchase of cars, less than 2 percent is spent on public transportation. 6.5 percent of a family's budget is spent on leisure activities and education, whereas 12.8 percent is spent on travel related expenses.

    Certain household items seem to be more common than others. For instance, statistics show that over 67 percent of all French families own a car, 54 percent a refrigerator, and 76 percent a washing machine. Televisions are popular items, with 61 percent owning black-and-white televisions and 29 percent color. Freezers (23 percent) and dishwashers (12 percent) are less common items in a French household.

B   LE SAVIEZ-VOUS?

*Answer the following questions. If you do not know the answers, consult the **réponses** on page 70 at the end of this activity.*

1   Quel est le pourcentage de gens qui travaillent en France?

2   Dans quels secteurs de l'économie ces gens sont-ils employés?

3   Parmi les gens qui travaillent, quel est le pourcentage de femmes?

4   Quel est le pourcentage de chômeurs (c'est-à-dire de gens qui ne peuvent pas trouver de travail)?

5   Qu'est-ce que c'est que le S.M.I.C.?

6   Combien d'heures par semaine les salariés travaillent-ils?

7   Quel est le produit national brut (*gross national product*)?

8   Quel est l'effet de la hausse (*rise*) du dollar sur l'économie française et pourquoi?

9   Quelle place l'industrie française occupe-t-elle dans le monde?

Réponses

1 24 millions de travailleurs.   *2* Agriculture 8,35%; industrie 34,26%; services 57,39%.
3 38%.   *4* 9,8%.   *5* Le salaire minimum de croissance. Il est de 3 400 francs par mois, c'est-à-dire environ 340 dollars.   *6* 39 mais on espère que bientôt la semaine du travail va être seulement de 35 heures.   *7* 4 317 milliards de francs en 1985.   *8* L'inflation. La France est obligée d'importer beaucoup de pétrole (*oil*) et de le payer en dollars.   *9* La 5ème

C   ENTRE CULTURES

Le budget d'un pays reflète, dans une certaine mesure, ses priorités. Le tableau suivant représente les principales dépenses de l'État français en 1983. Quels sont les secteurs qui viennent en première place? Et en dernière place? Est-ce la même chose aux États-Unis?

Dépenses de l'Etat en 1983 (en milliards de francs)	
Administration générale	93,0
Éducation et culture	208,8
Secteur social, santé, emploi	199,9
Agriculture et espace rural	22,9
Logement et urbanisme	48,2
Transports et communications	41,6
Industrie et services	46,3
Extérieur	25,6
Défense nationale	141,5
Autres dépenses	75,3
Ensemble (budget initial)	**903,1**

Activités

A QUESTIONS D'ARGENT

The following phrases and expressions deal with money. Choose the illustration that best describes each phrase, explaining its meaning in French.

1 Ils roulent sur l'or.
2 La bourse ou la vie!
3 Ils jettent l'argent par les fenêtres.
4 Elle n'arrive pas à joindre les deux bouts.
5 Il est bourré de fric.
6 L'argent ne fait pas le bonheur.
7 Il est radin.
8 C'est un vrai panier percé.
9 Elle est fauchée.

B LE BUDGET DE L'ÉTUDIANT

A French friend has asked you about the financial situation of American students. Use the suggestions below to indicate what their major sources of income are and what their principal expenses are.

Les Ressources

travailler pour gagner de l'argent; travailler à
   mi-temps; gagner... de l'heure
avoir un prêt *(loan)*
emprunter *(borrow)* de l'argent à ses parents
   ou à ses amis

avoir des revenus personnels
travailler pendant l'été pour économiser de
   l'argent
utiliser ses économies *(savings)*
avoir de l'argent à la banque

Les Dépenses

louer un appartement ou une chambre
manger au restaurant universitaire
acheter des provisions
acheter des livres et des fournitures scolaires
   (school supplies)

acheter des vêtements
avoir une voiture
payer les droits d'inscription *(tuition)*
avoir besoin d'un peu d'argent de poche
avoir besoin d'argent pour ses loisirs

C MEUBLEZ VOTRE APPARTEMENT

Vous décidez de louer un appartement non-meublé (unfurnished) *ou bien vous décidez de redécorer votre chambre. Quels meubles possédez-vous déjà? De quoi allez-vous avoir besoin? Pourquoi? Pour vous aider dans votre tâche, vous pouvez compléter les phrases suivantes et utiliser le vocabulaire décrivant les différents meubles et leur usage.*

Nous avons déjà...
Il y a déjà...
J'ai besoin d(e)...
Je n'ai pas besoin d(e)...
Il nous faut...
Je voudrais avoir...

LES MEUBLES ET LES OBJETS
Pour la cuisine

un placard *(cabinet)*
un frigo
une cuisinière *(stove)*
une machine à laver

un lave-vaisselle
une table
une chaise

Pour la salle de séjour

un fauteuil *(armchair)*
un sofa
une étagère *(bookshelf)*
un téléviseur

une chaîne-stéréo
un tapis *(carpet)*
un tableau *(painting)*
une affiche *(poster)*

Pour les chambres

un lit
une armoire *(wardrobe)*

une commode *(dresser)*
un bureau *(desk)*

LEUR USAGE

dormir
ranger *(put away)* ses livres
ranger ses vêtements
ranger ses affaires *(belongings or things)*
laver les vêtements
se reposer

s'asseoir *(to sit down)*
se détendre *(to relax)*
faire la cuisine
garder les provisions
étudier
décorer les murs *(walls)*

D *MARCHANDEZ UN PEU*

Il y a une vente de garage (garage sale) *dans votre quartier. Certains sont là pour vendre leurs affaires; d'autres sont là pour acheter. Imaginez les conversations. Utilisez les expressions qui vous sont proposées pour vous aider dans cette tâche.*

Objets à vendre

meubles, livres, vêtements, instruments de musique, équipement sportif, objets d'art

Les acheteurs vont dénigrer la qualité de la marchandise.

C'est trop cher.
Ce n'est pas assez grand.
C'est trop vieux.
C'est trop petit.
C'est un peu sale *(dirty)*.
C'est cassé *(broken)*.

C'est déchiré *(torn)*.
Ce n'est pas en bon état.
Il y a une tache *(stain)*.
La couleur n'est pas jolie.
Ça ne marche pas. *(It doesn't work.)*
Il y a un morceau qui manque.

Les vendeurs vont venter (praise) *la qualité de leur marchandise.*

C'est pratique.
Ce n'est pas cher.
Ça a de la valeur.
C'est une pièce ancienne.

C'est presque neuf.
C'est une bonne affaire *(a bargain)*.
C'est en bon état.
C'est presque donné *(a giveaway)*.

Deuxième

partie

Astérix a vingt-cinq ans

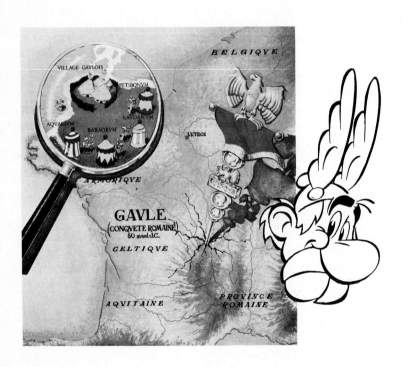

C'est un fait; depuis un quart de siècle Astérix est notre *vedette* nationale.   *star*
Héros de vingt-sept albums, ses aventures sont *traduites* en vingt-neuf   *translated*
langues, *y compris* le latin et l'islandais.   *including*

    Son *physique, pourtant,* n'est pas très avantageux; il est petit, il a une   *looks / however*
grosse tête, un gros nez et une grosse moustache jaune. Mais son courage,

son intelligence et son optimisme *ont gagné* le cœur des Français. Astérix le Gaulois *fête* son 25ème anniversaire.

    Astérix, *né* en 1959, est la création de René Goscinny et d'Albert Uderzo.[1] Anti-héros, ce *guerrier* habite en Armorique,[2] un petit village qui résiste à *l'envahisseur* romain *grâce à* la potion magique d'un druide.[3] Les habitants de ce village ne veulent qu'une chose: *qu'on leur fiche la paix.*[4] Ils sont rarement du même *avis*, mais ils oublient vite leurs querelles quand ils se retrouvent autour d'un bon banquet ou quand l'ennemi est à leur porte.

    Vercingétorix,[5] le grand chef gaulois, est à l'origine des noms des héros gaulois inventés par Goscinny et Uderzo: Abraracourcix, Assurancetourix, Choucroutegarnix, etc. Les déclinaisons latines sont à l'origine des noms des personnages romains: Sacapus, Epinedecactus, Aérobus, Babaorum. Les autres noms varient avec les nationalités: Courdetennis, Soupalognon[6] y crouton, Octarinebellatchitchi...

    Quand on parle d'Astérix, on parle aussi de ses inséparables compagnons : Obélix, le *tailleur* de menhirs,[7] ami *fidèle* d'Astérix. Il possède une force exceptionnelle. Il adore les *bagarres* (surtout contre les Romains), la *chasse* et les énormes banquets (son plat favori est le *sanglier* rôti). Idéfix, le petit chien d'Obélix, n'est jamais très loin des deux *compères*. Trait particulier : c'est un chien écologiste. Il *hurle* chaque fois qu'on *coupe* un arbre!

    Grâce à l'intelligence d'Astérix et à la force d'Obélix, les deux héros terrorisent les Romains, *rendent fous* les pirates, massacrent les sangliers et « paniquent » même le grand Jules César.

Extrait et adapté d'un article du *Figaro-Magazine*.

Marginal glosses:
won / celebrates / born / warrior / invader / thanks to / to be left alone (slang) / opinion / stonecutter / faithful / brawls / hunting / wild boar / accomplices / howls / cut / drive crazy

Notes explicatives

1   Goscinny, who died in 1977, wrote the story line; Uderzo drew the cartoons. Since Goscinny's death, Uderzo has continued alone.

2   Armorique is another name for Brittany.

3   Druides are Celtic priests who presided over the gathering of mistletoe, a plant believed to be sacred.

4   In other words, their temperament is very much like that of the French.

5   Vercingétorix was the leader of the Gauls who bravely resisted the Roman invasion but was defeated at Alésia in 52 B.C.

6   These names have endings that make them sound "authentic" but they also have funny meanings: Abraracourcix = to pounce on somebody; Assurancetourix = liability insurance; Choucroutegarnix = sauerkraut dish; Sacapus = fleabag; Epinedecactus = cactus prickle; Aérobus = airbus; Babaorum = rum cake; Courdetennis = tennis court; Soupalognon = onion soup.

7   **Menhirs** are prehistoric monoliths, huge stones often arranged in rows or circles as at Stonehenge in England.

LIRE ET COMPRENDRE

A COMPRÉHENSION DU TEXTE

Indiquez si les phrases suivantes sont vraies ou fausses. Si le sens de la phrase est faux, corrigez-le.

1 Seulement les gens qui parlent français peuvent apprécier les aventures d'Astérix.
2 Astérix est grand et beau.
3 C'est la beauté d'Astérix qui charme les Français.
4 Les créateurs d'Astérix sont Albert Uderzo et René Goscinny.
5 Le village où habite Astérix et ses amis est situé en Bretagne.
6 Leur force vient du fait qu'ils sont toujours du même avis.
7 Les noms des personnages romains sont inspirés par les déclinaisons latines.
8 Ce qui est amusant dans les noms des personnages, c'est qu'ils ont aussi un autre sens.
9 Obélix est le nom du petit chien qui accompagne toujours Astérix.
10 Obélix est un philosophe qui aime la paix, le silence et la tranquillité.
11 Idéfix a le cœur tendre : il pleure chaque fois qu'on coupe un arbre.
12 Les Romains adorent Astérix et Obélix.

B AIDE-LECTURE

Words that are identical or almost identical in French and in English are easy to recognize when you see them. However, when you read aloud or when you speak, you may not be able to say them in a way that a French person would recognize. In addition, you may not be able to recognize them when you hear them.

To help bridge the gap between reading and listening or speaking, practice repeating these words by imitating your teacher.

1	un quart	8	un habitant	15	un banquet
2	un héros	9	un avis	16	un trait
3	une aventure	10	une querelle	17	national
4	le courage	11	un ennemi	18	avantageux
5	l'optimisme	12	l'origine	19	gros / grosse
6	l'anniversaire	13	un personnage	20	terroriser
7	un village	14	la force	21	résister

C DOCUMENT

Donnez un petit résumé de la personnalité des différents personnages d'Astérix présentés dans les illustrations suivantes.

Astérix, le héros de ces aventures. Petit guerrier à l'esprit malin, à l'intelligence vive, toutes les missions périlleuses lui sont confiées sans hésitation. Astérix tire sa force surhumaine de la potion magique du druide Panoramix...

Obélix est l'inséparable ami d'Astérix. Livreur de menhirs de son état grand amateur de sangliers et de belles bagarres. Obélix est prêt à tout abandonner pour suivre Astérix dans une nouvelle aventure. Il est accompagné par Idéfix, le seul chien écologiste connu, qui hurle de désespoir quand on abat un arbre.

Panoramix, le druide vénérable du village, cueille le gui et prépare des potions magiques. Sa plus grande réussite est la potion qui donne une force surhumaine au consommateur. Mais Panoramix a d'autres recettes en réserve...

Assurancetourix, c'est le barde. Les opinions sur son talent sont partagées : lui, il trouve qu'il est génial, tous les autres pensent qu'il est innommable. Mais quand il ne dit rien, c'est un gai compagnon, fort apprécié...

Abraracourcix, enfin, est le chef de la tribu. Majestueux, courageux, ombrageux, le vieux guerrier est respecté par ses hommes, craint par ses ennemis. Abraracourcix ne craint qu'une chose : c'est que le ciel lui tombe sur la tête, mais comme il le dit lui-même : «C'est pas demain la veille !»

COIN CULTUREL

A   NOTES CULTURELLES

On dit souvent que la France est le *melting pot* de l'Europe. En effet, sa population résulte de l'assimilation de groupes ethniques très variés. Située à la pointe ouest de l'Europe, la France absorbe au cours *(across)* des âges les différentes migrations et invasions de peuples venus *(coming from)* principalement de l'Est. À l'époque préhistorique, plusieurs races s'installent *(settle)* sur le sol *(soil)* français : la race méditerranéenne venue du sud-est; la race nordique venue du nord-est; la race alpine — puis plus tard les Celtes venus de l'est. D'autres invasions vont suivre *(follow)* : les Romains au Ier siècle *(century)* avant Jésus-Christ; les Germains au Ve et VIe siècles après Jésus-Christ; les Normands au Xe siècle. Ces origines variées et complexes expliquent la diversité du peuple français.

B   LE SAVIEZ-VOUS?

Essayez de répondre aux questions suivantes. Si vous ne pouvez pas, consultez les réponses à la fin de cette activité.

1   Vers l'an 900 avant Jésus-Christ, les Celtes envahissent *(invade)* l'Ouest de l'Europe. Quel est le nom des Celtes qui occupent le territoire qui correspond maintenant à la France? Comment s'appelle leur pays? Quel est le nom de Paris à cette époque-là?

2   Le nom français pour Wales (la partie occidentale de la Grande Bretagne) est le Pays de Galles. Pouvez-vous deviner pourquoi?

3   L'occupation romaine de la France dure jusqu'au Ve siècle après Jésus-Christ. Quelles transformations importantes cette occupation apporte-t-elle?

4   Dans quelle région de France trouve-t-on encore de nombreux monuments datant de l'époque romaine?

5   D'où vient le nom actuel de la France?

6   Le Massif Armoricain est le nom de la montagne ancienne qui occupe le centre de la Bretagne. Comment s'appelle l'autre massif de montagnes anciennes qui occupe le centre de la France?

7   L'élément celtique est resté très important en Bretagne où on continue à parler le breton, une langue dérivée du celtique. Dans quelles parties de la Grande Bretagne parle-t-on une langue semblable *(similar)*?

Réponses

1   Les Gaulois; la Gaule; Lutèce.

2   Les Gallois et les Gaulois ont la même origine celtique.

3   Construction de villes et d'un important système de routes qui relient *(link)* les différentes régions. Lyon, alors *(at that time)* appelé Lugdumum est la capitale de la Gaule gallo-romaine. La langue française est dérivée du latin.

4   En Provence (Provence = province romaine).

5   Des Francs (un peuple germanique) qui envahissent la Gaule au Ve siècle après Jésus-Christ.

6   Le Massif Central.

7   Le pays de Galles *(Wales)* et l'Écosse *(Scotland)*.

C   ENTRE CULTURES

Les personnages d'Astérix représentent certains aspects du caractère français. À votre avis, quels sont les traits principaux (et bien sûr, assez stéréotypés) du peuple français? Et du peuple américain? En quoi sont-ils différents? Y a-t-il une bande dessinée américaine qui représente assez bien certains aspects du caractère américain?

A   QUI EST-CE?

Indiquez qui est responsable des actions suivantes. N'oubliez pas de faire des phrases complètes.

Exemple :   terroriser les Romains
                 Astérix et Obélix terrorisent les Romains.

1   posséder une force exceptionnelle

2   être l'ami d'Astérix et d'Obélix

3   avoir un gros nez

4   préparer une potion magique

5   rendre fous les pirates

6   chasser les sangliers

7   hurler quand on coupe un arbre

8   aimer les bagarres

Maintenant, faites des phrases qui décrivent des héros de bandes dessinées américaines. Les autres étudiants de la classe vont dire si c'est vrai ou faux.

Exemples :   Superman a une force exceptionnelle.
                  Oui, c'est vrai.

                  Popeye mange beaucoup de carottes.
                  Non, c'est Bugs Bunny. Popeye mange des épinards.

B *PORTRAITS*

Utilisez les mots et constructions suivants pour faire le portrait de différents héros de bandes dessinées américaines. Décrivez aussi quelques actions typiques de ces personnages.

L'Apparence physique

être petit (grand, gros, maigre);   avoir les cheveux blonds (bruns, roux, longs, courts);   avoir les yeux noirs (bleus, verts);   avoir un gros (petit) nez; avoir une grande (petite) bouche;   avoir de grandes (petites) oreilles;   être bien (mal) habillé;   avoir l'air content (préoccupé, prétentieux, sympathique, antipathique, timide, gentil, méchant, désagréable)

La Personnalité

être individualiste, conformiste, anti-conformiste, original, opportuniste, généreux, avare, économe, travailleur, agressif, timide, modeste, arrogant, réservé, honnête, malhonnête, impulsif, apathique, indifférent, passionné, optimiste, pessimiste, réaliste, idéaliste, cynique

---

C *POTION MAGIQUE*

La force d'Obélix vient de la potion magique préparée par le druide Panoramix. Utilisez le vocabulaire suivant pour créer une potion magique de votre invention. Si l'idée d'une potion magique ne vous tente pas, dites comment préparer votre recette favorite.

I   *Donnez la composition de votre potion.*

un gramme de	une tasse de *(cup)*
un kilo de	une cuillerée de *(a spoonful)*
une livre de *(pound)*	un peu de *(a little)*
un litre de	beaucoup de *(a lot)*
un verre de *(glass)*	assez de *(enough)*
une pincée de *(pinch)*	trop de *(too much)*

II   *Expliquez comment préparer votre potion:*

mettre *(to put)*	faire cuire *(to cook something)*
mélanger *(to mix)*	faire dorer *(to brown)*
remuer *(to stir)*	laisser refroidir *(to cool)*
faire fondre *(to melt)*	couper *(to cut)*
faire chauffer *(to heat)*	éplucher *(to peel vegetables)*

III   *Choisissez vos ustensiles.*

une casserole *(pan)*	une fourchette *(fork)*
une cuillère *(spoon)*	une poêle *(frying pan)*
un couteau *(knife)*	un four à micro-ondes *(microwave)*

D *ET VOUS?*

Répondez aux questions suivantes ou utilisez-les pour interviewer un(e) autre étudiant(e).

1 Quelle est votre bande dessinée favorite et pourquoi est-ce que vous l'aimez?
2 À votre avis, quelle est la bande dessinée préférée des étudiants? Pourquoi?
3 À votre avis, comment peut-on expliquer la popularité de la bande dessinée?
4 Regardez-vous les dessins animés le samedi matin?
5 Quels dessins animés ou quels personnages de dessins animés aimez-vous particulièrement et pourquoi?
6 Est-ce que les dessins animés sont quelquefois trop violents — surtout pour les enfants?
7 Est-ce que vous avez envie d'écrire une bande dessinée ou de créer un dessin animé un jour?

Chapitre dix

Tout pour les toutous
doggies

Les Français aiment-ils les animaux? Mais oui, bien sûr, et ils ont les statistiques pour le prouver! Avec ses neufs millions d'animaux domestiques, c'est la France qui vient au premier *rang* en Europe pour le nombre *place* d'animaux par habitant. Un *foyer* sur deux possède un animal domestique *home* et les Français dépensent pour leurs animaux l'équivalent du budget annuel des P.T.T.[1], c'est-à-dire 30 *milliards* de francs. *billions*

Il n'y a plus de *chevaux* dans les villes. D'autres animaux les ont *horses* remplacés. Dans la rue? Non, dans les appartements. Chiens, chats, *oiseaux*, *birds* mais aussi des *bêtes* plus dangereuses : serpents venimeux, lions, *animals* crocodiles...

Une visite à la *S.P.A.*[2] nous apporte une autre surprise. Il n'y a pas seulement des chiens ou des chats perdus ou abandonnnés. Ce jour-là, on y a *amené* deux *cochons* et six *moutons*! « Nous n'avons pas le choix », explique la directrice du centre. « Les cochons ont été *lâchés* par des manifestants anti-khomeynistes.[3] Les moutons, eux, viennent d'un *camion* qui a eu un accident *en pleine nuit* dans le centre de Paris... Nous avons aussi un gros *ours* que sa maîtresse a été obligée d'abandonner. »

brought / pigs / sheep
let loose
truck
in the middle of the night
bear

Ce besoin de présence animale a contribué à développer une nouvelle industrie. La *fabrication* d'*aliments* pour les animaux est devenue une industrie extrêmement prospère : 25 fabriquants, 32 usines, 3 000 employés, et 3,8 milliards de *chiffre d'affaires*. Ces chiffres sont impressionnants surtout quand on sait que seulement 48% des Français achètent des aliments préparés (contre 80% des Américains).

manufacture / food
sales

L'influence de la publicité télévisée est aussi de plus en plus importante. « Les animaux, c'est comme les *couches-culottes*. Avec Pal, Kitkat, Ronron, Friskies, Royal Canin et les autres, nous avons un spot publicitaire tous les deux jours sur chaque chaîne », explique un employé d'une agence de publicité.

disposable diapers

Les revues spécialisées et les livres sur les animaux attirent de plus en plus de lecteurs : *S.P.A.*, 55 000 lecteurs; *Aquarama*, 25 000; *Le Journal des Oiseaux*, 8 000; *Chien 2 000*, 40 000; *Vie canine*, 20 000; et surtout *Trente Millions d'amis, la vie des bêtes*, lu dans 125 000 foyers. Et en 1983, on a publié en France plus de soixante livres sur les animaux!

Les hommes politiques s'intéressent aussi aux toutous. Le maire de Paris a équipé la capitale de caninettes, petites motos chargées de *ramasser* les excrétions canines. Deux fois par an on distribue de l'Ornitol (une pilule contraceptive) aux pigeons des parcs publics et on a organisé un service de stérilisation des chats.

pick up

Un bon politicien sait qu'il faut toujours réserver le meilleur *accueil* aux nombreuses associations pour la protection des animaux. Et ne pas oublier qu'il y a chien et chien: un chien truffier du Sud-Ouest[4] n'est pas un chien ordinaire (il peut coûter jusqu'à 5 000 francs). Ignorer son rôle dans la récolte des truffes peut être une faute impardonnable pour un candidat qui se présente aux élections dans cette région.

welcome

Extrait et adapté d'un article du *Figaro-Magazine*.

Notes explicatives

1	P.T.T. — Postes, Télégraphes et Télécommunications
2	S.P.A. — Société Protectrice des Animaux
3	anti-khomeynistes — contre Khomeiny, le leader iranien
4	chien truffier du Sud-Ouest — les truffes sont récoltées dans le Sud-Ouest de la France. On utilise des cochons ou des chiens truffiers pour les trouver.

LIRE ET COMPRENDRE

A   *COMPRÉHENSION DU TEXTE*

Répondez aux questions suivantes selon les renseignements donnés dans le texte.

1   Les Français aiment-ils les animaux? Justifiez votre réponse.
2   Est-ce que la somme que les Français dépensent pour leurs animaux est importante?
3   Où sont tous ces animaux?
4   Est-ce qu'il y a seulement des chiens et des chats perdus à la S.P.A.?
5   D'où viennent les deux cochons? Et les moutons?
6   Est-ce que la fabrication d'aliments pour animaux est une industrie prospère? Justifiez votre réponse.
7   Est-ce que les Français donnent seulement des aliments préparés à leurs animaux?
8   Est-ce qu'il y a beaucoup de publicité à la télévision pour les aliments pour animaux?
9   Est-ce que les Français aiment lire des livres et des revues sur les animaux? Justifiez votre réponse.
10   Quel est le rôle des caninettes?
11   Qu'est-ce que c'est qu'un chien truffier?

B   *AIDE-LECTURE*

You have probably noticed that the numbers used in this book are written in the European style. The most significant difference is the reversed roles of commas and periods. The decimal form of *ten and a half* becomes 10,5 (said as **dix virgule cinq**); and *ten thousand* becomes 10.000. In printed numbers a space is usually left between series of three digits (for example, 10 000) instead of using a period. The word for *percentage* in French is **pourcentage,** and the term for *percent* is **pour cent.** Thus, 14,3% would be **quatorze virgule trois pour cent.**

C   *DOCUMENT*

La publicité suivante décrit un aliment pour chien. Lisez cette publicité et ensuite répondez aux questions suivantes.

1   Quel est le nom de ce produit? À quel animal est-il destiné?
2   Quelle est sa composition?
3   Pourquoi est-ce qu'il y a des vitamines et des sels minéraux dans ce produit?

4 Est-ce qu'il faut beaucoup de temps pour préparer un repas pour votre chien avec ce produit?

5 Pour quelle sorte de chien ce produit est-il particulièrement recommandé?

6 Quelle est la solution si votre chien se fatigue de manger toujours la même chose?

Il mérite le mieux !

Offrez-lui la soupe que vous aimeriez lui cuisiner

... du riz, des céréales, du bœuf et des légumes, c'est la recette de la Soupe "Tradition" de FLATAZOR ; et pour que ce repas soit parfaitement équilibré, nous y ajoutons les vitamines et les sels minéraux nécessaires pour que votre chien "tienne la forme".

Prête à servir (il suffit d'ajouter un peu d'eau tiède), cette soupe traditionnelle, énergique et équilibrée, convient à tous les chiens et particulièrement à ceux qui se dépensent (concours, sport, travail).

Vous voulez varier ? Il existe d'autres repas FLATAZOR aussi équilibrés et préparés avec le même soin : croquettes au bœuf, biscuits, flocons... De l'avis des connaisseurs, FLATAZOR c'est le "savoir bien faire" en alimentation canine.

CHEZ LES SPECIALISTES: GRAINETERIES, ANIMALERIES, ETC...

Je souhaite recevoir une documentation et la liste des spécialistes les plus proches

NOM _____

ADRESSE _____

_____

A adresser à FLATAZOR BP 5 - PONT REAN - 35580 GUICHEN

COIN CULTUREL

A   NOTES CULTURELLES

Les animaux ont leur place même dans la littérature. Ils sont présents dans les bestiaires du Moyen-Âge *(Middle Ages)*, poèmes qui décrivent les caractéristiques de certains animaux et les interprètent selon la moralité chrétienne. On retrouve ces mêmes animaux dans les sculptures des églises. *Le Roman de Renart*, une collection de contes et de fables écrits entre le XIIe et le XIVe siècles, décrit *(describes)* les aventures de Renart (le renard = *fox*) qui manipule par sa ruse *(cunning)* le plus puissant Isengrin (le loup = *wolf*). Au XVIIe siècle, La Fontaine choisit comme personnages de ses fables des animaux qui ont le même comportement *(behavior)* que les humains et qui représentent nos vices et nos vertus. Charles Perrault, de son côté *(on his part)* écrit les *Contes de ma mère l'Oye (Mother Goose Tales)*. Au début du XXe siècle, l'écrivain belge Maeterlinck tire *(draws)* des conclusions philosophiques de ses observations sur *La Vie des Abeilles (bees)* et *La Vie des Termites*. Quant à *(as for)* Colette, auteur célèbre du XXe siècle, morte *(died)* en 1954, elle adorait les bêtes, surtout les chats, et elle les a observés et décrits avec amour.

B   LE SAVIEZ-VOUS?

Il y a beaucoup d'expressions dans la langue de tous les jours qui se réfèrent à des animaux. Savez-vous le sens (meaning) de ces expressions? Cachez (hide) la colonne de droite qui donne l'explication de chaque expression et essayez d'en deviner le sens. Quand vous avez fini, vous pouvez vérifier vos réponses.

1	Il est heureux comme un poisson dans l'eau.	1	Il est aussi heureux qu'il est possible de l'être.
2	Il faut prendre le taureau *(bull)* par les cornes *(horns)*.	2	Il faut faire face aux difficultés.
3	Ça arrivera quand les poules *(hens)* auront des dents.	3	Ça n'arrivera jamais.
4	Il a une langue de vipère.	4	Ce qu'il dit est toujours très méchant.
5	Il est bête à manger du foin *(hay)*.	5	Il est très stupide.
6	Quel ours!	6	Il n'est pas très aimable.
7	Il est myope comme une taupe *(mole)*.	7	Il ne voit pas bien, excepté de très près.
8	Vous avez un appétit d'oiseau.	8	Vous ne mangez pas beaucoup.
9	On a mangé de la vache enragée *(rabid)*.	9	On a été très pauvre et on a connu une période très difficile.
10	Il est vache *(cow)*.	10	Il est méchant.

11	Fais attention. Tu manges comme un cochon.		*11*	Mange plus proprement.
12	Allons! Arrête-toi de faire le singe *(monkey)*.		*12*	Ne fais pas l'idiot.
13	J'ai une faim de loup *(wolf)*.		*13*	J'ai très faim.
14	Brr. Il fait un froid de canard *(duck)*.		*14*	Il fait très, très froid.
15	Il fait un temps à ne pas mettre un chien dehors.		*15*	Il fait très mauvais.
16	C'est une fine mouche.		*16*	Il est très malin *(clever, shrewd)*.
17	C'est une vraie tête du mule.		*17*	Il est très obstiné.
18	Il dort comme une marmotte.		*18*	Il dort profondément.

C ENTRE CULTURES

Est-ce que les Américains accordent autant d'importance que les Français aux animaux? À votre avis, quel est l'animal domestique préféré des Américains? Est-ce que les Américains, eux aussi, gardent des animaux sauvages dans leur maison? Est-ce qu'il y a beaucoup de publicité à la télévision pour les aliments pour animaux? Y a-t-il des revues spéciales sur les animaux? Quels animaux sont représentés dans la littérature américaine (pour les enfants ou pour les adultes) ou dans les films?

Activités

A ANIMAUX VEDETTES

Les animaux sont des vedettes de films, de dessins animés et de livres. Utilisez le vocabulaire suivant pour identifier et décrire brièvement quelques-uns de ces animaux vedettes.

Exemple : Scrooge est un canard qui n'aime pas dépenser son argent.

un canard *(duck)*
un chien
un cheval
un serpent
un chameau *(camel)*
un lion
un singe
un tigre
un crocodile
un renard
un zèbre
un ours
un taureau *(bull)*
une girafe
un gorille
un putois *(skunk)*
un renne *(reindeer)*
un chat
une antilope
un oiseau
un éléphant
une grenouille *(frog)*
un cochon
une souris *(mouse)*
une vache *(cow)*

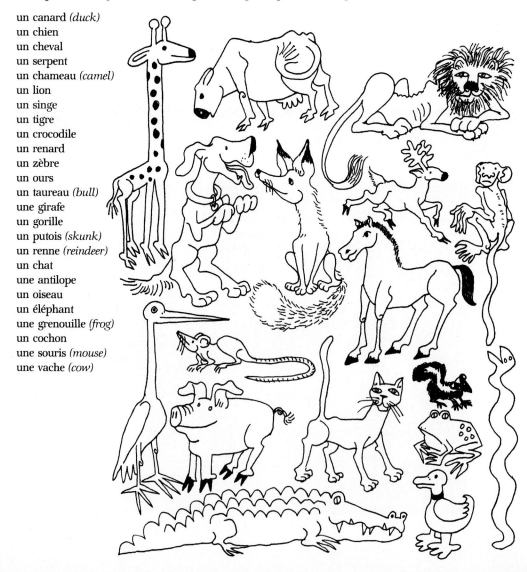

B AU JARDIN ZOOLOGIQUE

Le plan suivant représente un jardin zoologique canadien. Utilisez les renseignements donnés sur le plan pour répondre aux questions suivantes.

1 Que pouvez-vous faire si pendant votre visite vous avez envie de manger quelque chose?
2 Où est situé le pavillon des reptiles?
3 Quel est le premier pavillon juste après l'entrée du parc?
4 Quel est le pavillon le plus loin de l'entrée?
5 Si vous êtes malade, où pouvez-vous trouver un médecin?
6 Quels animaux a-t-on choisi pour représenter la plaine africaine?
7 Dans quel pavillon les ours sont-ils logés?
8 Quels animaux peut-on observer dans le pavillon numéro quatre?
9 Le numéro cinq est consacré aux gros mammifères. Quels sont les mammifères logés dans ce pavillon?
10 Quels pavillons vous intéressent le plus? Et le moins?

C ENFANTS ET TOUTOUS

Dans le language des enfants, un chien est un « toutou ». Regardez les dessins suivants et essayez de deviner le sens des mots en italique dans chacune des phrases.

1   « Papa, je veux monter sur le *dada*. »

2   « Est-ce que je peux caresser le petit *minet?* »

3   « Est-ce que tu vas lui faire *pan-pan?* »

4   « Je veux faire *dodo* avec mon *nounours*. »

5   « Fais *mimi* à ta *tata*. »

6   « Quand est-ce qu'on
va aller chez *mémé*? »

7   « Mon *pépé*, il est gentil. »   8   « Attention, tu vas lui faire *bobo*. »

D   *ET VOUS?*

Répondez aux questions suivantes ou utilisez-les pour interviewer un(e) autre étudiant(e).

1   Possédez-vous un animal domestique? Pourquoi ou pourquoi pas? Si oui, quel est son nom? Comment est-il?

2   Allez-vous quelquefois au zoo? Quels animaux aimez-vous regarder?

3   Aimez-vous regarder des documentaires sur la vie des animaux? Si oui, quels sont vos programmes préférés? Quel(s) programme(s) avez-vous regardé(s) récemment?

4   Est-ce que vous pensez qu'on a le droit d'utiliser des chiens, des chats ou d'autres animaux pour des expériences scientifiques?

5   Que pensez-vous des gens qui abandonnent leur animal domestique?

6   Que pensez-vous des gens qui gardent un animal sauvage (lion, boa, etc.) dans leur maison ou dans leur appartement?

7   À votre avis, quel est l'animal le plus intelligent? le plus beau? le plus rapide? le plus dangereux?

CHAPITRE ONZE

Les Français vus par les Anglais et réciproquement

« Les Américains sont tous grands, blonds et riches; il possèdent plusieurs
voitures, fument le cigare et *se conduisent* comme de grands enfants. »   *behave*
Cette façon de voir les Américains vous paraît sans doute ridicule, peut-
être même irritante?

Malheureusement, c'est de cette façon que beaucoup d'Européens
voient les Américains, surtout s'ils ne sont jamais venus en Amérique ou
n'ont pas connu d'Américains personnellement. Les clichés, les idées stéréotypées, sont une façon regrettable mais assez universelle de généraliser
à toute une population des remarques qui s'appliquent seulement à quelques individus. La collection de clichés qui suit est typique de cette tendance.

Les Français...

Ils boivent trop de vin.

Leurs policiers sont ridiculement petits.

Ils ont toujours de bonnes excuses pour la médiocrité de leurs per-
formances sportives.

Ils mangent ce qu'ils appellent « la grande cuisine » qui déguise le *goût*   *taste*
des plats avec des sauces et de l'*ail*.   *garlic*

Ce sont des *amoureux* passionnés.   *lovers*

Ils conduisent leurs voitures avec l'intention délibérée de causer des accidents.

Ce sont des parents tyranniques.

Ils s'arrêtent de faire des gestes seulement quand ils dorment.

Ils basent leur supériorité culturelle sur quelques peintres impressionnistes, beaucoup de poésie obscure et un théâtre de l'absurde que personne ne comprend.

Les Anglais...

Ils sont obsédés par leurs chiens.

Ils boivent du thé toute la journée.

Ce sont des amoureux *maladroits*.   *clumsy*

Ils sont calmes en toute occasion parce qu'ils sont incapables de *s'enthousiasmer.*   être enthousiastes

Ils adorent les parades militaires.

Leur cuisine est si mauvaise qu'ils sont obligés de mettre du ketchup sur
tout ce qu'ils mangent.

Ils ne parlent jamais dans les trains, dans la rue, ni même chez eux, mais
quand ils commencent à faire des confidences, on ne peut plus les arrêter.

Ce sont des parents sans autorité.

Ils pensent que tous les étrangers *devraient* parler anglais.   *should*

Ils ont de l'humour mais ils n'ont pas d'*esprit*.   *wit*

Extrait et adapté d'un article de *Paris Match*.

LIRE ET COMPRENDRE

A COMPRÉHENSION DU TEXTE

Vrai ou faux? Si le sens de la phrase est faux, corrigez-le.

1   Les Anglais pensent que les Français boivent trop de vin.
2   Les Anglais pensent que les Français sont des sportifs remarquables.
3   Les Anglais pensent que les Français conduisent très bien.
4   Les Anglais pensent que les Français font trop de gestes.
5   Les Français pensent que les Anglais s'occupent trop de leurs chiens.
6   Les Français pensent que les Anglais n'aiment pas les parades militaires.
7   Les Français pensent que les Anglais ne disciplinent pas suffisamment leurs enfants.
8   Les Français pensent que les Anglais sont incapables de s'enthousiasmer.

B AIDE-LECTURE

What is the title of the selection you have just read? Too often we tend to overlook titles or merely glance at them. Yet they can be useful previews of what we are going to read and can help us anticipate the content of a passage.

Imagine that you are to choose an alternate title to « Les Français vus par les Anglais et réciproquement ». From the choices provided, choose the one that best describes the content of the passage. Which is the least appropriate? Then create your own title for this reading.

Les Français et les Anglais : amis ou ennemis?
Perspectives historiques
L'Humour chez les Français et chez les Anglais
Clichés et caricatures

C DOCUMENT

Lisez les résultats de ce récent sondage sur l'attitude des Français vis-à-vis de leurs voisins européens. Ensuite indiquez si les phrases suivantes sont vraies ou fausses selon les renseignements donnés.

Est-il bon d'être français?

Diriez-vous que vous en êtes...

Très fier	**34%**	Pas fier du tout	**4**
Assez fier	**50**	Sans réponse	**2**
Pas très fier	**10**		

Par rapport à ses principaux partenaires européens, à quel niveau situez-vous la France: supérieur, égal ou inférieur, du point de vue...

	Supérieur	Egal	Inférieur	Ne sait pas
du bien-être en général (progrès social, qualité de la vie)	21	60	11	8
du progrès scientifique et technique	21	51	16	12
du dynamisme des entreprises	5	38	40	17
de la quantité de travail fournie par les Français	10	44	31	15
du revenu et des rémunérations	10	45	26	19

Par rapport à ses principaux partenaires européens, la France réussit-elle plutôt mieux, plutôt moins bien ou de la même façon...

	Plutôt mieux	Plutôt moins bien	Même façon	Ne sait pas
à diminuer l'inflation	10	39	37	14
à réduire le chômage	13	32	44	11

1   En général, les Français semblent assez contents d'être Français.
2   Ils pensent que la qualité de leur vie est généralement supérieure à celle des autres pays européens.
3   Les Français pensent que leurs usines et leurs compagnies sont moins dynamiques que celles des autres pays d'Europe.
4   Ils pensent que les salaires en France sont aussi bons qu'ailleurs.
5   Les Français sont très optimistes en ce qui concerne la diminution de l'inflation.
6   Ils pensent aussi que le nombre de chômeurs va diminuer plus vite en France qu'ailleurs.

COIN CULTUREL

A   NOTES CULTURELLES

L'humour et la caricature dont vous avez un exemple dans le texte précédent utilisent délibérément les clichés populaires. Pourquoi ces clichés sont-ils si communs? Peut-être, d'abord, parce que ça permet de simplifier la réalité. Peut-être aussi parce que, comme toutes les généralités, les clichés sont basés sur une part de vérité. Par exemple, l'image traditionnelle du Français coiffé d'un béret est basée sur les habitudes d'une certaine classe sociale (les ouvriers, les paysans et les jeunes garçons) à une certaine époque (surtout les années trente et quarante). Cette image a été rendue célèbre par les nombreux films sur la guerre et sur la Résistance. C'est donc le fait d'appliquer ces clichés à tout le monde, en bloc, qui les rend amusants ou même ridicules. La nature de la caricature est précisément d'isoler quelques traits et de les exagérer jusqu'à des proportions ridicules.

B   LE SAVIEZ-VOUS?

La France et l'Angleterre sont maintenant des pays amis. Mais cela n'a pas toujours été le cas au cours de l'histoire. Par exemple au XVe et au XVIe siècles, une longue guerre, appelée la Guerre de Cent Ans, les a opposés. Jeanne d'Arc est une des héroïnes de cette guerre. Que savez-vous à son sujet?

1   Qui est Jeanne d'Arc et où est-elle née?
2   Pourquoi décide-t-elle d'aller aider le roi *(king)* à chasser les Anglais hors *(out)* de France?
3   Comment s'appelle le roi qui gouverne à cette époque?
4   Quelle est la première grande victoire de Jeanne d'Arc?
5   Pourquoi veut-elle conduire *(to lead)* le roi à Reims?
6   Qu'est-ce qui est arrivé à Compiègne en 1430?
7   De quoi les Anglais accusent-ils Jeanne d'Arc?
8   Comment Jeanne d'Arc va-t-elle mourir?
9   Est-ce que sa mort signifie la défaite *(defeat)* des Français?

Réponses

1   Jeanne d'Arc est une bergère *(shepherdess)* née à Domrémy, un petit village de Lorraine.
2   Elle dit que Dieu lui a ordonné de le faire.   3   Charles VII.   4   Elle délivre la ville d'Orléans.   5   Pour y être sacré *(crowned)* par l'évêque *(bishop)* de Reims.   6   Jeanne d'Arc est devenue prisonnière des Anglais.   7   D'être une sorcière *(witch)*.   8   Elle va être brûlée vive sur un bûcher *(burned at the stake)*.   9   Non, au contraire. Son exemple redonne courage aux Français qui réussissent à chasser les Anglais hors de France.

C ENTRE CULTURES

L'image de Jeanne d'Arc, une jeune bergère, luttant pour la liberté de son pays est une image chère aux Français. Et les Américains, quand ils pensent à la France, quelles sont les différentes images qui leur viennent à l'esprit *(come to mind)*? Quelles sont les images qui leur viennent à l'esprit quand ils pensent à leur propre pays?

A *IMAGES ET SYMBOLES*

Quelle image des Anglais et des Français les deux caricatures nous proposent-elles? Regardez-les et répondez aux questions suivantes. À votre avis, quelle est la part de vérité et la part d'exagération dans chacune de ces caricatures?

1. Qu'est-ce que les Français portent sur la tête?
2. Qui est le personnage historique que les Français admirent le plus?
3. Qu'est-ce que ce Français typique tient dans sa main droite?
4. Qu'est ce qu'il tient dans sa main gauche?
5. Comment traite-t-il ses enfants?
6. Pourquoi y a-t-il des bouteilles à côté de lui?
7. Est-ce que les Anglais parlent français avec un bon accent?
8. Pourquoi cet Anglais typique porte-t-il un parapluie?
9. Qu'est-ce qu'il tient dans sa main droite?
10. Pourquoi a-t-il plusieurs chiens autour de lui?

B ET VOUS?

Est-ce que les phrases suivantes représentent votre opinion? Corrigez le sens de la phrase si vous n'êtes pas d'accord avec l'opinion exprimée.

1   Les habitants des grandes villes sont plus froids et distants que les habitants des petites villes.
2   Les Européens sont jaloux de la prospérité des Américains.
3   Les Français sont les gens les plus individualistes du monde.
4   L'Europe ne peut pas exister sans la protection des États-Unis.
5   Les vins français sont meilleurs que les vins américains.
6   Les Américains essaient d'impressionner leurs voisins par le nombre et la beauté des voitures qu'ils possèdent.
7   Il n'y a pas beaucoup de différence entre un Américain de Boston et un Américain du Texas.
8   Pour les Américains, le football est presque une religion.
9   Les Français ne sont pas très patients avec les gens qui ne parlent pas leur langue.
10 Toutes les généralisations sont fausses.

C LES AMÉRICAINS VUS PAR LES AUTRES

Et les Américains comment sont-ils stéréotypés? Complétez les phrases suivantes pour qu'elles s'appliquent aux Américains vus par les Européens. Choisissez une ou plusieurs des options suggérées ou donnez votre propre réponse.

1   Ils boivent trop de...
    bière, vin, Coca-Cola, lait, eau, whisky, cognac, jus de fruit, **?**
2   Ils sont obsédés par...
    la politique, l'argent, les animaux, le sexe, le confort matériel, la philosophie, la religion, **?**
3   Ce sont des parents...
    tyranniques, sans autorité, négligents, généreux, autoritaires, gentils, tolérants, **?**
4   Ils basent leur supériorité internationale sur...
    leur littérature, leur système politique, leur économie, leur philosophie sociale, leurs forces militaires, le système capitaliste, **?**
5   Ils mangent seulement...
    de la grande cuisine, du ketchup, des hamburgers, des fruits, des hot-dogs, des biftecks, du poisson, des sandwichs, des desserts, **?**
6   Ils adorent...
    les parades militaires, les matchs de football, les courses cyclistes, les animaux, les campagnes électorales, les sports d'hiver, **?**

7   Ils ont toujours de bonnes excuses pour...
    les erreurs de leurs politiciens, les inégalités raciales, leurs interventions militaires, la médiocrité de leur éducation, **?**

8   Ils pensent que tous les étrangers...
    sont communistes, sont très cultivés, devraient parler anglais, sont jaloux de leur prospérité, **?**

D *PORTRAITS*

Faites le portrait d'un(e) Français(e), d'un(e) Américain(e), d'une personne que vous connaissez ou d'une personne imaginaire. Si vous faites le portrait d'une femme, n'oubliez pas de mettre les adjectifs au féminin. Vous pouvez aussi utiliser le vocabulaire présenté à la page 82 pour faire ce portrait.

E *POINTS DE VUE*

Commentez et discutez un ou plusieurs des sujets suivants.

1   Les stéréotypes et la réalité
2   Les Américains de quarante ans vus par leurs enfants
3   Les jeunes vus par leurs parents
4   Les Français vus par les Américains

CHAPITRE douze

La Grotte de Lascaux

L'histoire de cette grotte commence en septembre 1940. Quatre petits garçons sont en train de jouer. Il découvrent une grotte. Les murs sont couverts de peintures qui représentent toutes sortes d'animaux: des *taureaux*, des chevaux, des *cerfs*, des bisons. Ces animaux ont été peints il y a 15 000 ans, mais ils semblent dater d'hier.

bulls

stags

Pendant plus de vingt ans les experts, les amateurs d'art et les touristes sont venus admirer et étudier ces peintures. Mais les visiteurs ont été si nombreux qu'il a été nécessaire de fermer la grotte. Pourquoi? Sous l'effet de la *lumière*, du gaz carbonique et de l'humidité, de minuscules *algues* vertes se forment sur les peintures et elles risquent de les détruire.

light

algae

En 1963 une commission a été formée pour essayer de sauver les peintures de Lascaux. Maintenant le diagnostic est définitif : la grotte ne peut pas être ouverte au public. Seulement quelques experts et quelques hommes d'État sont admis dans le sanctuaire.

Et les autres? Eh bien, pour les autres il y a un facsimilé. Plusieurs instituts nationaux ont travaillé avec des compagnies commerciales pour recréer une copie exacte de la grotte. Les meilleurs experts, artistes et techniciens ont été mobilisés pour refaire ce que des hommes préhistoriques ont accompli avec des moyens primitifs, il y a des dizaines de *milliers* d'années.

thousands

Située dans le Périgord, la vallée de la Vézère est pleine de trésors préhistoriques. Dans cette région on a découvert dix grottes décorées de peintures et presque 200 sites archéologiques qui retracent l'histoire de l'humanité depuis 50 000 ans. C'est aussi tout près de Lascaux qu'un agriculteur a découvert le *squelette* d'un homme de Néanderthal.

skeleton

law

Mais ces trésors sont en danger. La *loi* laisse aux propriétaires des terrains la libre exploitation de cet extraordinaire héritage souterrain. Pour protéger ces trésors de la préhistoire contre les entreprises commerciales, on considère la création d'un parc préhistorique de la Vézère et d'un musée de terrain. Comme le dit le père Grassé, président de l'Académie des Sciences : « La Vézère est un temple; il faut chasser les marchands de ce temple. »

Extrait et adapté d'un article de *L'Express*.

LIRE ET COMPRENDRE

A   COMPRÉHENSION DU TEXTE

1   Qui a découvert la grotte de Lascaux et en quelle année?

2   Qu'est-ce qu'il y a sur les murs de cette grotte?

3   Quand et par qui ces animaux ont-ils été peints?

4   Qui s'intéresse beaucoup à cette grotte et pourquoi?

5   Pourquoi a-t-on été obligé de fermer la grotte?

6   Maintenant que la grotte est fermée, comment le public peut-il admirer ces trésors de la préhistoire?

7   Est-ce qu'il y a beaucoup d'autres sites préhistoriques dans la vallée de la Vézère?

8   Pourquoi les trésors de la préhistoire sont-ils en danger?

9   Quelle solution le gouvernement propose-t-il pour protéger les trésors préhistoriques de la Vézère?

10   Savez-vous qui a dit le premier : « Il faut chasser les marchands du temple »?

B   AIDE-LECTURE

This reading contains two words, **terrain** and **souterrain,** that are part of a large family of words related to **terre.** Because **terre** means "ground," "earth," "soil," or "land," you can be certain that the related words have something to do with these basic meanings. Knowledge of prefixes and suffixes can also be helpful in identifying the meanings of new words.

1   For example, because you know that **sous** means "under," you were able to guess that **souterrain** means "underground." What do these words mean?

    a   un sous-marin   *b*   le sous-emploi   *c*   sous-estimer   *d*   le sous-titre

2   Knowing that the prefix **en** generally means "in," the prefix **de** means "out of" or "from," and the prefix **à** means "at" or "to," can you tell the meaning of the following words?

    a   enterrer   *b*   déterrer   *c*   atterrir

3   The suffix **age** indicates the action of doing something. Knowing that **atterrir** means "to land" helps you guess that **atterrissage** means "landing." What do these words mean?

    a   mariage   *b*   lavage   *c*   partage   *d*   apprentissage

4   Knowing that **terrain** means "ground" would help you determine that **un terrain à bâtir** is a building site or that **être sur son terrain** means "to be on familiar ground." Determine the meaning of these expressions.

    a   gagner du terrain   *b*   un véhicule tout terrain

    c   un terrain de golfe   *d*   étudier le terrain

C DOCUMENT

La pétition suivante a été préparée par un groupe de personnes qui s'opposent à un nouveau projet du Directeur des Parcs et Jardins. Analysez la situation et donnez vos opinions en répondant aux questions.

VEUILLEZ
NE PAS JETER
CE PAPIER A TERRE

PARC DE SCEAUX : S.O.S.

PROMENEURS ET USAGERS :

LE PARC QUE VOUS AIMEZ EST EN DANGER !

sous prétexte de reconstitution pseudo historique, un projet d'aménagement du Directeur des Parcs et Jardins, prévoit dans le Parc de Sceaux :
— la suppression des dernières parties sauvages à végétation libre ;
— une route circulaire de 5 à 7 m., à l'intérieur de son périmètre, détruisant les bois sauvages et les futaies ;
— le massacre de la futaie de la Porte aux Vaches ;
— la transformation des sentiers forestiers en routes goudronnées ;
— l'introduction de commerces.

SI VOUS NE VOULEZ PAS des agressions urbaines introduites ainsi dans le Parc :
- circulation des 2 roues ;
- bruit ;
- goudron ;
- perspectives ouvertes sur la circulation automobile et le béton environnant ;
- commerces tentateurs pour les enfants.

IL EST ENCORE TEMPS DE REAGIR CONTRE CE GASPILLAGE SCANDALEUX des deniers publics (5 milliards AF) pour une reconstitution pseudo historique.

SI VOUS VOULEZ que le parc conserve son caractère d'espace paisible, isolé de l'extérieur, accueillant aux familles, et que chacun y trouve librement ce qu'il aime : le repos ou l'aventure dans la sérénité et dans le respect de la nature,

SIGNEZ ET FAITES SIGNER CETTE PETITION ET RETOURNEZ-LA .

1 Quel est le projet proposé par le Directeur des Parcs et Jardins?
2 Quelles sont les conséquences possibles de la réalisation de ce projet?
3 Pourquoi est-ce que les auteurs de la pétition sont contre ce projet? Est-ce que vous êtes d'accord avec eux?

COIN CULTUREL

A NOTES CULTURELLES

La grotte de Lascaux et la vallée de la Vézère ne sont pas les seuls sites préhistoriques en France. Carnac, en Bretagne, possède de magnifiques alignements de mégalithes *(huge boulders)* qui ont été placés là il y a entre 4 000 et 7 000 ans. Leur poids *(weight)* peut aller jusqu'à 350 tonnes. En plus des alignements de Carnac, toute la région est riche en menhirs, qui étaient généralement placés près d'une tombe, et en dolmens.

B LE SAVIEZ-VOUS?

Tous les noms qui suivent représentent, comme Lascaux, des lieux bien connus des Français. Pouvez-vous les identifier? Cherchez dans la colonne de droite la définition qui correspond à chaque lieu mentionné.

1	le Louvre	*a*	la plus haute montagne d'Europe
2	Chambord	*b*	une église de Paris
3	la Bastille	*c*	une ville entourée de remparts
4	la Maison Carrée de	*d*	la résidence du Président de la République
	Nîmes	*e*	une prison qui n'existe plus
5	Avignon	*f*	la région autour de Paris
6	le Pont du Gard	*g*	un monument de Paris; c'est là où Napoléon est enterré
7	le Pont Neuf	*h*	un monument romain en Provence
8	Carcassonne	*i*	une grande avenue parisienne
9	la Camargue	*j*	un musée de Paris
10	le Mont-Blanc	*k*	un des châteaux de la Loire
11	la Madeleine	*l*	une ville de Provence
12	la Tour d'Argent	*m*	un aqueduc construit par les Romains
13	la Tour Eiffel	*n*	le château du roi Louis XIV
14	les Invalides	*o*	une tour construite en 1889 par l'ingénieur Eiffel
15	l'Île de France	*p*	une région marécageuse *(swampy)* à l'embouchure *(mouth)* du Rhône
16	le Palais de l'Élysée		
17	les Champs-Élysées	*q*	une ville célèbre pour ses pèlerinages religieux
18	Versailles	*r*	un des aéroports de Paris
19	Orly	*s*	le plus vieux pont de Paris
20	Lourdes	*t*	un grand restaurant parisien

Réponses

1 j	*2* k	*3* e	*4* h	*5* l	*6* m	*7* s	*8* c	*9* p
10 a	*11* b	*12* t	*13* o	*14* g	*15* f	*16* d	*17* i	
18 n	*19* r	*20* q						

C ENTRE CULTURES

Est-ce que les Américains essaient eux aussi de préserver les monuments et les traces du passé? Si oui, donnez des exemples. Si non, expliquez pourquoi les Américains accordent moins d'importance au passé. Dans *Le saviez-vous?* on vous a présenté des monuments bien connus des Français. Quels sont les monuments que la plupart des Américains connaissent et quelle est leur signification?

A ET VOUS?

Des sites comme la grotte de Lascaux constituent un aspect important de l'héritage de chaque pays. Quels sont, à votre avis, les aspects de notre héritage national qu'il est important de protéger pour les générations futures? Utilisez les nombres de 1 à 4 pour indiquer vos sentiments en ce qui concerne chaque problème.

C'est un aspect de notre héritage national qui...

1 — est sans aucune valeur
2 — est de valeur limitée
3 — est de valeur considérable
4 — doit être protégé à tout prix

____ *1* la maison où est né un des présidents des États-Unis
____ *2* les vestiges des différentes civilisations indiennes
____ *3* les espèces animales qui sont menacées d'extinction
____ *4* les langues et coutumes des différents groupes ethniques qui forment la population des États-Unis
____ *5* les séquoias des forêts de Californie
____ *6* les maisons qui ont été construites à l'époque des pionniers
____ *7* le plus vieux bâtiment de chaque université ou de chaque ville
____ *8* les squelettes d'hommes et d'animaux préhistoriques
____ *9* les plantes et les fleurs des différentes régions
____ *10* la beauté naturelle des rivières, des lacs et des montagnes
____ *11* les documents historiques et la correspondance des hommes politiques
____ *12* les ressources naturelles du pays (par exemple : gaz, pétrole, minéraux)

B PROBLÈMES ET SOLUTIONS

Choisissez les deux ou trois problèmes de l'activité A qui vous semblent les plus importants. Quelle solution proposez-vous pour préserver ces aspects de votre héritage national?

C LA PROTECTION DE L'ENVIRONNEMENT

L'écologie et la protection de l'environnement sont des problèmes qui concernent tout le monde. Mais que pouvons-nous faire? À votre avis, est-ce que ça vaut la peine (is it worth the trouble) de faire les sacrifices suivants?

Est-ce que ça vaut la peine...

d'échanger votre grosse voiture contre une petite voiture?
de construire des routes spéciales pour les bicyclettes?
d'aller à l'école ou au travail à pied ou à bicyclette?
de ne pas utiliser votre machine à laver?
de vous laver à l'eau froide?
de protéger les forêts contre une exploitation trop intense?
de créer des centres de planning familial?
de protéger les espèces animales qui sont menacées d'extinction?
de ne pas utiliser d'insecticides?
de ne pas utiliser d'ustensiles en plastique ou en papier?
de fermer toutes les centrales nucléaires?
de chercher à tout prix de nouvelles sources d'énergie?

D *POUR OU CONTRE*

Est-ce qu'il y a un projet dans votre ville (la préservation d'un monument historique, l'aménagement d'un parc, etc.) qui vous semble nécessaire ou, au contraire, totalement inutile? Si oui, qu'est-ce que c'est? Utilisez la pétition à la page 105 pour préparer une pétition pour ou contre ce projet. Si vous voulez vous pouvez présenter votre pétition à d'autres étudiants et essayer de les persuader de la signer.

ASSOCIATION FRANÇAISE DU FONDS MONDIAL POUR LA NATURE

Chapitre treize

L'Afrique, c'est mon milieu naturel

Roy Williams est un Noir Américain qui vit depuis plusieurs années au Niger où il est venu comme volontaire du Corps de la Paix. Il a accepté de nous parler de son expérience africaine.

LE REPORTER: Pourquoi avez-vous décidé de venir vivre en Afrique comme volontaire du Corps de la Paix?

ROY WILLIAMS: Pour plusieurs raisons. La plus importante est le désir d'aider concrètement les pays sous-développés. La deuxième, c'est que j'ai toujours désiré connaître l'Afrique, mon continent d'origine.

LE REPORTER: Que pensez-vous de vos relations avec les Africains?

ROY WILLIAMS: Les choses sont très faciles pour moi parce que je suis noir, moi aussi. Les Africains s'intéressent beaucoup aux Afro-Américains et je veux vivre la vie des Africains. Depuis que je suis ici, j'ai appris le *haoussa* que je considère comme ma deuxième langue. Je suis ici *an African language* dans mon milieu naturel.

LE REPORTER: Y a-t-il une grande différence entre les Africains et les Noirs Américains?

ROY WILLIAMS: Il est difficile de répondre. Mais je crois que les différences entre les Africains et les Afro-Américains sont minimes. À mon avis, la différence principale c'est qu'en Afrique tout le monde connaît ses *racines*, ses origines. Ce n'est pas le cas aux États-Unis.   *roots*

LE REPORTER: Avez-vous l'impression d'être *utile* ici?   *useful*

ROY WILLIAMS: Oui. Non seulement j'aide les gens du village mais j'essaie aussi d'expliquer leurs problèmes aux représentants du gouvernement. Au début, j'ai eu un peu de difficulté parce que les gens *se* *are suspicious* *méfient* quand ils ne vous connaissent pas. Ils *se demandent* : « Qui *wonder* est-il? Pourquoi est-il là? *Pour qui se prend-il?* Que peut-il nous ap- *Who does he think he is?* prendre à nous qui cultivons la terre de père en fils? » L'important c'est de travailler en coopération avec les gens, de ne pas venir ici la tête pleine de théories et de solutions *toutes faites*. Quand les gens *ready-made* sont rassurés, ils vous acceptent facilement.

LE REPORTER: Quelles sont les difficultés que les volontaires américains rencontrent le plus souvent en Afrique?

ROY WILLIAMS: Au début, c'est surtout la langue. Beaucoup de volontaires ne connaissent ni le français ni la langue locale quand ils arrivent ici. Ensuite, il faut connaître les coutumes — ce qu'il faut faire et ne pas faire. Puis il faut s'adapter au climat.

LE REPORTER: Le contact est-il facile avec les jeunes Africains?

ROY WILLIAMS: Ils sont souvent assez réservés. Il faut les chercher, aller à eux — ce qui est normal après tout. Si on s'intéresse aux gens, il faut aller à eux. Maintenant que je parle haoussa, j'ai beaucoup d'amis. Et j'aime le Niger où je compte rester longtemps.

Extrait et adapté d'un article de *Jeune Afrique.*

LIRE ET COMPRENDRE

A COMPRÉHENSION DU TEXTE

1   Où Roy Williams habite-t-il à présent?
2   Pour quelles raisons Roy Williams a-t-il décidé d'aller vivre en Afrique?
3   Selon Roy Williams, qu'est-ce qui distingue les Africains des Noirs américains?
4   Au début, quelle a été la réaction des Africains envers Roy Williams?
5   Quelles sont les difficultés principales rencontrées par les volontaires du Corps de la Paix qui vont au Niger?
6   Selon lui, que faut-il faire pour devenir ami avec les Africains?
7   Qu'a-t-il l'intention de faire maintenant?

B AIDE-LECTURE

Certain words and phrases cannot be translated directly from French into English. For this reason you should try to grasp the meaning of a French passage or sentence as a whole rather than breaking it down into individually translated words. For example, in this reading passage, you may have had difficulty if you tried to translate word for word such terms as **se demander, pour qui se prend-il, toutes faites,** and **tout le monde.**

The following sentences contain expressions that cannot be directly translated. Match each word or phrase in italics with its synonym.

1   Au *début*, Roy Williams a eu un peu de difficulté.
2   *D'ordinaire*, les gens se méfient quand ils ne vous connaissent pas.
3   Après son arrivée, Roy Williams *s'est mis à* apprendre le haoussa.
4   Il *cherche à* aider les gens du village.
5   Il *tient à* rester longtemps au Niger.

a   a commencé
b   essaie de
c   désire
d   d'habitude
e   commencement

C DOCUMENT

Ce texte est extrait de *Forum du Développement*, le journal des Nations Unies. Ce numéro est consacré à « 1985, l'Année Internationale de la jeunesse ». Résumez l'essentiel de ce que cette « Année Internationale » représente pour chacun des jeunes interviewés.

Sondage

Les jeunes ont la parole

L'Année internationale de la jeunesse suppose la participation des intéressés. L'équipe de rédaction a fait un "micro-trottoir" pour demander l'avis des jeunes sur un certain nombre de questions.

Q. : *Que représente l'Année internationale de la jeunesse pour vous?*

R. : **Abdramane Abba, étudiant camerounais en 2ème année de pharmacie :** "Cette AIJ. représente pour moi une prise de conscience effective de la race humaine pour le devenir de notre planète entière. Car, en fait, notre société est plongée dans une guerre idéologique qui me semble irréversible. Pour moi, c'est l'occasion de sensibiliser la jeunesse.

Amilcar Candeias (Kodjack), Angolais : "C'est une année qui doit mobiliser les jeunes pour une participation plus active dans la vie de chaque société. Elle doit surtout constituer un défi pour la jeunesse; celui de se placer à l'avant-garde du combat contre certains problèmes qui touchent d'autres jeunes."

A. S. étudiant malien au CESTI : "C'est une année qui doit permettre à la jeunesse de prendre conscience de l'importance de sa voix. Nous vivons dans une société violente et tourmentée caractérisée par la course aux armements. Elle doit surtout être une année de solidarité entre les jeunes du monde entier face aux problèmes de la famine et de la désertification qui affectent le continent; ce qui suppose qu'en cette année les jeunes des autre continents seront mieux informés du sort de leurs frères africains afin qu'ils combattent ensemble cette situation dramatique. Je souhaite également que cette année l'on connaisse d'importants progrès dans la lutte contre l'analphabétisme."

F. M., sénégalais, chômeur : "C'est une année comme les autres. Ce sont les thèmes proposés par l'ONU qui sont remarquables."

Alassane H. Oisse, sénégalais, faculté de droit : "Je me moque de ces choses. Je ne vois pas ce que cela va changer chez les jeunes, leur avenir étant à l'emploi."

Q. : *Comment vous sentez-vous impliqué?*

R. : **F.M. :** "Mon action est axée sur le développement des ressources en eau, la lutte contre la famine et la désertification en apportant ma contribution aux organismes qui s'y rattachent."

A.S. : "Je me sens concerné dans la mesure où c'est toute la jeunesse qui doit prendre davantage de responsabilités pour un meilleur devenir de notre monde."

Alassane Cissé : "La participation, c'est trop dire. On veut nous détourner de nos idées, à savoir, la réclamation de l'emploi. Toutefois, nous, nous avons tous besoin de participer au développement et d'œuvrer pour la paix en vue de freiner la course aux armements.

Q. : *Quelles actions entreprendriez-vous?*

R. : **Abdramane Abba :** "Je participerai à toutes les manifestations et activités conçues par la jeunesse locale à condition qu'elles soient en accord avec mes propres convictions, c'est à dire, l'évolution de l'espèce humaine, la sauvegarde de la paix et la lutte pour l'autosuffisance alimentaire."

A.S. : "Personnellement je n'ai pas idée d'une action à entreprendre. Je compte avec ma plume écrire dans certains journaux pour sensibiliser la jeunesse."

Alassane Cissé : "Si j'avais les moyens, la priorité irait à l'éradication de la famine et de la sécheresse; à l'orientation de l'investissement et non à l'armement."

F.M. : "Quand on nous donnera l'initiative, j'y penserai; mais pour l'instant ce n'est pas mon problème."

Amilcar Candeias : "Rien, absolument rien."

Q. : *Est-ce que vous avez l'impression qu'il se passe réellement quelque chose ?*

R. : **Alassane Cissé :** "Rien ne se passe dans la mesure où les maîtrisards sont en chômage ici."

F.M. : "A part les bruits que l'on fait à la radio et la marche de la paix, on ne sent rien. Nous avons chacun nos préoccupation : les études pour certains, la recherche d'un emploi pour les autres."

Amilcar Candeias : "Je n'ai pas l'impression qu'il se passe quelque chose du fait d'une centralisation trop poussée de la part des autorités."

Abdramane Abba : "Oui, j'ai l'impression qu'il se passe quelque chose parce que j'ai même pris conscience de cette AIJ. □

COIN CULTUREL

A NOTES CULTURELLES

« On porte beaucoup d'intérêt à l'Afrique, et depuis longtemps, depuis le dix-neuvième siècle. Un intérêt bien particulier... celui qu'on porte à un gâteau *(cake)*... un beau gâteau à partager *(share)*. » Cette phrase prononcée par Monsieur Bourguiba, Président de la Tunisie, décrit en même temps l'héritage colonial de l'Afrique (voir la carte du « partage » de l'Afrique en zones d'influence) et sa situation présente.

En effet, non seulement l'Afrique occupe une position stratégique entre les pays de l'Est et de l'Ouest, mais elle possède aussi la plus grande part des réserves mondiales de matières premières *(raw materials)*.

Le « Partage » de l'Afrique

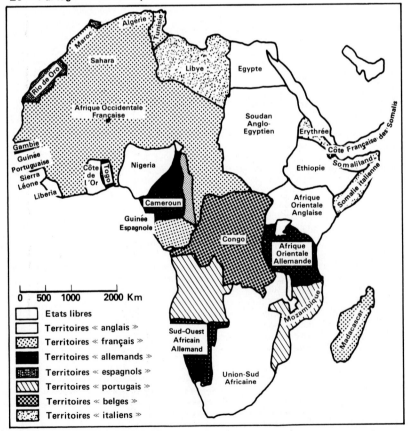

B LE SAVIEZ-VOUS?

Répondez aux questions suivantes sur le monde francophone. Si vous ne savez pas les réponses, consultez les réponses à la fin de cette activité et regardez la carte à la page 114.

1 Où est situé le Niger et quelle est la langue officielle de ce pays?
2 Le français est une des langues officielles des Nations-Unies. Combien de délégations ont choisi cette langue?
3 Le français est la seule langue officielle de plusieurs organisations internationales. Quelles sont ces organisations?
4 Dans combien de pays d'Afrique parle-t-on français?
5 Et en Amérique, où parle-t-on français?
6 Quels sont les pays d'Europe où on parle français?
7 Il y a plusieurs pays dans l'Océan Indien où on parle français. Quels sont ces pays?
8 Combien de francophones y a-t-il au Canada?
9 Quelle est la deuxième ville de langue française du monde?

Réponses

1 En Afrique Occidentale. Le français est la langue officielle.   *2* Un tiers (⅓).   *3* La Cour Internationale de Justice, l'Union Postale Universelle et l'Académie Diplomatique.   *4* 23.   *5* Au Canada, en Louisiane, dans certaines parties de la Nouvelle Angleterre, et en Haïti. La Martinique et la Guadeloupe ne sont pas considérées comme des pays indépendants. Ce sont des départements d'outre-mer *(overseas)*.   *6* La Belgique (avec le flamand), la Suisse (avec l'italien et l'allemand), Monaco, et Andorre (avec le catalan).   *7* Madagascar, la Réunion.   *8* 7 millions en 1985.   *9* Montréal.

C ENTRE CULTURES

Un certain nombre de jeunes Américains comme Roy Williams choisissent de passer quelques années de leur vie dans le « Peace Corps ». En France les jeunes peuvent choisir de faire leur service militaire dans la Coopération — c'est-à-dire un système assez semblable au Peace Corps — plutôt que *(rather than)* dans l'armée. À votre avis, pourquoi choisissent-ils cette option?

Activités

A ET VOUS?

I   *Imaginez que vous avez décidé de passer deux ans dans le Corps de la Paix dans un pays de votre choix. Quel pays allez-vous choisir? Quels sont les facteurs qui vont déterminer votre choix? Mettez ces facteurs dans l'ordre d'importance qu'ils ont pour vous.*

_____ le climat du pays
_____ la langue parlée dans ce pays
_____ les dangers de maladie
_____ la stabilité politique du pays
_____ les conditions de vie (vie rurale, vie urbaine, conditions économiques, etc.)
_____ la culture ou la religion de ce pays
_____ la beauté naturelle du pays
_____ le nombre d'habitants dans la région
_____ ?

II   *Et vous, qu'avez-vous à offrir? Inspirez-vous de la liste suivante pour indiquer quelle sera votre ou vos contributions.*

être professeur d'anglais ou de français;   apprendre aux gens à lire et à écrire;   aider à la construction de routes ou de maisons;   travailler dans un hôpital;   montrer aux habitants comment utiliser différentes machines;   réparer des machines;   organiser une coopérative de production agricole;   expliquer aux gens comment préparer des repas nutritifs;   ?

B RACINES

I   *Voici l'arbre généalogique d'une famille nigérienne que Roy Williams a rencontrée en Afrique. Étudiez l'histoire de cette famille et ensuite déterminez si les phrases données sont vraies ou fausses.*

1   André Bouki est le frère de Giselle Kéita.
2   Désirée Côlu est la fille de Joséphine Bouki.
3   Adama Bouki est le petit-fils de Patrice Bouki.
4   Annette Bouki est la sœur de Nadine Bouki.
5   Félix Bouki est l'oncle de Gilberto Bouki.
6   Gaye Côlu n'a pas de frères.
7   Jean Côlu n'a pas de sœurs.

II   Composez un arbre généalogique réel ou imaginaire. Ensuite préparez une liste de questions « vrai ou faux » que vous poserez aux autres étudiants de la classe.

III   Décrivez votre famille. Pour chaque membre de la famille, indiquez les caractéristiques qui vous semblent les plus intéressantes (l'apparence physique, l'âge, la profession, les traits de caractère, etc.).

C   *POLITESSE ET COUTUMES AMÉRICAINES*

Quand on habite dans un pays étranger, il est important de connaître les coutumes et les règles de politesse. Imaginez qu'un groupe d'étudiants étrangers vient d'arriver dans votre ville. Répondez à leurs questions sur la politesse et les coutumes américaines.

1   Est-ce que les étudiants se lèvent quand le professeur entre dans la classe?
2   Quand on est invité à dîner chez quelqu'un, est-ce qu'il faut arriver à l'heure exacte?
3   Est-ce qu'une jeune fille peut demander à un garçon de sortir avec elle?
4   Si on est invité à passer le week-end chez des gens, est-ce qu'il faut leur apporter quelque chose?
5   Est-ce qu'il faut garder les deux mains sur la table quand on mange?
6   Quand un garçon et une fille sortent ensemble, qui paie?
7   Comment faut-il s'habiller pour aller en classe?

D   *LES AMIS ET L'AMITIÉ*

I   *Roy Williams est devenu ami avec les jeunes africains du village où il travaille. Et vous, qui sont vos amis et quelle place occupent-ils dans votre vie? Écrivez un ou deux paragraphes à ce sujet en vous inspirant des questions suivantes.*

Qui est votre meilleur(e) ami(e)? Où, quand et comment avez-vous fait sa connaissance? Préférez-vous avoir un(e) bon(ne) ami(e) ou beaucoup d'amis? Est-ce que vous avez des amis qui sont plus jeunes ou plus âgés que vous? Est-ce que cela pose des problèmes? À votre avis, est-ce que parents et enfants peuvent être amis? Qu'est-ce que vous aimez faire avec vos amis? De quoi parlez-vous quand vous êtes ensemble?

II   *Selon Roy Williams, pour avoir des amis, « il faut les chercher, aller à eux ». Imaginez que vous venez d'arriver dans une ville ou dans un pays où vous ne connaissez personne. Qu'allez-vous faire pour rencontrer des gens et pour devenir amis avec eux?*

Chapitre Quatorze

Papillon

L'autobiographie du *bagnard* Henri Charrière, appelé Papillon à cause de son tatouage, continue à fasciner l'opinion publique. L'extraordinaire succès de son livre, publié en 1969, a révélé le sombre drame des bagnards condamnés aux travaux forcés dans la colonie pénitentiaire de Guyane française. (Voir la carte, pages 38-39.) L'histoire de cette sinistre colonie pénitentiaire a scandalisé l'opinion publique non seulement en France

convict

mais dans le monde entier. C'est en partie grâce aux récits des expériences de Charrière pendant ses 13 ans de prison que le gouvernement français, pour des raisons humanitaires, a décidé de liquider cet enfer sur terre où sont morts 70 000 bagnards.

Le 26 octobre 1931, on condamne Papillon à la prison à vie pour un crime qu'il n'a pas commis. Il a seulement vingt-cinq ans. Derrière les barreaux de sa petite cellule il voit une exécution à la guillotine une fois par semaine. Il n'y a même pas de cimetière pour les bagnards. Quand un prisonnier meurt, on jette son corps à la mer où les *requins* attendent patiemment.   *sharks*

Pendant toute sa captivité Papillon n'a qu'un mot dans la tête : *liberté.* Il essaie de *s'évader* huit fois sans succès. Après une de ses tentatives, on   *escape* l'enferme dans une cage spécialement construite pour les animaux féroces. Là, on n'a pas le droit de parler à la sentinelle; on n'a même pas le droit de crier *au secours* si on est en train de mourir.   *help!*

Jour après jour, c'est l'interminable promenade: un, deux, trois, quatre, cinq... un, deux, trois, quatre, cinq — c'est le maximum de *pas* possibles   *steps* dans sa cellule. En tout, Papillon a passé quarante-deux mois sans parler pour ses tentatives d'évasion répétées.

Après l'isolement dans cette abominable cage, Papillon est envoyé à l'Ile du Diable qui fait partie de la colonie pénitentiaire de Guyane. Là, il n'a qu'une idée fixe: *essayer encore une fois.* Pour s'évader il construit une sorte de bateau avec des *noix de coco* et deux sacs. Il passe soixante heures   *coconuts* sous un soleil torride avant d'arriver au Vénézuela où il est adopté par une tribu d'Indiens primitifs. Papillon vit six mois avec ces Indiens avant de repartir pour Caracas. Arrivé dans la capitale vénézuélienne, il décide d'écrire ses mémoires. Le succès de son livre lui permet alors de vivre dans un luxe bien mérité jusqu'à sa mort.

LIRE ET COMPRENDRE

A COMPRÉHENSION DU TEXTE

1   Qui est Henri Charrière?
2   Pourquoi l'appelle-t-on Papillon?
3   Pourquoi son livre a-t-il choqué l'opinion publique?
4   Quel a été le résultat de la publication de son livre?
5   Où est située cette ancienne colonie pénitentiaire?
6   Quel âge Papillon a-t-il quand il est condamné à la prison à vie?
7   Qu'est-ce qu'il peut voir de sa cellule?

8   Qu'est-ce qui arrive quand un prisonnier meurt?
9   À quoi Papillon pense-t-il pendant sa captivité?
10 Combien de fois essaie-t-il de s'évader?
11 Quelle est sa punition pour ses tentatives d'évasion?
12 Comment réussit-il à s'évader?
13 Après son évasion, où vit-il pendant six mois?
14 Comment Papillon passe-t-il le reste de sa vie?

B   AIDE-LECTURE

One of the most important reading skills is judgment — deciding what is important and what is less important. While a title can be useful in focusing attention, there are many other significant clues that occur throughout a passage. For example, the first and last sentences in a paragraph often contain important ideas, and words or their synonyms that are repeated several times usually indicate important ideas.

To practice choosing between important and less important ideas, pick the five sentences that you think are the most representative of the reading about Papillon.

C   DOCUMENT

Le document suivant est extrait de la nouvelle Déclaration des Droits de l'Homme de 1793. (La première version date de 1789, celle de 1793 la complète.) Lisez le texte des quatre premiers articles et répondez aux questions qui suivent.

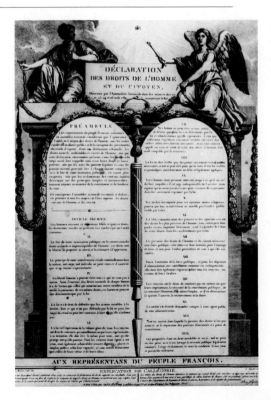

1   Selon l'article I, quel est le but de la société?
2   Quel est le rôle du gouvernement?
3   Qu'est-ce que l'article II établit?
4   Qu'est-ce que l'article III garantit?
5   Quel est le rôle de la loi?
6   Quelles sont les limites de la loi?

ART. PREMIER. — Le but de la société est le bonheur commun.
   Le gouvernement est institué pour garantir à l'homme la jouissance de ses droits naturels et imprescriptibles.
   ART. II. — Ces droits sont l'égalité, la liberté, la sûreté, la propriété.
   ART. III — Tous les hommes sont égaux par la nature et devant la loi.
   ART. IV — La loi est l'expression libre et solennelle de la volonté générale. Elle est la même pour tous, soit qu'elle protège soit, qu'elle punisse. Elle ne peut ordonner que ce qui est juste et utile à la société. Elle ne peut défendre que ce qui lui est nuisible.

COIN CULTUREL

A NOTES CULTURELLES

En France, les crimes graves sont jugés par la cour d'assises. Comme l'illustration l'indique, la cour d'assises comprend: (1) le président ou le juge qui interroge l'accusé, (2) les assesseurs qui aident le président dans ses fonctions, (3) le jury qui délibère et rend son jugement, (4) le greffier qui prend des notes, (5) l'avocat de la partie civile qui représente la ou les victimes, (6) l'accusé, (7) les avocats de la défense qui représentent l'accusé, (8) l'avocat général qui est membre du Ministère de la justice et représente l'État, (9) les pièces à conviction, (10) les témoins qui ont vu le crime en question et donnent leur déposition, (11) le public.

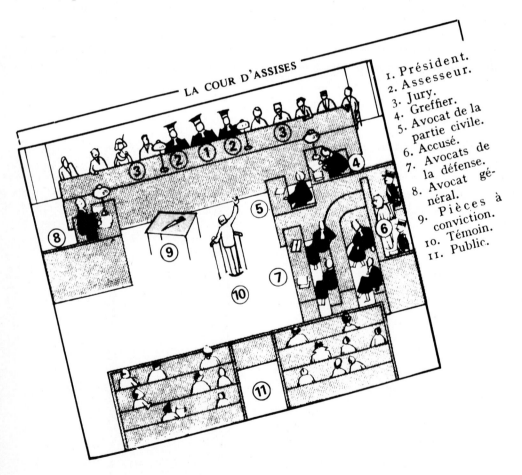

LA COUR D'ASSISES

1. Président.
2. Assesseur.
3. Jury.
4. Greffier.
5. Avocat de la partie civile.
6. Accusé.
7. Avocats de la défense.
8. Avocat général.
9. Pièces à conviction.
10. Témoin.
11. Public.

B LE SAVIEZ-VOUS?

Essayez de répondre aux questions suivantes sur le système judiciaire en France. Si vous ne pouvez pas, consultez les réponses à la fin de cette activité.

1   Quelle est la devise *(motto)* de la France?
2   Sur quoi sont basées les lois françaises et les décisions des magistrats *(courts)*?
3   Est-ce que les juges sont élus *(elected)* en France?
4   Quels diplômes faut-il avoir pour être juge?
5   Quelle est la différence entre un avocat et un notaire?
6   Quel est le rôle des procureurs et des avocats généraux?
7   Quel est le rôle du juge d'instruction?
8   Quelle est la différence entre un agent de police, un C.R.S., et un gendarme?

Réponses

1   Liberté, égalité, fraternité.
2   Sur le Code Civil et le Code Pénal, établis par Napoléon (modifiés et complétés depuis et adoptés par de nombreux pays) et sur la jurisprudence, c'est-à-dire les décisions prises antérieurement par d'autres magistrats.
3   Non. Ils sont choisis par leurs supérieurs hiérarchiques.
4   Il faut avoir fait des études de droit *(law)* et être diplômé de l'École Nationale de la Magistrature.
5   Les avocats sont membres du barreau *(the bar association)*; ils sont chargés de la défense des accusés tandis que les notaires s'occupent uniquement de transactions officielles — testaments *(wills)*, achats et ventes, etc.
6   Ils sont chargés de représenter la société et de demander l'application de la loi au nom de la société.
7   Il est chargé de rechercher les auteurs d'une infraction à la loi, de les interroger, d'établir des documents et de décider s'ils doivent ou non paraître devant un tribunal.
8   Les gendarmes, sous le contrôle du Ministère des armées, sont chargés de la sécurité sur les routes et dans les campagnes. Les agents de police sont chargés de la sécurité et de la circulation *(traffic)* dans les villes. Les C.R.S. (Compagnies républicaines de sécurité) sont des compagnies mobiles utilisées pour maintenir l'ordre, aider la population en cas de désastre et surveiller la circulation routière.

C ENTRE CULTURES

D'après ce que vous savez du système judiciaire français, quels sont les points communs et les différences avec le système américain? En France, la peine de mort *(death penalty)* a été abolie en 1981 et la possession d'armes à feu *(firearms)* est strictement réglementée. Est-ce la même chose aux États-Unis? Personnellement, êtes-vous pour ou contre la peine de mort? Pour ou contre la possession d'armes à feu? Pourquoi?

A ET VOUS?

I   *Imaginez que vous êtes condamné(e) à cinq ans de prison pour un crime que vous n'avez pas commis. Comment allez-vous occuper votre temps? Dans la liste suivante, choisissez les projets qui vous intéressent et mettez-les dans l'ordre de vos préférences. Si vous avez d'autres suggestions, n'hésitez pas à les substituer à cette liste.*

_____ reconstruire mentalement tous les événements importants de votre vie
_____ apprendre une autre langue
_____ écrire vos mémoires ou un roman
_____ faire le plan de votre maison idéale
_____ lire le plus grand nombre de livres possible
_____ apprendre la Bible mot à mot
_____ préparer des plans de vengeance contre vos ennemis
_____ écrire aux juges et aux avocats pour les persuader de votre innocence
_____ apprendre une autre profession ou un autre métier
_____ étudier les philosophies orientales
_____ collectionner les timbres, les pièces de monnaie, les insectes, etc.
_____ apprendre à jouer d'un instrument de musique
_____ essayer de vous évader
_____ ?

II   *Quel bonheur! Après trois ans de réclusion on va vous donner trois camarades de cellule à cause de votre bonne conduite. Le directeur de la prison est très libéral et veut vous donner des compagnons compatibles avec votre personnalité et vos intérêts. Pour l'aider à choisir vos trois compagnons de cellule, il vous demande d'indiquer vos préférences. Pour chaque compagnon indiquez (a) les qualités personnelles que vous cherchez, (b) les talents et ressources que vous jugez désirables et (c) les distractions, activités et projets de votre petit groupe.*

B   *UNE CELLULE CONFORTABLE?*

I   *Étudiez la cellule ci-dessous; regardez-la bien pendant trente secondes. Puis faites une description aussi complète et détaillée que possible de cette cellule.*

II   *Cette cellule est bien triste. Comment allez-vous la décorer pour la rendre plus agréable et plus confortable?*

C   *OPINIONS*

Il nous arrive souvent de vouloir complimenter ou critiquer certaines personnes ou institutions. Utilisez la liste et les suggestions données et écrivez au moins une phrase exprimant votre opinion sur chacun des groupes suivants.

Exemple :   **La plupart des juges ne sont pas assez sévères.**

Opinion favorable
scrupuleux(-euse), sympathique, intelligent(e), impressionnant(e), fort(e), tolérant(e), consciencieux(-euse), qualifié(e), honnête, compétent(e), parfait(e), courageux(-euse), sincère, ?

Opinion négative
désagréable, sévère, fou (folle), brutal(e), injuste, violent(e), malhonnête, faible, stupide, bête, autoritaire, naïf (naïve), imprudent(e), scandaleux(-euse), ?

1	la police	*7*	les parents
2	les étudiants	*8*	les juges
3	les médecins	*9*	les hommes politiques
4	le Président	*10*	les compagnies multinationales
5	les jeunes	*11*	?
6	les journalistes		

D *SYMBOLES*

Est-ce que les objets suivants évoquent pour vous une image de liberté et d'évasion ou une image de servitude et d'oppression? Essayez d'expliquer pourquoi.

1	un paquet de cigarettes	7	une cravate
2	un passeport	8	un appartement
3	le mariage	9	une bouteille de bière
4	un papillon	10	une montre
5	un aéroport	11	une voiture de sport
6	un poste de télévision	12	une carte de crédit

E *POINTS DE VUE*

I *Imaginez que vous êtes en prison. Écrivez une lettre à un(e) de vos ami(e)s pour lui décrire votre vie en prison.*

II *Vous êtes toujours en prison mais cette fois-ci vous écrivez au juge pour essayer de le persuader de votre innocence.*

Chapitre Quinze

Naufrage *sur la Côte de Bretagne*

shipwreck

« Mayday — mayday — mayday! Du « Midnight Sun ». Importante *voie*   *leak*
d'eau à bord. Demandons *secours* d'urgence. »   *help*

    Il est 5 h 15 du matin, le 7 février. Depuis trois semaines la *tempête*   *storm*
souffle sans interruption sur la Bretagne. Des *rafales* de vent de plus de   *blows / gusts*
100 kilomètres à l'heure, des *trous* de mer de 10 mètres, des conditions   *holes*
de navigation impossibles. Dans la grande salle du CROSS (Centre régional

opérationnel de surveillance et de *sauvetage*) de la pointe de Corsen, c'est la fin du dernier *quart de nuit*.

lifesaving
nightwatch

Au poste radio, où on écoute 24 heures sur 24 le *canal* 16 qui est réservé aux messages d'urgence, les deux hommes *de garde se précipitent sur* leur *micro*. « Mayday », dans le code international, c'est le mot qui signale les *appels* de détresse en mer. Sans perdre une seconde, les deux hommes essaient d'entrer en communication avec le commandant du *navire*. Mais c'est déjà trop tard. Le « Midnight Sun » ne répond plus.

channel
on duty / rush to
microphone
calls

ship

Le « Midnight Sun », un cargo *panaméen* avec un *équipage* de dix-neuf hommes, se trouve à cet instant à huit milles nautiques au Nord-Ouest de l'Ile d'Ouessant, *en pleine* tempête.

de Panama / crew

in the middle of

Tout se passe très vite dans la nuit encore noire. Quelques *vagues* énormes, comme des montagnes liquides, *s'écrasent* sur le *pont*. Des tonnes d'eau pénètrent dans le navire. Le naufrage est inévitable. Sur le radar du CROSS la petite *croix* qui représente le navire *disparaît*. Il est six heures du matin. Le « Midnight Sun » *vient de couler*.

waves
crash / bridge

cross / disappears
has just sunk

Pendant ce temps, les navires alertés par les hommes du CROSS se préparent à porter secours aux naufragés. C'est la loi de la solidarité en mer : l'obligation d'assistance à un navire en détresse, même en temps de *guerre*, même pour un ennemi. Les canots de la société nationale de sauvetage, les hélicoptères *quadrillent* la mer. À sept heures, un des hélicoptères trouve un canot pneumatique. *Vide*. Peu après, il trouve un second canot avec dix hommes à bord. À 7 h 30, c'est un navire qui *repêche* à dix-sept kilomètres du lieu du naufrage, un dernier *survivant* accroché à une *planche*. C'est presque un miracle : dans ces eaux glaciales, le temps de survie d'un naufragé est rarement de plus d'une demi-heure.

war
crisscross
empty

rescues / survivor
board

Onze survivants sur un équipage de dix-neuf marins. Les équipes de sauveteurs font l'impossible, mais c'est presque toujours la mer qui a le dernier mot.

Extrait et adapté d'un article de *Le Point* par Dominique Audibert.

LIRE ET COMPRENDRE

A   *COMPRÉHENSION DU TEXTE*

Répondez aux questions suivantes selon les renseignements donnés dans le texte.

1   Le matin du sept février, les hommes de garde du CROSS de Corsen reçoivent un message radio. Que dit ce message?

2   Qui a envoyé ce message?

3   Quel temps fait-il en mer? Depuis quand ce temps dure-t-il?
4   Sur quel canal radio communique-t-on les messages d'urgence?
5   Que signifie « Mayday » dans le code international?
6   Qu'est-ce que les autres navires qui entendent ce message sont obligés de faire?
7   Comment a fini le « Midnight Sun »?
8   Qui participe à la recherche des survivants?
9   Qu'est-ce qu'il y a dans le premier canot qu'on retrouve? Et dans le second?
10 Où a-t-on retrouvé le dernier survivant?
11 Pourquoi est-ce que c'est presque un miracle de le retrouver vivant?
12 Combien de marins sont morts dans ce naufrage?

B   AIDE-LECTURE

*You can often guess the meaning of words you do not know from the context in which
they occur. Knowing that the general subject of the following sentences is accidents and
catastrophies, what is the likely meaning of the italicized words below? Pay close
attention to the clues that lead you to make your choices. Remember that you may have
to read the entire sentence or group of sentences to discover the meaning of the word.*

1   Après les *grosses* pluies de printemps, la rivière a monté et plusieurs quartiers de la ville
    ont été inondés.
2   L'automobiliste ne s'est pas arrêté au *feu rouge* et il est entré en collision avec une autre
    voiture.
3   On a *fait venir* une ambulance et les *blessés* ont été transportés à l'hôpital.
4   Un train de marchandises transportant des *produits chimiques a déraillé*. Heureusement,
    l'accident *s'est produit* en pleine campagne et il n'y a pas de danger immédiat pour la
    population du village voisin.
5   Le volcan vient d'*entrer en éruption*. On *a évacué* la population des villages voisins.
6   Le mauvais temps est responsable de plusieurs catastrophes *aériennes*. Peu après son
    départ de Buenos Aires, un avion *s'est écrasé au sol.*
7   Autre accident de la circulation aérienne. Un des moteurs du Boeing 707 *en provenance*
    de Bangkok *a pris feu*. Le pilote a dû faire *un atterrissage forcé*. Heureusement, il n'y a
    pas eu de victime et tous les passagers sont *sains et saufs.*
8   Les *pompiers* ont été appelés au milieu de la nuit pour combattre un *incendie* dans une
    résidence universitaire. Cause probable de l'incendie : une cigarette.

**Explosion de gaz
à Nîmes :
18 blessés**

*Heurté
par deux
trains*

C   DOCUMENT

La carte de Bretagne qui suit indique quelles sont les principales ressources et activités économiques de cette région. Indiquez si les phrases suivantes correspondent ou non aux renseignements donnés sur la carte.

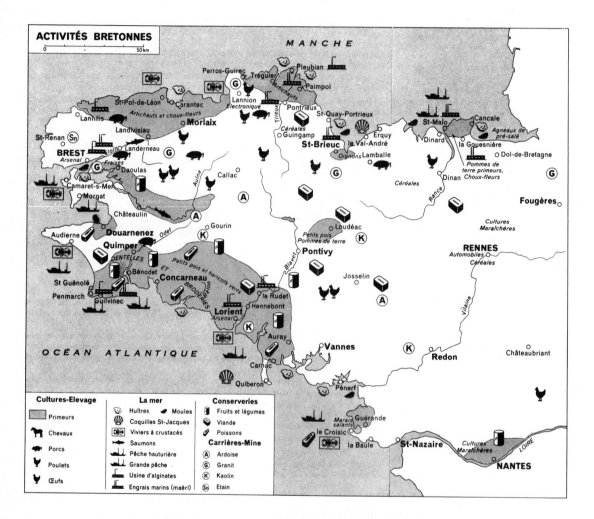

1   On cultive les primeurs *(early vegetables)* près de la Baule.

2   La plupart des cultures de primeurs sont situées près de la côte.

3   Saint Paul-de-Léon est au centre d'une région où on cultive les artichauts et les choux-fleurs.

4   La ville de Quimper est célèbre pour ses dentelles *(lace)*.

5   Saint-Malo est le seul port de pêche *(fishing harbor)* important sur la côte nord de la Bretagne.
6   La ville de Brest est célèbre pour ses conserves de légumes *(vegetable canneries)*.
7   On élève des poulets un peu partout en Bretagne.
8   Les principaux ports de pêche sont situés sur la côte sud de la Bretagne.

Réponses
1   non;   *2*   oui;   *3*   oui;   *4*   oui;   *5*   oui;   *6*   non;   *7*   oui;
8   oui

COIN CULTUREL

A   NOTES CULTURELLES

Les côtes de Bretagne, très rocheuses *(rocky)* et très découpées *(jagged)*, ont toujours eu la réputation d'être très dangereuses, en particulier dans le voisinage *(neighborhood)* de l'Île d'Ouessant et de l'Île de Sein. Selon un vieux dicton *(saying)* breton « Qui voit Ouessant voit son sang, qui voit Sein voit sa fin » *(Whoever sees Ouessant sees his blood, whoever sees Sein sees his end)*. Pourquoi ces côtes sont-elles si dangereuses? À cause du *(because of)* vent qui peut souffler jusqu'à 250 kilomètres à l'heure, à cause du brouillard *(fog)* qui rend la visibilité pratiquement nulle, à cause des courants marins et aussi à cause du grand nombre de navires qui circulent dans ces eaux. 52 000 navires passent à côté d'Ouessant chaque année. Les catastrophes les plus spectaculaires (par exemple « l'Olympic Bravery », le « Torrey Canyon », « l'Amaco Cadiz ») et les marées noires *(black tides)* que les naufrages de ces pétroliers ont produites ont alerté l'opinion publique du monde entier. Maintenant, la circulation maritime dans la Manche est beaucoup plus strictement réglementée.

B   LE SAVIEZ-VOUS?

Essayez de répondre aux questions suivantes. Pour vous aider dans cette tâche, vous pouvez consulter le *Document* à la page 130. Si vous ne pouvez pas répondre aux questions, consultez les réponses à la fin de cette activité.

1   Comment est le climat de la Bretagne?
2   Comment s'appelle la chaîne de montagnes anciennes qui occupe le centre de la Bretagne?
3   L'usine marémotrice de la Rance a été construite en 1966. Qu'est-ce qu'elle produit et comment?

4   Les pêcheurs de Saint-Malo vont jusqu'à Terre-Neuve pour pêcher la morue *(cod)*. Comment s'appelle Terre-Neuve en anglais et où cette île est-elle située?

5   C'est en Bretagne qu'on trouve le plus grand centre de constructions navales de France. Dans quelle(s) ville(s) est-il situé?

6   La Bretagne est réputée pour ses cultures de légumes, d'artichauts et de fraises. Les cultive-t-on près de la côte ou à l'intérieur du pays? Pourquoi?

7   Les produits de la pêche et des cultures de légumes alimentent *(feed)* une autre industrie importante en Bretagne. Quelle est cette industrie?

8   Citroën, une des grandes marques françaises d'automobiles, a récemment établi en Bretagne deux usines qui occupent 14 000 employés. Est-ce à Brest ou à Rennes qu'on a établi ces usines?

9   Comment s'appelle la langue encore parlée en Bretagne et qu'on peut maintenant étudier comme seconde langue? Dans quel pays parle-t-on une langue semblable *(similar)*?

10   Les menhirs et les dolmens sont des édifices de pierre (comparables à ceux de Stonehenge en Angleterre) qu'on trouve en Bretagne. À quelle époque ont-ils été construits et pourquoi?

11   Où est située l'abbaye du Mont-Saint-Michel et à quelle époque a-t-elle été construite?

Réponses

1   Doux *(mild)* et humide. C'est un climat océanique.

2   Le massif armoricain.

3   De l'électricité. Elle utilise la force de la marée.

4   Newfoundland. Cette île qui fait partie du Canada est située près de l'embouchure *(mouth)* du Saint-Laurent.

5   Nantes et Saint-Nazaire, deux villes voisines.

6   Près de la côte, parce que le climat y est plus doux toute l'année.

7   Les conserves de légumes et de poissons.

8   À Rennes.

9   Le breton qui ressemble à la langue parlée au Pays de Galles *(Wales)*.

10   Entre 5 000 et 2 000 ans avant Jésus-Christ. La plupart sont des restes *(remains)* de monuments religieux consacrés à la lune *(moon)* et au soleil. Ces pierres *(stones)* peuvent peser *(weigh)* jusqu'à 350 tonnes.

11   Dans la baie du Mont-St-Michel entre la Bretagne et la Normandie. La partie romane de l'abbaye a été construite au XIe et XIIe siècles; la partie gothique du XIIIe au XVIe siècles. Mais les origines de l'abbaye remontent *(go back)* au VIIIe siècle.

C   ENTRE CULTURES

À votre avis, quelle région des États-Unis ressemble le plus à la Bretagne? Commencez par faire un résumé des traits caractéristiques de la Bretagne (situation géographique, climat, ressources et activités économiques, traditions et mode de vie). Ensuite indiquez quelle(s) région(s) des États-Unis ressemble(nt) un peu à la Bretagne. Quels sont les points communs et les différences les plus importants?

Activités

A   REPORTAGE SUR LE VIF

Utilisez le vocabulaire présenté dans le texte pour raconter l'histoire d'un autre naufrage et pour expliquer comment on a sauvé les passagers et les marins à bord du navire. Utilisez les questions suivantes comme guide quand vous faites votre reportage.

1   Quel temps fait-il?
2   Quel est le nom du bateau et quel est son pays d'origine?
3   Combien de marins et de passagers y a-t-il à bord du bateau?
4   Qui sont les personnes de garde au CROSS? Décrivez-les.
5   Quels autres bateaux viennent porter secours aux naufragés? Pourquoi se trouvent-ils là?
6   Combien de survivants y a-t-il et quelles sont leurs réactions?

B   LES MAUVAISES NOUVELLES

Imaginez que vous êtes journaliste ou reporter. Vous êtes chargé de donner un résumé des accidents et catastrophes diverses qui ont eu lieu au cours de la semaine. Pour vous aider dans cette tâche, utilisez le vocabulaire suivant et les mots présentés dans l'Aide-lecture.

Exemple :   Deux jeunes gens se sont noyés dans le Lac de Genève au cours d'une promenade en bateau. On a essayé en vain de leur faire la respiration artificielle.

Accidents et autres problèmes

avoir un accident de la route (de voiture)
avoir une crise cardiaque *(to have a heart attack)*
se casser le bras / la jambe *(to break one's arm / leg)*
être empoisonné
se brûler *(to get burned)*
tomber à l'eau

se noyer *(to drown)*
perdre connaissance *(to faint)*
être asphyxié
tomber d'un toit, d'une échelle *(to fall from a roof, ladder)*
être tué(e)
causer un accident
causer un incendie *(fire)*

Réactions

appeler au secours *(to call for help)*
appeler Police-Secours
appeler les pompiers *(firemen)*
appeler un médecin
appeler une ambulance

lancer un S.O.S.
faire des signaux
faire la respiration artificielle
ranimer une victime *(to revive)*
se sauver *(to run away)*

C DÉBROUILLEZ-VOUS

Si vous voyagez un jour en France, vous verrez les symboles suivants dans les gares et les aéroports. Ils représenent les différents services qui sont à la disposition des voyageurs. À quel (s) service(s) allez-vous vous adresser dans chacune des situations suivantes? Choisissez le symbole approprié.

POUR REPÉRER LES DIFFÉRENTS SERVICES

Vous trouverez partout des symboles ou «pictogrammes» adoptés par la plupart des réseaux ferroviaires.

Voici les modèles les plus utilisés.

Bureau de renseignements	Guichet des billets	Réservation des places
Enregistrement des bagages	Délivrance des bagages enregistrés	Consigne des bagages
Consigne automatique	Poste d'appel de porteurs	Chariot porte-bagages
Train autos-couchettes	Location d'automobiles sans chauffeur à la gare	Salle d'attente
Facilités pour handicapés	Bureau de poste	Téléphone public
Bureau de change	Buvette de gare	Buffet (restaurant de gare)
Fumeurs	Non fumeurs	Eau potable
Eau non potable	Bains	Douches
Bureau des objets trouvés	Coiffeur	Entrée
Sortie	Toilettes pour dames	Toilettes pour hommes

1   Vous avez envie de manger un repas léger avant le départ de votre train.
2   Vous voulez savoir s'il y a un hôtel assez bon marché près de la gare.
3   Vous n'avez pas encore acheté votre billet d'avion.
4   Vous avez déjà acheté votre billet, mais vous voulez retenir une place parce qu'il y a beaucoup de touristes en cette saison.

5   Vous avez beaucoup trop de bagages à porter tout(e) seul(e). Où pouvez-vous trouver de l'aide?

6   Vous avez quelques lettres et cartes postales à envoyer à vos parents et à vos amis.

7   Où pouvez-vous vous reposer en attendant le départ de votre train?

8   Vous avez perdu votre appareil-photo. Où pouvez-vous aller pour savoir si quelqu'un l'a trouvé?

9   Vous n'avez pas très faim, mais vous aimeriez bien boire quelque chose en attendant le départ de votre avion. Où allez-vous?

10   Votre ami veut changer ses chèques de voyage. Où peut-il aller?

D   *SÉJOUR EN BRETAGNE*

Vous allez passer quelques semaines en Bretagne. Qu'allez-vous faire? Aidez-vous des questions et suggestions suivantes pour imaginer votre séjour. Consultez aussi la carte présentée à la page 130.

I   *Les produits suivants sont des spécialités de Bretagne. Quels produits avez vous envie d'essayer?*

les crustacés

le homard *(lobster)*
le crabe
les crevettes *(shrimp)*

les coquillages

les coquilles Saint-Jacques *(scallops)*
les palourdes *(clams)*
les huîtres *(oysters)*
les moules *(mussels)*

les légumes et les fruits

les artichauts
les petits pois
les fraises

les spécialités régionales

les crêpes
les charcuteries *(pork products)*
le cidre

II   *Les endroits suivants sont des sites d'un grand intérêt culturel ou touristique. Quels sites avez-vous l'intention de visiter?*

Des sites historiques

Exemples :
les menhirs de Carnac
le dolmen de Locmariquer

Des sites religieux

Exemples :
le calvaire de Guimiliau, de Plougastel ou de Pleyben
l'abbaye du Mont-Saint-Michel

Des châteaux et des forteresses

Exemples :
le château de Josselin
les remparts de Saint-Malo

Des sites modernes

Exemples :
l'usine marémotrice de la Rance
l'usine d'automobiles Citroën de Rennes
le chantier de construction navale de Saint-Nazaire
l'arsenal de Brest

III   *Les activités suivantes donnent une idée de ce qu'on peut faire pendant un séjour en Bretagne. Que ferez-vous pendant votre séjour?*

faire de la voile *(sailing)*
faire de la plongée sous-marine *(scuba diving)*
regarder les pêcheurs *(fishermen)* dans le port
aller à la pêche
ramasser *(to gather)* des coquillages
faire une excursion en bateau
escalader *(to climb)* les rochers qui dominent
   la mer
assister à une fête folklorique

apprendre à jouer du biniou *(bagpipe)*
apprendre quelques danses bretonnes
apprendre la signification de quelques noms
   bretons
assister à un pardon (une sorte de pèlerinage
   religieux très populaire en Bretagne)
admirer les coiffes *(headresses)* et les costumes
   traditionnels

Troisième

partie

CHAPITRE SEIZE

Un Homme qui a tout fait, ou presque tout, dans la vie

Comme tous les adolescents, l'Américain John Goddard aimait *rêver*. Il s'imaginait être le héros de toutes sortes d'aventures merveilleuses. Mais un dimanche *pluvieux* de 1940, Goddard a décidé de transformer ses rêves en réalité et il a fait une liste des 127 projets qu'il espérait réaliser pendant sa vie. « Quand j'avais quinze ans, dit-il, tous les adultes *se plaignaient* de leur vie, disant qu'ils ne pourraient jamais faire ceci ou cela parce que le moment était déjà passé. Alors, je me suis dit que si je faisais une liste de mes projets, je pourrais avoir une vie plus amusante et plus riche et que j'apprendrais en même temps bien des choses. »

to dream

quand il pleuvait

complain

La plupart des listes de ce genre sont rapidement oubliées, mais pour Goddard cela n'a pas été le cas. Il a maintenant réalisé 103 des projets qu'il s'était proposés. Voici quelques-unes des missions que Goddard a déjà accomplies:

1   Il a exploré le Nil, l'Amazone, le Congo, le Colorado et d'autres fleuves du monde.

Le Congo

La Grande Muraille de Chine

2 Il a étudié les civilisations primitives du Congo, du Brésil, des Philippines, de l'Alaska, de l'Australie et de Bornéo, *parmi* d'autres. *among*

3 Il a fait l'ascension du Mont Ararat en Turquie, du Vésuve en Italie, du Kilimandjaro en Tanzanie et du Mont Rainier aux États-Unis.

4 Il a photographié les *Chutes* du Niagara. Il a vu celles du Brésil, de la Rhodésie et de la Nouvelle Zélande. *falls*

5 Il a enseigné à l'université.

6 Il est devenu expert dans les domaines suivants : motocyclette, canoë, revolver et boumerang.

7 Il a construit un téléscope.

8 Il a lu toute la Bible, toute une encyclopédie, les *œuvres* de Shakespeare, de Platon, et d'Hemingway, parmi d'autres. *works*

9 Il a appris le français, l'espagnol et l'arabe.

10 Il a couru un mille en moins de cinq minutes.

11 Il a écrit un livre.

12 Il a voyagé à bord d'un *sous-marin*. *submarine*

13 Il sait jouer de la flûte et du piano.

14 Il tape plus de cinquante mots par minute à la machine à écrire.

15 Il a vu la Tour Eiffel, la Tour de Londres, la Tour de Pise et les pyramides d'Égypte et du Mexique.

16 Il a appris à piloter un avion.

17 Il a étudié la médecine.

Voici quelques projets qu'il voudrait réaliser avant de mourir :

1 Apprendre à jouer du violon

2 Étudier la culture des Indiens Navajo et Hopi

3 Voir le Grand Mur de Chine

4 Visiter tous les pays du monde (Il lui reste moins de trente pays à visiter.)

5 Voyager en ballon dirigeable et en *planeur*. *un avion sans moteur*

6 Devenir astronaute et marcher sur la lune

7 Vivre jusqu'au XXIe siècle

Extrait et adapté d'un article de *Manchete* (revue brésilienne).

Les Pyramides d'Egypte

LIRE ET COMPRENDRE

A   COMPRÉHENSION DU TEXTE

Parmi les métiers suivants, quels sont ceux que John Goddard a pratiqués à un moment ou à un autre de sa vie?

Exemple :   Il a été pilote mais il n'a jamais été chauffeur de taxi.

1	publiciste	7	journaliste	13	violiniste
2	professeur	8	explorateur	14	anthropologiste
3	aventurier	9	mathématicien	15	chauffeur de taxi
4	dentiste	10	pilote	16	poète
5	pianiste	11	auteur		
6	astronaute	12	agent de voyages		

B   AIDE-LECTURE

A student learning to speak, write, and read French sometimes does not notice the differences among the skills. For example, using correct verb endings is very important in speaking and writing. When reading, however, the important task is to identify the base form (infinitive) of the verb so that meaning may be attached to it. The tense of the verb can be determined from the context or recognition of verb endings.

Practice identifying tenses by choosing the appropriate verb to complete each sentence according to the context.

1   Quand il était adolescent, John Goddard _____ d'être le héros d'aventures extraordinaires.
    a a rêvé   *b* rêvait   *c* rêvera

2   Un jour, il _____ de faire la liste des projets qu'il voulait accomplir.
    a décide   *b* a décidé   *c* décidez

3   Pendant un voyage aux États-Unis il y a quelques années, il _____ les Chutes du Niagara.
    a a visité   *b* visiterait   *c* visite

4   Il sait déjà jouer de la flûte et il _____ certainement à jouer du violon dans quelques années.
    a apprend   *b* a appris   *c* apprendra

5   S'il avait le temps, il _____ aussi apprendre à piloter un dirigeable.
    a peut   *b* pourra   *c* pourrait

C   DOCUMENT

La page qui suit est extraite d'une histoire illustrée du Québec. On y présente Jacques Cartier, le premier explorateur du Canada. Utilisez les renseignements donnés pour répondre aux questions suivantes.

1 De quel port français Jacques Cartier est-il parti?
2 Combien de jours le voyage a-t-il duré?
3 D'où vient le nom « Canada »?
4 En quelle année le deuxième voyage de Jacques Cartier a-t-il eu lieu?
5 Est-ce que Jacques Cartier a été bien accueilli (welcomed) par les Iroquois?
6 Est-ce qu'ils lui ont réservé le même accueil quand il est revenu au Canada pour la troisième fois?

COIN CULTUREL

A NOTES CULTURELLES

Il y a toujours eu des gens qui, poussés par le désir de savoir, ont consacré leur vie à l'exploration de nouveaux domaines. Voici quelques-uns de ces grands pionniers français : Marie Curie qui a découvert le radium; Louis Pasteur qui a inventé la microbiologie et qui a découvert le vaccin contre la rage *(rabies)*; Denis Papin qui a inventé la machine à vapeur *(steam-engine)*; Antoine Lavoisier qui a établi la nomenclature chimique *(chemical)* et a découvert la composition de l'air et le rôle de l'oxygène dans la combustion; Niepce et Daguerre qui ont inventé la photographie.

Il y a eu aussi des explorateurs comme Jacques Cartier, qui a exploré le Canada; Pierre Savorgnan de Brazza, qui a exploré le Congo et a banni l'esclavage *(slavery)* dans les territoires français; J. B. Charcot, qui a exploré l'Antarctique. Et à l'époque moderne, il y a Jacques Cousteau, bien connu pour ses nombreuses expéditions sous-marines.

Niepce et Daguerre

Jacques Cousteau

Jacques Cartier

B LE SAVIEZ-VOUS?

Un certain nombre de pionniers et explorateurs français ont contribué à l'exploration du continent américain. Pouvez-vous dire ce que chacun d'eux a fait? Cherchez la réponse dans la colonne de droite.

1	Cavelier de Lasalle	*a*	Il a fondé la ville de La Nouvelle-Orléans.
2	Pierre Lemoyne d'Iberville	*b*	Il a exploré le Tennessee et le Kentucky.
3	Pierre Lesueur	*c*	Il a exploré les côtes de la Nouvelle Angleterre et le Vermont (1603). En 1608 il a fondé la ville de Québec.
4	Jolliet et Marquette	*d*	Il a fondé les villes de Biloxi et de Mobile et il a été le premier colonisateur de la Louisiane.
5	Samuel de Champlain	*e*	Il a exploré la rivière Minnesota.
6	Jean Brulé	*f*	Ils ont exploré les Dakota, le Montana et le Wyoming.
7	Jean Nicolet	*g*	Il a exploré l'Ohio et il a remonté le Mississippi jusqu'à son embouchure.
8	Les frères La Vérendrye	*h*	Premier explorateur français du Nouveau Monde, il a remonté le Saint-Laurent et il a pris possession du Canada au nom du Roi de France, François Ier en 1534.
9	Jacques Cartier	*i*	Il a exploré la région du lac Supérieur.
10	Longueuil	*j*	Ils ont exploré le Mississippi jusqu'à l'Arkansas.
11	Jean-Baptiste Lemoyne d'Iberville	*k*	Il a exploré la région du lac Michigan.
12	Daniel Duluth	*l*	Il a exploré la région du Minnesota.

Réponses

1	g	*2*	d	*3*	e	*4*	j	*5*	c	*6*	i	*7*	k	*8*	f	*9*	h
10	b	*11*	a	*12*	l												

C ENTRE CULTURES

Y a-t-il des traces de la présence française — passée ou présente — dans votre région? Exemples : noms de lieux *(places)* ou de famille; événements historiques, entreprises françaises qui se sont implantées dans votre région; personnes d'origine française qui vivent dans votre région.

Les livres français aux États-Unis. Lesquels se vendent?

LA PRESENCE CULTURELLE FRANCAISE EN AMERIQUE

Activités

A   *ET VOUS?*

---

1   *a*   Faites une liste de dix choses que vous aimeriez faire dans la vie.

    b   Vous avez déjà préparé une liste des projets que vous aimeriez réaliser. Maintenant choisissez un partenaire et faites une liste des cinq projets que vous pensez que votre partenaire aimerait réaliser. Comparez cette liste avec la liste qu'il ou elle a déjà préparée de ses propres projets et vice versa. Discutez les différences. Est-ce que vous connaissez bien votre partenaire?

    c   Prenez votre liste, mettez-vous en groupes de trois ou quatre et essayez de trouver cinq à dix choses que vous aimeriez tous réaliser.

2   John Goddard a presque tout fait dans la vie, mais ce sont des projets importants surtout pour lui. Utilisez le continuum suivant et indiquez l'importance que chaque projet de Monsieur Goddard a pour vous.

    très important   important   peu important   pas du tout important

3   Monsieur Goddard a encore plusieurs projets qu'il aimerait accomplir avant de mourir. Mettez-les dans l'ordre de l'importance qu'ils auraient pour vous. Si vous voulez, vous pouvez comparer et discuter vos choix avec vos camarades de classe.

B   *MOTS-CROISÉS*

Utilisez les définitions qui suivent pour compléter ces mots-croisés.

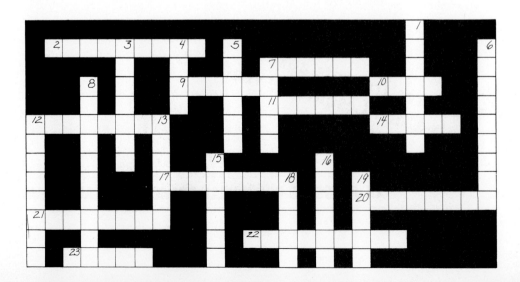

Horizontalement

2   Berlin est une des villes principales de ce pays européen.
7   C'est la capitale de l'Union Soviétique.
9   Ce pays bilingue est située au nord des États-Unis.
10 Ce pays du Moyen-Orient s'appelait autrefois la Perse.
11 Les Tsars gouvernaient ce pays avant la Révolution de 1917.
12 Ce pays a deux langues officielles — le français et le flamand.
14 C'est l'ancien nom d'un pays africain qui s'appelle maintenant le Zaïre.
17 Lisbonne est la capitale de ce pays.
20 Ce pays est connu pour ses tulipes.
21 Le Danube traverse ce pays montagneux où on parle allemand.
22 C'est le pays que vous connaissez le mieux.
23 C'est la capitale de la Suisse.

Verticalement

1   Les Pyrénées séparent ce pays de la France.
3   C'est un pays situé au sud des États-Unis.
4   Cette ville française est située sur la Côte d'Azur.
5   Depuis la Révolution de 1789 la fête nationale de ce pays est le 14 juillet.
6   Cette région de France exporte un vin qu'on boit pour les occasions spéciales.
7   Rabat est la capitale de ce pays d'Afrique du Nord.
8   Le Canada et l'Australie étaient des dominions de ce pays.
12 C'est la ville principale d'une région de l'ouest de la France où on produit du vin.
13 Ce pays arabe est traversé par le Nil.
15 La capitale de ce pays était autrefois le centre de l'Empire romain.
16 Ce pays est réputé pour la fabrication des montres.
18 Beyrouth est la capitale de ce pays arabe où on parle arabe et français.
19 Ce pays oriental a construit un mur long de 3 000 kilomètres pour arrêter les invasions ennemies.

C   QUEL PAYS EST-CE?

Indiquez le nombre de phrases que vous avez été obligé(e) de lire pour identifier le pays en question.

_____ 1   a   C'est un pays où il y a toujours beaucoup de soleil.
       b   Ce pays possède un volcan célèbre.
       c   Le Lacrima Christi et le Chianti sont des vins de ce pays.
       d   Le pape, qui est à la tête de l'Église Catholique, habite dans la capitale de ce pays.
       e   Les habitants de ce pays mangent beaucoup de spaghetti.

_____ 2   a   Cette nation reçoit des réfugiés qui viennent de tous les pays du monde.
       b   Depuis sa création, ce pays a eu beaucoup de difficultés avec ses voisins.
       c   C'est un pays qui a été créé en 1948.
       d   Une femme qui a passé sa jeunesse aux États-Unis a été chef du gouvernement de ce pays.
       e   Jérusalem, ville religieuse importante pour les chrétiens, les juifs et les musulmans, est la capitale de ce pays.

_____ 3   *a*   Les habitants de ce pays ont la réputation d'être toujours calmes.

b   C'est un pays où il pleut beaucoup.

c   C'est un des rares pays du monde où la royauté existe encore.

d   Un des sports les plus populaires dans ce pays est le cricket.

e   Les États-Unis étaient autrefois une colonie de ce pays.

_____ 4   *a*   Les habitants de ce pays ont la réputation d'être très individualistes.

b   La capitale de ce pays est souvent appelée « la ville lumière ».

c   Ce pays s'appelait autrefois la Gaule.

d   C'est un pays réputé pour sa cuisine.

e   C'est le pays dont vous étudiez la langue.

_____ 5   *a*   Beaucoup d'Américains ont des ancêtres qui sont venus de ce pays.

b   Dans ce pays on construit une petite voiture qui est très populaire aux États-Unis.

c   Ce pays a été trois fois en guerre avec la France pendant les cent dernières années.

d   Les habitants de ce pays boivent beaucoup de bière.

e   Ce pays a été divisé en deux après la Seconde Guerre mondiale.

Réponses

1 l'Italie   2 Israël   3 l'Angleterre   4 la France   5 l'Allemagne

---

D   POINTS DE VUE

1   Regardez la liste des projets de John Goddard. Pourquoi a-t-il voulu réaliser ces projets? À votre avis, est-ce pour des raisons personnelles, humanitaires, intellectuelles, sociales ou économiques?

2   Est-ce que vous aimeriez imiter la vie de Monsieur Goddard? Justifiez votre réponse.

E   AVEZ-VOUS DU SANG FROID?

Une des qualités requises d'un explorateur est de pouvoir rester calme en toutes circonstances. Et vous, avez-vous du sang froid? (Can you keep your cool?) Si vous voulez le savoir, faites ce test. Les situations données sont susceptibles de provoquer une réaction de peur plus ou moins violente chez certains individus. Utilisez les nombres de 1 à 5 pour indiquer votre réaction à chacune de ces situations. Écrivez le nombre à côté de chaque phrase.

1	2	3	4	5
vous êtes pétrifié de peur	vous avez très peur	vous avez un peu peur	vous restez calme	vous ne faites même pas attention à la situation

_____ *1* Vous êtes dans un tunnel. Brusquement le train s'arrête et il n'y a plus de lumière.

_____ *2* C'est le soir. Vous êtes seul(e). Vous entendez un bruit étrange dans une autre partie de la maison.

_____ *3* Vous êtes dans un avion au-dessus de l'Atlantique. Deux des quatre moteurs s'arrêtent de fonctionner.

_____ *4* Vous êtes perdu(e) dans les montagnes; il fait très froid et vous n'avez rien à manger.

_____ *5* Vous êtes dans un bateau à voiles au milieu du lac pendant une tempête.

_____ *6* Vous allez faire un voyage dans un pays étranger, mais vous ne parlez pas la langue de ce pays.

_____ *7* Vous avez le rôle principal dans une pièce de théâtre présentée par votre école.

_____ *8* Vous allez vous marier. La cérémonie va commencer dans un quart d'heure.

_____ *9* Le téléphone sonne au milieu de la nuit.

_____ *10* Vous allez faire une présentation dans votre classe de français.

_____ *11* Vous sortez pour la première fois avec quelqu'un que vous admirez beaucoup et que vous désirez connaître depuis longtemps.

_____ *12* Vous essayez d'imaginer votre vie quand vous serez vieux (vieille).

_____ *13* C'est le soir. Vous traversez un parc pour rentrer chez vous. Vous remarquez que quelqu'un vous suit.

_____ *14* Vous êtes sur une route déserte et vous voyez arriver une tornade; il n'y a rien pour vous protéger.

_____ *15* Vous êtes dans une banque pour déposer de l'argent sur votre compte-chèque. Il y a un hold-up.

_____ *16* Vous êtes à un match de football; il y a 50 000 spectateurs. Brusquement un policier prend le micro et demande l'évacuation immédiate du stade. Tout le monde autour de vous est pris de panique.

_____ *17* Vous allez dans une station-service pour utiliser les w.-c. Au moment de sortir vous ne pouvez pas ouvrir la porte. Vous criez, mais personne ne vous entend.

_____ *18* Vous faites une promenade le soir avec votre chien. Brusquement vous voyez un objet extrêmement lumineux qui semble venir dans votre direction à une vitesse fabuleuse.

_____ *19* Vous devez passer un examen très important, mais vous n'avez pas étudié.

_____ *20* Vous conduisez à 100 km/h. Vous voyez un camion qui est arrêté sur la route. Vous essayez de vous arrêter mais vos freins ne répondent pas.

_____ *Total:* Additionnez les nombres. Ensuite, divisez par 20 pour obtenir votre moyenne et consultez les résultats qui suivent.

Interprétation des résultats

1,00–1,49 : Faites attention! Vous risquez de mourir d'une crise cardiaque.

1,50–2,49 : Vous êtes très conscient(e) du danger, mais malheureusement vous n'avez pas assez de contrôle de vous-même.

2,50–3,49 : Vous êtes conscient(e) du danger, mais vous savez voir les choses dans leur propre perspective.

3,50–4,49 : Votre sang-froid est admirable — mais est-ce que votre sang-froid vient du contrôle de vous-même ou d'une certaine indifférence?

4,50–5,00 : Ce n'est plus du sang-froid, c'est de l'apathie!

Chapitre dix-sept

Sept Remèdes à la fatigue du matin

C'est curieux — dès qu'il se lève, Pierre est mort de fatigue et il *se traîne*   *drags around*
littéralement jusqu'à onze heures. Sa femme et ses collègues de bureau
se moquent de lui. «Ce qu'il te faut, mon cher, c'est une bonne *douche*   *shower*
froide chaque matin! » lui disent-ils.

    Est-ce la faute de Pierre s'il n'est pas (mais vraiment pas!) un homme
du matin? Y a-t-il une solution à son problème? Commençons par le
rassurer. Pierre, comme beaucoup d'autres gens, a de la difficulté à s'endormir le soir : il doit se tourner et se retourner pendant une heure, ou
même plus. Le lendemain matin son *réveil-matin* interrompt brutalement   *alarm clock*
son précieux *sommeil.* Mais oublions les causes de cette fatigue matinale   *sleep*
et essayons de proposer des solutions à ces pauvres fatigués du matin,
mal préparés pour le combat *quotidien.* Voilà sept remèdes à la fatigue   *de tous les jours*
du matin.

    Réveillez-vous progressivement. Il vaut mieux mettre votre réveil-   *Wake up*
matin dix minutes plus tôt. Préparez-vous donc à l'idée de vous lever
(c'est toute une philosophie) au lieu de sauter du lit.

    Prenez un pré-petit déjeuner. Gardez près de votre lit un thermos
avec du thé ou du café pas très fort. Buvez-en une petite tasse dès que
vous ouvrez l'œil; elle vous aidera à vous lever.

    Faites *des exercices d'élongation.* À la place de la gymnastique du   *stretching exercises*
matin, qui vous fatiguera et vous mettra de mauvaise humeur, faites
tranquillement quelques mouvements d'élongation.

    Faites des exercices respiratoires. Ils vous apporteront l'oxygène, qui
est le remède le plus naturel. Ce sera encore mieux si vous ouvrez la
fenêtre.

    Ne prenez pas de bain ou de douche trop chaud ou trop froid. L'eau
chaude vous *affaiblit* et l'eau froide, si vous n'y êtes pas habitué, vous   *rendre moins fort*
fatiguera plus qu'une journée de ski. Les douches ou les bains *tièdes*, au   *ni chaud ni froid*
contraire, ne provoquent pas de réaction circulatoire brutale.

    Prenez un petit déjeuner équilibré. C'est l'élément principal du traite-
ment. Le petit déjeuner doit avoir beaucoup d'hydrates de carbone et de
protéines qui vous donneront une réserve d'énergie. Par exemple:

        Première formule : Café au lait, *œuf à la coque*, pain beurré   *soft-boiled egg*
        Deuxième formule : Café, *confiture*, pain, *fromage.*   *jam / cheese*
        Troisième formule : Deux œufs au bacon, pain grillé et jus de fruits
                           ou chocolat chaud

    Faites de la marche à pied. Au lieu de prendre l'autobus ou la voiture,
marchez pour aller à votre travail. Pendant que vous marchez, respirez
bien et sur un rhythme régulier.

    Et maintenant — bonne journée!

Extrait et adapté d'un article de *Paris Match.*

LIRE ET COMPRENDRE

A   COMPRÉHENSION DU TEXTE

1   Qu'est-ce que c'est qu'un fatigué du matin?
2   Qu'est-ce que c'est que le pré-petit déjeuner? Quel est son avantage selon cet article?
3   Pourquoi le petit déjeuner est-il le remède le plus important contre la fatigue du matin?
4   Selon l'article, il vaut mieux remplacer la gymnastique du matin par quelques mouvements d'élongation. Pourquoi?
5   Pourquoi est-il préférable de prendre un bain ou une douche tiède?
6   Qu'est-ce qui est préférable pour un fatigué du matin — aller au travail à pied, en voiture, en autobus ou à bicyclette? Pourquoi?

B   AIDE-LECTURE

Compound words, such as **réveil-matin** and **pré-petit déjeuner,** which appear in this passage, are usually easy to understand. You can guess the meaning of **réveil-matin** because you know that **réveiller** means "to wake up" and **matin** means "morning." Thus, an object that helps you wake up in the morning is an alarm clock. Likewise, because you know that **pré-** means "before," you can determine that **pré-petit déjeuner** is eaten before breakfast.

Practice identifying the meanings of compound words by completing each sentence with the appropriate word.

porte-monnaie   lève-tard
wagon-lit   risque-tout
chasse-neige   ouvre-boîte

1   Moi, je suis un _____. Je n'aime pas me réveiller avant midi.
2   Si vous prenez le train de nuit, il serait bon de réserver une place dans un _____.
3   C'est un homme qui n'a peur de rien. C'est un _____.
4   Je crois que j'ai perdu mon argent. Je ne sais pas où j'ai mis mon _____.
5   En hiver, il faut souvent nettoyer des rues avec des _____.

C   DOCUMENT

Les questions de santé et de nourriture sont très importantes pour les Français aussi bien que pour les Américains. La page suivante est extraite d'une revue féminine, Prima. *Lisez les différents articles et répondez aux questions suivantes.*

Cinq questions sur les œufs

Un œuf roux est-il meilleur qu'un œuf blanc? Non, la couleur de la coquille dépend uniquement de la race de la poule. Elle est totalement indépendante du mode d'élevage et n'a aucune incidence sur la valeur nutritive de l'œuf.

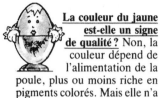

La couleur du jaune est-elle un signe de qualité? Non, la couleur dépend de l'alimentation de la poule, plus ou moins riche en pigments colorés. Mais elle n'a rien à voir avec la qualité ou la fraîcheur de l'œuf.

Pourquoi l'œuf dans les régimes amaigrissants?
● Parce qu'il "cale" et empêche les fringales qui poussent à grignoter n'importe

quoi (son temps de séjour dans l'estomac est de deux heures et demie à trois heures).
● Parce que la qualité de ses protéines est la meilleure qui soit (supérieure à celle des protéines de la viande).
● Parce qu'il est beaucoup moins gras que la majorité des viandes de boucherie.
1 œuf de 60 g apporte 7 g de matières grasses, 8 g de protéines et 80 calories.

Peut-on gober les œufs? Non, l'œuf cru se digère beaucoup moins bien que l'œuf cuit. L'albumine du blanc n'est pratiquement pas utilisable par

l'organisme quand elle est crue; elle est même parfois assez mal tolérée.

Dans quels cas les œufs sont-ils déconseillés?
● En cas d'allergies individuelles (aux albumines).
● Quand l'œuf est cuisiné avec des matières grasses (à supprimer dans les régimes pauvres en graisses).
● Dans un régime pauvre en cholestérol (un œuf apporte 270 mg de cholestérol).
● Riche en sodium, le blanc ne doit pas être consommé dans certains régimes sans sel particulièrement sévères.

A l'étude,
une fausse graisse qui fait maigrir

Pour lutter contre les excès de matières grasses favorisant l'obésité, l'athérosclérose et les maladies cardiovasculaires, les Américains viennent de mettre au point une nouvelle matière grasse, le « sucrose-polyester », qui a la particularité de n'être pas assimilée.

L'expérience sur ce nouveau corps gras, menée au Collège de médecine de Cincinnati semble pleine de promesses. Avec l'adjonction, à la place du beurre, de 60 g de sucrosepolyester dans le régime d'un groupe d'obèses, la nourriture aurait été jugée excellente et les résultats encourageants: diminution calorique de la ration (540 calories par jour); perte de poids (3,5 kg par semaine); diminution du cholestérol (10 %).

Savez-vous calculer votre besoin calorique?

Le besoin calorique n'est donné ici qu'à titre indicatif; il dépend en effet de plusieurs facteurs et notamment de l'activité physique, mais aussi du poids et de l'âge. En général, on admet qu'il faut:
● A un enfant de 10-12 ans : 70 calories par kg de poids.
● 13-15 ans : 60 calories par kg de poids.

● 16-20 ans : 50 calories.
● Adulte : 40 calories.
Le besoin calorique diminue avec l'âge. Il doit être réduit de 10 % après 50 ans (sauf activité physique importante), de 20 % après 60 ans.
Ainsi, une femme de 1,60 m qui pèse 55 kg et mène une vie sédentaire a un besoin calorique journalier de 2 200 calories. Après 50 ans, sa ration devrait être de 2 000 calories et après 60 ans, avoisiner 1 800 calories.

Illustrations L. Berchadsky.

Une journée entre 1400 et 1500 calories
(journée normale 2 000 cal.)

Petit déjeuner
Total calories	**255**
Thé citron + 3 biscottes	105
20 g de comté	70
1 cuillerée à café de confiture	20
1 orange	60

Déjeuner
Total calories	**623**
Salade de pissenlit 100 g + 5 g d'huile	93
Cabillaud 120 g	120
Pommes vapeur 150 g + 10 g beurre	203
Fromage blanc à 0 % 150 g	65
Pain 40 g	102
1/2 verre de vin	40

Dîner
Total calories	**602**
2 œufs pochés	152
Ratatouille 200 g + 5 g d'huile	125
Camembert 40 g	108
Ananas frais 150 g	75
Pain 40 g	102
1/2 verre de vin	40

Total journée : 1 480 calories

La fatigue,
autre temps, autre combat

Nous ne sommes pas tous égaux devant la fatigue (les personnes en excès de poids sont plus « fatigables » que les maigres). Mais les moyens de la combattre sont identiques pour tous, et le problème doit s'envisager sous l'angle d'un meilleur équilibre général : alimentation et hygiène de vie.
● Eliminer le léger excès de poids accumulé l'hiver pour retrouver celui dans lequel on se sent bien, en choisissant les aliments les moins gras et les cuissons les plus légères.
● Répartir plus équitablement l'alimentation sur trois repas au moins, le petit déjeuner ayant une place importante.
● Réparer les mini-carences en mangeant des légumes verts, des crudités et des fruits.
● Limiter tabac et alcool; faire de la marche à pied pour une vie plus saine et détoxicante.

1   Résumez les réponses données à chacune des questions dans l'article « Cinq questions sur les œufs ».

2   Selon l'article « À l'étude, une fausse graisse qui fait maigrir », quel est l'avantage principal du « sucrose-polyester »?

3   Selon les renseignements donnés dans l'article intitulé « Savez-vous calculer votre besoin calorique? », quel est le besoin calorique d'un jeune homme de vingt ans qui pèse 84 kilos? Et d'une femme de 55 ans qui pèse 50 kg et qui n'est pas très active?

4   Dans l'article sur la fatigue, quels conseils donne-t-on à ceux qui se fatiguent facilement?

5   Quelles boissons sont inclues dans les menus suggérés dans « Une Journée entre 1 400 et 1 500 calories »?

COIN CULTUREL

A   NOTES CULTURELLES

En France, on prend normalement un petit déjeuner assez léger *(light)*: pain beurré ou croissants avec confiture, café au lait, thé ou chocolat. Pourtant, les gens qui travaillent dur — les ouvriers et les paysans — prennent souvent un petit déjeuner plus substantiel, ou bien ils emportent un casse-croûte *(snack)* composé de pain, fromage et saucisson qu'ils mangent vers dix heures du matin.

De nos jours, le petit déjeuner français est en train de devenir plus copieux. Les petits déjeuners qu'on suggère souvent dans les journaux et dans les revues révèlent cette tendance. Le repas de midi a toujours été le grand repas de la journée, mais maintenant beaucoup de gens n'ont plus le temps de rentrer chez eux. C'est en partie pour cette raison qu'ils prennent un petit déjeuner plus copieux et mieux équilibré.

B LE SAVIEZ VOUS?

Essayez de répondre aux questions suivantes sur la santé et les habitudes alimentaires des Français.

1 Les Français ont la réputation d'aimer la bonne cuisine. Est-ce qu'ils s'intéressent uniquement au goût des aliments ou est-ce qu'ils se préoccupent aussi de l'effet que ces aliments peuvent avoir sur leur santé?

2 Font-ils très attention à leur ligne *(figure)*?

3 Qu'est-ce que c'est que « la cuisine minceur »?

4 Les Français boivent beaucoup d'eau minérale. Quelles « vertus » ces eaux minérales possèdent-elles?

5 Quelles sont les eaux minérales les plus populaires?

6 Les cures dans les stations thermales sont aussi très populaires en France. En quoi consistent-elles?

7 Quels sports les Français aiment-ils pratiquer pour leur plaisir ou pour les aider à rester en forme?

8 Quels sont les sports qui attirent le plus de spectateurs?

Réponses

1 62% des Français disent qu'ils font très ou assez attention à leur santé quand ils mangent chez eux (22% n'y font pas du tout attention), mais quand ils vont au restaurant, ils oublient un peu leur santé et se préoccupent surtout de bien manger.

2 Seulement 25% y font très ou assez attention quand ils mangent chez eux (53% n'y font pas du tout attention) et moins de 10% y font attention quand ils vont au restaurant. Cependant l'obésité est un phénomène beaucoup plus rare en France qu'aux États-Unis.

3 « Mince » = *slim*. Par conséquent une cuisine où on évite les graisses *(fats)* et les sauces très riches, mais qui reste une cuisine gastronomique grâce à la qualité, la fraîcheur et la façon de préparer les aliments. Michel Guérard, le chef de réputation internationale, est le « père » de la cuisine minceur.

4 Selon leur composition particulière, elles peuvent être bonnes pour le foie *(liver)*, les reins *(kidneys)*, la digestion, la circulation du sang *(blood)*, les rhumatismes, les bronches *(bronchial tubes)* et les poumons *(lungs)*.

5 Évian, Vittel, Vichy.

6 Les gens viennent dans ces stations pour soigner leur foie, leurs reins, etc. Chaque jour ils boivent leur ration d'eau minérale à la source; ils prennent des bains ou des douches d'eau ou de vapeur thermale et suivent un régime *(diet)* spécial. À cela s'ajoute tout un programme d'activités physiques. Les cures durent généralement plusieurs semaines.

7 La marche à pied, le vélo, le ski, la natation.

8 Le football; le rugby à quinze, le cyclisme.

C ENTRE CULTURES

Alimentation. Santé. Régimes. Usage de stimulants (café, tabac, alcool, etc.). Quelles sont les habitudes, bonnes ou mauvaises, et les préoccupations des Américains dans ces domaines. Qu'en pensez-vous?

Activités

A ET VOUS?

1   Est-ce que vous vous réveillez facilement le matin? Quand avez-vous de la difficulté à vous réveiller?

2   Lequel des remèdes donnés dans cet article préférez-vous? Avez-vous d'autres remèdes à proposer?

3   Que mangez-vous pour le petit déjeuner? Que faites-vous quand vous n'avez pas le temps de prendre un petit déjeuner complet?

4   Beaucoup de gens ne prennent pas de petit déjeuner. Quels arguments pouvez-vous présenter pour les persuader de prendre un petit déjeuner bien équilibré?

5   Selon l'article, il vaut mieux remplacer la gymnastique du matin par quelques mouvements d'élongation. Êtes-vous d'accord? À votre avis, vaut-il mieux faire de la gymnastique le matin ou le soir?

6   Comment allez-vous à l'école — à pied, en voiture, en autobus ou à bicyclette?

B IL VAUT MIEUX...

À votre avis, que vaut-il mieux faire dans les situations suivantes? Choisissez la réponse ou les réponses qui correspondent à vos préférences personnelles, ou bien proposez une autre solution.

1   Si vous êtes fatigué(e) le matin, il vaut mieux...

  a   passer la nuit à discuter avec vos amis
  b   prendre une douche froide pour vous réveiller
  c   rester au lit et ne pas aller en classe
  d   ?

2   Si vous n'avez pas d'appétit le matin, il vaut mieux…
- *a* prendre un petit déjeuner énorme
- *b* ne rien manger
- *c* faire une petite promenade avant de manger
- *d* ?

3   Si vous n'avez pas le temps de faire de la gymnastique, il vaut mieux…
- *a* aller à l'école à pied ou à bicyclette
- *b* regarder un match de football à la télévision
- *c* jouer au tennis pendant le week-end
- *d* ?

4   Si vous êtes de mauvaise humeur, il vaut mieux…
- *a* rester à la maison et ne voir personne
- *b* essayer de contrôler vos émotions
- *c* profiter de l'occasion pour dire ce que vous pensez vraiment
- *d* ?

5   Si vous êtes obligé(e) de vous lever tôt, il vaut mieux…
- *a* vous coucher de bonne heure le jour précédent
- *b* ne pas mettre votre réveil-matin
- *c* annoncer à vos amis que vous serez de mauvaise humeur ce jour-là
- *d* ?

CLUB DE GYMNASTIQUE

cours de gymnastique
leçons de yoga
séances de gymnastique
collective
dance aérobique
relaxation
jazz dance

massages
sauna
exercices de respiration
et de relaxation
solarium
bains remous
cure d'amaigrissement

C   PROBLÈME DE CONSCIENCE

C'est le jour de l'examen. François va-t-il se lever ou rester au lit? D'un côté, il y a son ange gardien qui lui dit ce qu'il doit faire, mais de l'autre il y a le diable qui essaie de le tenter de ne rien faire. Quand l'ange gardien lui dit « Réveille-toi », le diable dit « Ne te réveille pas ».

Complétez le reste du dialogue entre l'ange gardien et le diable. (Utilisez les verbes réfléchis à la forme impérative.)

Si vous préférez, vous pouvez choisir une situation différente et imaginer le dialogue correspondant. Et si vous avez des talents de dessinateur humoristique, n'hésitez pas à créer votre propre bande dessinée.

D POINTS DE VUE

1   Beaucoup de gens ont de la difficulté à s'endormir le soir. Quelles sont les causes de ce
     problème? Quels remèdes pouvez-vous proposer? Complétez la première phrase avec
     quatre ou cinq causes possibles. Ensuite, complétez la deuxième phrase avec quatre ou
     cinq suggestions.
     a   Si vous ne pouvez pas vous endormir le soir, c'est peut-être parce que...
     b   Si vous avez du mal à vous endormir le soir, je vous conseille de...
2   À votre avis, que faudrait-il faire pour rester en bonne santé toute sa vie?

E   AU RESTAURANT

CHAINE MAPOTEL

PONT-ROYAL HOTEL
PARIS

C'est le matin et vous êtes au restaurant avec trois amis. Vous avez faim et vous désirez prendre le petit déjeuner. On vous donne le menu suivant. Le garçon arrive. Imaginez la conversation qui va avoir lieu.

Bonjour

Pour le service dans votre chambre, veuillez utiliser le téléphone.
Appelez le 202

Petit déjeuner	17,00
Lait, café, thé, nescafé ou chocolat, beurre, miel ou confiture, petit pain, croissant, biscotte, jus d'orange.	
Lait, Café, Thé, Chocolat	7,00
Infusion, Nescafé	7,00
Corn flake	7,00
Porridge	7,00
Œuf coque	2,50
Œufs plat	6,00
Œufs brouillés (3 pièces)	8,00
Œufs brouillés, omelette au jambon ou bacon	12,00
Compote de fruits	8,00
Jambon (2 tranches)	10,00
Fromage	8,00
Yogourt	2,50
Eaux minérales 1/1	6,00
Eaux minérales 1/2	4,00
Jus de fruit ou Coca-cola	4,60
Citron pressé	6,00
Orange pressée	6,00
Pamplemousse pressé	6,00
Fruit	S.G.

Prix net

Good Morning

Please use the telephone for room service.
Dial 202

Breakfast	17,00
Coffee and hot milk or tea or hot chocolate, bread, sweet bun, "rusks", butter, jam, orange juice.	
Coffee, Milk, Tea, Hot chocolate	7,00
Infusion, Nescafé	7,00
Porridge	7,00
Corn flake	7,00
One boiled egg	2,50
Two fried eggs	6,00
Omelette (3 eggs)	8,00
Omelette (2 eggs) with ham or bacon	12,00
Stewed fruit	8,00
Ham (2 slices)	10,00
Cheese	8,00
Yogourt	2,50
Mineral water 1/1	6,00
Mineral water 1/2	4,00
Coca-cola	4,60
Lemon or orange juice	6,00
Fruit juice	4,60
Fresh fruit of season	S.G.

Price net

Chapitre dix-huit

L'Amour à 20 ans

Une société française de sondage d'opinion (opinion poll) *a voulu connaître l'attitude des jeunes Français envers* (toward) *l'amour. Voici le questionnaire qu'on leur a présenté. Répondez à chacune de ces questions selon vos convictions personnelles. Ensuite lisez le texte qui suit et comparez vos réponses à celles données par les jeunes Français.*

1   Qu'est-ce que vous *souhaitez* le plus à votre meilleur(e) ami(e)?   *wish*
    a   avoir un métier très intéressant
    b   vivre un grand amour
    c   gagner beaucoup d'argent
    d   participer à la vie politique
    e   Je ne sais pas.

2   À votre avis, peut-on connaître « le grand amour » plusieurs fois dans la vie, ou seulement une fois?
    a   plusieurs fois
    b   une fois seulement
    c   Je ne sais pas.

3   Est-ce qu'on *tombe amoureux* seulement quand on est jeune, ou   *fall in love*
est-ce possible à tout âge?
    a   seulement quand on est jeune
    b   à tout âge
    c   Je ne sais pas.

4   Est-ce que vos parents sont *au courant* de votre vie sentimentale?   *aware*
    a   oui
    b   non
    c   Je ne sais pas.

5   Si un garçon et une fille entre quinze et vingt ans s'aiment vraiment, et s'ils ne sont pas indépendants financièrement, quelle est la meilleure solution?
    a   rester chez leurs parents et se voir régulièrement
    b   quitter leur famille pour vivre ensemble sans se marier
    c   quitter leur famille pour se marier
    d   sans opinion

6   Et s'ils sont indépendants financièrement, quelle est la meilleure solution?
    a   rester chez leurs parents et se voir régulièrement
    b   quitter leur famille pour vivre ensemble sans se marier
    c   quitter leur famille pour se marier
    d   sans opinion

7   À votre avis, un homme et une femme qui vivent ensemble devraient-ils se marier?
    a   oui, sûrement
    b   cela vaut mieux
    c   *pas forcément*   pas nécessairement
    d   non, c'est inutile.

8   Répondez à cette question seulement si vous avez répondu « oui, sûrement » ou « cela vaut mieux » à la question n° 7.
    Pourquoi vaut-il mieux se marier?
    a   parce que c'est la meilleure façon d'élever des enfants
    b   parce que c'est la façon la plus normale pour un couple de vivre dans notre société
    c   parce que c'est la seule chose qu'on peut souhaiter quand on s'aime vraiment
    d   Je ne sais pas.

9   Répondez à cette question seulement si vous avez répondu « pas forcément » ou « non, c'est inutile » à la question n° 7.
    Pourquoi est-ce inutile de se marier?
    a   parce qu'il est bon de vivre ensemble avant de se marier
    b   parce que c'est superflu quand on s'aime vraiment
    c   parce qu'on perd sa liberté
    d   parce que le mariage est nécessaire seulement quand on veut des enfants
    e   Je ne sais pas.

Mille jeunes gens et jeunes filles de quinze à vingt ans, de tous les milieux sociaux, ont répondu à l'*enquête* de *L'Express*. Objet de l'enquête : *survey* l'amour. Cette enquête permet de vérifier des intuitions, de corriger des idées fausses et de mesurer l'évolution des attitudes.

Que disent les jeunes? Le contraire de ce qu'on attendait. Leurs réponses vont peut-être forcer beaucoup de gens à reconsidérer leurs idées.

Première idée traditionnelle : Les jeunes ne pensent qu'à s'amuser au lieu de penser à leur avenir. Vrai ou faux? Quand on leur demande ce qu'ils souhaitent le plus, garçons et filles sont d'accord : un métier très intéressant. Les jeunes ont donc compris que le travail n'est pas seulement une nécessité mais aussi un moyen de se réaliser *pleinement*. Ils ont com- *fully* pris que pour être un homme heureux ou une femme heureuse dans un lit, il faut d'abord être un homme heureux ou une femme heureuse dans sa vie. Il est intéressant de noter que les filles accordent encore plus d'importance au travail que les garçons : moins de 20% d'entre elles placent le grand amour en premier lieu. En ce qui concerne l'argent, 20% des garçons et seulement 10% des filles le souhaitent en premier lieu.

Autre idée traditionnelle : Ils croient que l'amour est le privilège des jeunes. Vrai ou faux? Faux. Quarante-huit pour cent des jeunes de quinze à vingt ans pensent qu'on peut connaître le grand amour plusieurs fois dans sa vie et 86% d'entre eux pensent qu'on peut aimer à tout âge. Les jeunes savent que l'amour existe; ils l'ont déjà rencontré et ils savent qu'ils le rencontreront encore.

La clandestinité n'est plus à la mode. Parmi les jeunes qui déclarent être amoureux, 67% disent que leurs parents sont au courant. Ils ont aussi le sens pratique : 75% d'entre eux pensent qu'il vaut mieux continuer à vivre chez leurs parents et se voir régulièrement jusqu'au moment où ils seront indépendants financièrement.

Les jeunes reconnaissent le besoin d'aimer et d'être aimés, mais le mariage a cessé d'être *le but* suprême. Quarante-six pour cent des jeunes déclarent que si un homme et une femme vivent ensemble, ils ne doivent pas nécessairement se marier. Seulement 17% d'entre eux pensent que le mariage est nécessaire et 28% que le mariage est préférable quand un homme et une femme désirent vivre ensemble.

l'objectif

Les jeunes les plus libéraux vont même jusqu'à contester la moralité du mariage. Le philosophe Kant disait que le mariage est l'appropriation d'une autre personne pendant toute une vie. C'est précisément cette idée de possession que les jeunes rejettent. Ils pensent que cette idée vient de notre héritage culturel et non d'un instinct naturel de possession. Ils reconnaissent que la jalousie existe, mais ils refusent de la considérer comme une chose inévitable.

Les réactions des jeunes montrent que les attitudes ont beaucoup changé depuis quelques années. Les jeunes d'aujourd'hui ont les yeux ouverts mais le cœur *inquiet*. L'amour, lui aussi, est influencé par la mode; il est pensé, parlé, vécu selon la couleur du temps. S'il fallait trouver un adjectif pour le décrire, on dirait que l'amour est aujourd'hui lucide. Ou qu'il essaie de l'être.

uncertain

Extrait et adapté d'un article de *L'Express*.

LIRE ET COMPRENDRE

A COMPRÉHENSION DU TEXTE

1 Combien de jeunes Français a-t-on interviewés?

2 De quel milieu social venaient-ils?

3 Pourquoi a-t-on fait cette enquête?

4 En général, qu'est-ce que les adultes pensent des jeunes?

5 Selon l'enquête, qu'est-ce que les jeunes souhaitent le plus?

6 En France est-ce que les filles accordent autant d'importance au travail que les garçons?

7 Est-ce que les jeunes Français accordent beaucoup d'importance à l'argent?

8 Quelle est l'attitude des jeunes Français envers le mariage? Pourquoi certains jeunes contestent-ils la moralité du mariage?

9 Selon vous, quelle est l'attitude de l'auteur envers les jeunes? Est-ce que l'auteur les condamne?

10 Examinez les opinions et sentiments exprimés par l'auteur. Dites si vous pensez qu'elle écrit dans un journal libéral ou dans ou journal conservateur.

B   *AIDE-LECTURE*

The use of the adjective **amoureux** in this reading passage provides a good example of the need for flexibility when attaching meaning to French words. **Amoureux** is similar to the English *amorous*, an adjective not frequently used in everyday speech. The reader who relates every word to an English equivalent would therefore have to search for a more common English term, such as *in love*.

Supply a commonly used English equivalent for each word in italics.

1   On dit que le nombre de divorces *augmente* chaque année.
2   Chez nous, c'est mon mari qui *s'occupe* du ménage; moi, je fais la cuisine.
3   On a annoncé le mariage de Lynne et Richard dans le *journal* d'hier.
4   Ma sœur, qui est très dynamique, s'est mariée avec un homme *tranquille*.
5   Les jeunes mariés ont refusé la voiture que leurs parents leur offraient. Ils ne voulaient pas *profiter* de leur générosité.

C   *DOCUMENT*

Answer the following questions based on the birth, engagement, and wedding announcements found in a French newspaper.

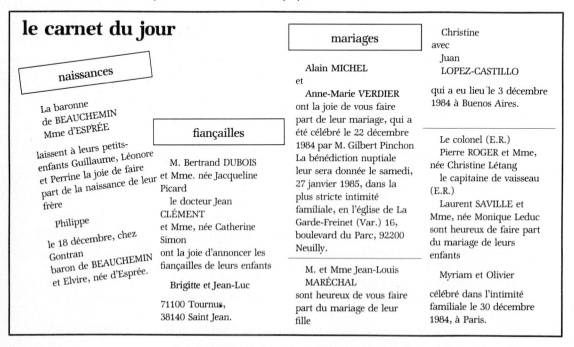

le carnet du jour

naissances

La baronne
de BEAUCHEMIN
Mme d'ESPRÉE

laissent à leurs petits-enfants Guillaume, Léonore et Perrine la joie de faire part de la naissance de leur frère

Philippe

le 18 décembre, chez Gontran baron de BEAUCHEMIN et Elvire, née d'Esprée.

fiançailles

M. Bertrand DUBOIS et Mme. née Jacqueline Picard
le docteur Jean CLÉMENT et Mme, née Catherine Simon
ont la joie d'annoncer les fiançailles de leurs enfants

Brigitte et Jean-Luc

71100 Tournus,
38140 Saint Jean.

mariages

Alain MICHEL
et
Anne-Marie VERDIER
ont la joie de vous faire part de leur mariage, qui a été célébré le 22 décembre 1984 par M. Gilbert Pinchon La bénédiction nuptiale leur sera donnée le samedi, 27 janvier 1985, dans la plus stricte intimité familiale, en l'église de La Garde-Freinet (Var.) 16, boulevard du Parc, 92200 Neuilly.

M. et Mme Jean-Louis MARÉCHAL
sont heureux de vous faire part du mariage de leur fille

Christine
avec
Juan
LOPEZ-CASTILLO

qui a eu lieu le 3 décembre 1984 à Buenos Aires.

Le colonel (E.R.)
Pierre ROGER et Mme, née Christine Létang
le capitaine de vaisseau (E.R.)
Laurent SAVILLE et Mme, née Monique Leduc sont heureux de faire part du mariage de leurs enfants

Myriam et Olivier

célébré dans l'intimité familiale le 30 décembre 1984, à Paris.

1   Qui a annoncé la naissance de Philippe de Beauchemin?
2   Quel est le nom de jeune fille *(maiden name)* de la maman de Philippe?
3   Comment s'appelle la jeune femme qui vient de se fiancer?
4   Et son fiancé, comment s'appelle-t-il?
5   Où est-ce qu'Alain Michel et Anne-Marie Verdier se sont mariés? Quand la cérémonie a-t-elle eu lieu?
6   Où et quand le mariage de Christine Maréchal et de Juan Lopez-Castillo a-t-il eu lieu?
7   Dans quelle ville se sont-ils mariés?
8   Comment s'appellent les parents de Myriam Roger?

COIN CULTUREL

A   NOTES CULTURELLES

En dépit du nombre de plus en plus grand de mariages se terminant par un divorce (15%), le mariage reste un acte essentiel dans la vie des jeunes Français. L'âge moyen *(average)* des jeunes mariés est de vingt-quatre ans pour les hommes et vingt-deux ans pour les femmes. En général, ils prennent le temps de se connaître avant de se marier. Selon les statistiques officielles, la majorité des jeunes Français choisissent de se marier à l'église, mais beaucoup le font parce que leurs parents le désirent. On estime aussi que 15% des futurs couples pratiquent la « cohabitation prénuptiale ». La majorité d'entre eux pensent que le mariage est essentiellement une formalité juridique qui permet à un couple de vivre en conformité avec les habitudes de la société. Avoir la même origine sociale n'est pas considéré comme un élément important. Pourtant, il faut dire que la distance moyenne entre les lieux d'origine des couples français reste seulement de onze kilomètres, même à l'époque des jets!

B   LE SAVIEZ-VOUS?

Comment les Français qui ont maintenant entre 18 et 35 ans imaginent-ils leur vie dans dix ans? Ont-ils les mêmes espoirs (hopes) et les mêmes préférences que vous? Essayez de deviner leurs réponses aux questions suivantes.

1   À votre avis, est-ce qu'ils préféreraient (a) vivre à la campagne (b) vivre dans une ville ou (c) vivre à proximité d'une ville?
2   Est-ce qu'ils préféreraient vivre (a) dans la même région que maintenant ou (b) dans une autre région?

3   Pour quelle raison certains préféreraient-ils changer de région? Serait-ce pour aller vivre dans une région (a) plus animée (b) plus ensoleillée (c) plus prospère ou (d) plus calme?

4   Est-ce qu'ils préféreraient (a) faire le même métier que maintenant ou (b) faire un autre métier?

5   Est-ce qu'ils préféreraient vivre (a) dans une société à tendance plus socialiste ou (b) dans une société qui favorise le goût du risque, de l'effort et de l'initiative personnelle?

6   Est-ce qu'ils voudraient avoir une plus grande liberté par rapport à leur conjoint *(spouse)*?

7   Est-ce qu'ils espèrent qu'ils pourront consacrer une plus grande partie de leur temps libre à leur famille?

8   Dans les dix ans qui viennent, est-ce qu'ils préféreraient (a) épargner *(save money)* pour accumuler un certain capital ou (b) vivre et consommer le plus possible?

Réponses

1a	35%	*b*	12%	*c*	51%	*2a*	74%	*b*	23%	*3a* 91%
b	15%	*c*	14%	*d*	41%	*4a*	51%	*b*	42%	*5a* 18%
b	67%	*6*	non (63%)	*7*	oui (77%)	*8a*	34%;	*b*	57%	

C   ENTRE CULTURES

Quels sont les rêves, les espoirs et les préférences des jeunes Américains quand ils pensent à leur vie à venir? Utilisez les idées présentées dans *Le saviez-vous* pour formuler des questions que vous poserez aux autres étudiants. Comparez les réponses.

A   *ET VOUS?*

1   Et vous, que souhaitez-vous le plus dans la vie? Est-ce que vous êtes d'accord avec la plupart de vos amis?

2   Est-ce que les jeunes Américaines accordent autant d'importance au travail que les jeunes Françaises? Et vous, quelle place le travail occupe-t-il dans votre vie?

3   Quelle importance les jeunes de votre âge accordent-ils à l'argent? Et vous?

4   Quand vous aimez quelqu'un, avez-vous tendance à être jaloux(-ouse)?

5   À votre avis, l'idée de propriété vient-elle de notre héritage culturel ou d'un instinct naturel?

6   L'auteur dit que l'adjectif que caractérise le mieux l'attitude des jeunes devant l'amour est *lucide.* Êtes-vous d'accord?

B *PRÉFÉRENCES*

Choisissez la réponse ou les réponses qui correspondent à vos préférences personnelles, ou bien proposez une autre option.

1   Qu'est-ce qui vous intéresse le plus dans la vie?
    a   avoir un métier intéressant
    b   vivre un grand amour
    c   gagner beaucoup d'argent
    d   jouer un rôle politique
    e   **?**

2   Qu'est-ce que vous souhaitez faire dans la vie?
    a   avoir une famille et vivre une vie tranquille
    b   devenir célèbre
    c   consacrer votre vie aux autres
    d   vivre une vie libre et indépendante
    e   **?**

3   Qu'est-ce qui vous attire le plus chez un homme ou chez une femme?
    a   son charme
    b   sa gentillesse
    c   son intelligence
    d   sa beauté
    e   **?**

4   Qu'est-ce que vous cherchez dans le mariage?
    a   la sécurité
    b   l'amour
    c   une famille
    d   l'affection d'une autre personne
    e   **?**

5   Qu'est-ce qui est le plus important dans les rapports entre un homme et une femme?
    a   l'attraction physique
    b   l'affection et le respect mutuel
    c   avoir des intérêts communs
    d   être de la même classe sociale
    e   **?**

6   Qu'est-ce qui est le plus important dans la vie?
    a   l'amour
    b   l'argent
    c   le respect des autres
    d   la liberté
    e   la religion
    f   **?**

C REPROCHES

Les adultes aiment bien donner des conseils, surtout aux jeunes. Pour changer un peu, c'est vous qui allez jouer ce rôle et donner des conseils à vos amis. Utilisez un élément de chaque colonne pour former des phrases.

Exemple : Pensez à votre avenir au lieu de perdre votre temps!

Faites votre travail		sortir tous les soirs
Soyez sérieux(-euse)		regarder la télévision
Gagnez de l'argent		parler tout le temps
Apprenez un métier	*au lieu de*	vous reposer
Mariez-vous		aller au café
Aidez votre mère		perdre votre temps
Écoutez		vous amuser
?		?

D POINTS DE VUE

1   Êtes-vous pour ou contre le mariage?

2   « Pour être heureux dans ses rapports amoureux, il faut d'abord être heureux dans son travail ». Vrai ou faux?

3   Est-ce que votre attitude envers l'amour est la même que celle des jeunes Français, celle des jeunes Américains de votre âge ou celle de vos parents?

Trouvez le bonheur à deux... ...ou nous n'aurons pas d'excuse

NOUVEAU !
La garantie "PAS D'EXCUSE"

E RENCONTRES

Certaines personnes choisissent de mettre une annonce dans le journal pour trouver le (la) partenaire idéal(e). En voici quelques exemples.

Rencontres

J.H. 27 ans seul, simple, timide renc. J.F. 20/30 ans simple, gentille

J.F. 37 ans mince, blonde, chev. longs, yeux bleus, cultivée, b. mil. renc. Mons, quarant. bien phys. situat. en rap.

MEDECIN 31 ans courtois compréh. renc. J.F. douce et gentille

MONS. 35 ans, 1m72, symp. b. situation, renc. J.F. 30 à 40 ans, goûts simple.

Pour passer votre annonce utilisez cette grille

NOM ....

.... ADRESSE ....

20 Frs TTC les 4 lignes

Vocabulaire

J.H. = jeune homme
renc. = rencontrer
J.F. = jeune fille
chev. = cheveux
b. mil. = bon milieu

mons. = monsieur
phys. physiquement
compréh. = compréhensif
symp. = sympathique

1 Que pensez-vous de cette manière de rencontrer des gens? Quels sont ses avantages et ses inconvénients?

2 À votre avis, quels sont les meilleurs moyens de rencontrer des gens et de faire leur connaissance?

3 Utilisez les modèles et la grille pour composer une annonce — sérieuse ou amusante — du même genre.

Chapitre dix-neuf

Un Petit Coin du Canada français

*Une journaliste québécoise a été invitée à faire un reportage sur la vallée de la Lièvre, dans l'Outaouais —
c'est-à-dire une région qui fait partie de la province de Québec, mais qui est en réalité située plus près
d'Ottawa que de Québec. Voici son reportage.*

Avant de venir ici, des gens bien informés m'avaient dit : « Oui, le pays
est beau, c'est vrai, mais c'est comme tout l'Outaouais. Les gens quittent
la région. Le *chômage* augmente. Les gens sont très influencés par la
proximité d'Ottawa et de l'Ontario anglophone. La culture française perd
du terrain devant l'influence anglaise. Les habitants ont l'impression
que le Québec les oublie. Il y a toute une série de problèmes insurmon-
tables. »
    Insurmontables? Ce n'est pas l'avis des membres du CLSC *(Centre
local de santé communautaire)*, l'organisme social qui a permis aux habitants de prendre en main le développement de leur région. Comme
l'explique son directeur, Jacques Jobin : « Un CLSC, c'est juste un instrument que les gens peuvent utiliser pour obtenir les types de services dont
ils ont besoin (services médicaux, *renseignements juridiques*, aide technique ou administrative, etc.). C'est aussi un moyen de stimuler le développement économique et culturel. L'important, c'est la participation
des habitants eux-mêmes. »
    C'est aussi l'opinion de Laurent Trottier, un ancien *bûcheron* qui est
maintenant un des directeurs du CLSC: « Je n'ai fait que huit années
d'études et j'ai peur de parler devant des *gens éduqués*. Mais il y a des
choses qui doivent changer ici, et ce que j'ai à dire est important. Alors,
j'ai parlé. » D'autres ont suivi son exemple et peu à peu le CLSC est devenu
le centre de la vie du village. Il y a des cours prénatals, un programme
pour les handicappés physiques, un club pour les personnes âgées, et
même un centre d'*artisanat*.
    Comme il n'est pas possible de voir toute la région, j'ai décidé de me
limiter au territoire couvert par le journal français local, le *Bulletin*.
Hélène Jobin, sa *rédactrice* en chef, m'attend. Hélène est une femme de
trente-sept ans, dynamique, pleine d'idées et de joie de vivre. C'est elle
qui a redonné vie au *Bulletin*. « Quand les journaux ne contiennent pas
assez de nouvelles locales, les gens ne les lisent pas. Alors, ils finissent
par ne plus savoir ce qui se passe dans le village, dans la province et dans
le monde. Maintenant, avec notre journal local, tout le monde s'intéresse
de nouveau à ce qui se passe dans la région. »
    Hélène prend sa voiture pour m'emmener visiter la région. Elle con-
naît tout le monde. De temps en temps, elle s'arrête pour dire bonjour à
une femme qui travaille dans son jardin. Nous arrivons à l'école d'Angers.
Là, les enfants apprennent le français en écrivant des articles et des nouvelles pour le journal de leur école. Ils sont si motivés par la publication
de leurs textes que la classe de français est devenue un vrai plaisir. À
l'école secondaire, on écrit les nouvelles pour la radio de l'école et là aussi,
la classe de français est la préférée.

unemployment

Public Health Clinic

legal information

lumberjack

well-educated people

crafts

editor

again

Hélène est très heureuse de voir cette renaissance de la culture française. Elle m'explique: « Ça n'a pas été facile. L'Ontario anglophone est tout près. Montréal et Québec sont très loin. Le seul contact que les gens avaient avec l'extérieur était avec leurs patrons anglophones. Ainsi, beaucoup ont peu à peu oublié la culture française. Dès qu'il y avait un ou deux anglophones dans un groupe, tout le monde parlait anglais. Les gens avaient perdu leur *fierté* et leur confiance en eux-mêmes. Mais depuis quelques années, les choses ont beaucoup changé. Maintenant, les francophones aiment se retrouver entre eux. »

pride

Hélène me raconte aussi un peu de son histoire personnelle. Elle est née ici, mais après son mariage elle est partie au Burundi avec son mari Jacques pour *enseigner* dans une école africaine. « Là-bas, dit-elle, nous avons pris conscience de beaucoup de choses. J'ai vu ce que c'était que le sous-développement et la colonisation. J'ai jugé notre région avec des yeux nouveaux. J'ai compris que le développement, c'était chez nous qu'il fallait le réaliser. Le sentiment de fierté nationale, c'était dans notre propre pays qu'il fallait le cultiver. Alors, nous sommes revenus ici. »

teach

Extrait et adapté d'un article de *Châtelaine* par Françoise-R. Deroy-Pineau.

LIRE ET COMPRENDRE

A COMPRÉHENSION DU TEXTE

Répondez aux questions suivantes selon les renseignements donnés dans le texte.

1 Où se trouve la vallée de la Lièvre et quels problèmes est-ce que cela pose pour ses habitants?

2 Quel a été le rôle du CLSC dans le développement de la région?

3 Pourquoi Laurent Trottier a-t-il décidé de participer aux activités du CLSC?

4 Qui est Hélène Jobin?

5 Pourquoi les gens ne lisaient-ils pas les journaux? Comment Hélène Jobin a-t-elle réussi à changer cette attitude?

6 Comment les enfants des écoles apprennent-ils à écrire le français?

7 Pourquoi la culture française perdait-elle du terrain dans l'Outaouais jusqu'à une époque récente?

8 Qu'est-ce qu'Hélène Jobin a fait après son mariage?

9 Pourquoi son mari et elle ont-ils décidé de revenir dans l'Outaouais?

B *AIDE-LECTURE*

One specific way of clarifying the meaning of a word or idea is to use examples. If we do not understand a word or phrase, an example or description sometimes makes the meaning clearer. In French, certain clues indicate examples, clarification, or elaboration of an idea. These clues may come in the form of such specific words and phrases as **par exemple, comme, c'est-à-dire, surtout, d'autres,** and **en réalité** or in the form of parentheses, colons, and dashes.

Complete each sentence by using one of the preceding French words or phrases that help clarify meaning.

1 Nous sommes Québécois, c'est vrai, mais _____ nous habitons loin de Québec.
2 Nous sommes membres d'un CLSC, _____ une organisation que les gens peuvent utiliser pour obtenir les services dont ils ont besoin.
3 Mon fils aime ses classes au lycée, mais c'est _____ la classe de français qui l'intéresse.
4 Notre village a beaucoup d'activités; il y a _____ un club pour les personnes âgées et de nombreuses activités artisanales.
5 Certains gens du village parlent souvent anglais; _____ continuent à parler français.
6 Un CLSC peut offrir différents services sociaux _____ les services médicaux et les renseignements juridiques.

BIENVENUE AU QUÉBEC

JE ME SOUVIENS

C   DOCUMENT

*La page qui suit est extraite de **Dimanche-matin,** un journal québécois. Utilisez les renseignements donnés dans ce texte pour répondre aux questions suivantes.*

C'est le bon temps de redécouvrir le Québec

La ville de Québec (surtout la vieille ville), qui se laisse très bien visiter à pied, a conservé presque intact l'air de la vieille France aménagé à la moderne. Ses rues étroites, en pente et qui s'entrecroisent selon une géométrie fantaisiste obéissant à sa topographie accidentée nous ramènent facilement à quelques siècles en arrière, aux époques où la civilisation française marquait l'heure de l'Amérique. Les remparts du vieux Québec, les vestiges de ce qui constituait la seule ville fortifiée du Nouveau Continent, comme la Citadelle et la Poudrière, les orgueilleuses demeures des grands de cette époque côtoyant les humbles habitations des "gens ordinaires" nous plongent littéralement dans les temps révolus. Puis, tout à coup, sans crier gare, on débouche en plein dans un 20e siècle auquel s'accrochent encore les relents du passé.

La vue des terrasses de cafés qui s'étirent le long de quelques artères principales nous plongent en pleine atmosphère parisienne tandis que du haut de la falaise du Cap Diamant l'activité portuaire, tout en bas, nous fait penser à la fièvre économique de l'Amérique actuelle.

Puis, sans presque changer de décor, les environs de la vieille capitale perpétuent le souvenir français du Canada: la côte de Beaupré, l'île d'Orléans et, un peu plus loin, Charlevoix et la Côte nord nous présentent des panoramas qu'on pourrait accoler à de nombreux pays d'Europe.

Plus loin encore, c'est le Saguenay, ce fjord orgueilleux et terrible, avec ses promontoirs, qui nous ouvre des horizons vastes comme des continents. Cette rivière tourmentée que les siècles ont tracée dans une nature gigantesque est le déversoir du paisible lac St-Jean où les éres géologiques semblent s'être un peu reposées. En revenant ensuite sur nos pas et en traversant le fleuve à la hauteur de St-Siméon, on a droit à la majesté de l'estuaire du St-Laurent qui se perd dans l'immensité de l'océan. Les villes et les villages qui bordent la rive sud jusqu'à Gaspé se présentent comme des bons enfants qui ont gardé la tradition et qui ne sont pas encore tout à fait entrés dans le 20e siècle. Ils pratiquent encore la vie champêtre d'autrefois et ne semblent pas se rendre compte du décor qui les entoure.

Enfin, tout au bout du pays du Québec, les îles de la Madeleine constituent un havre de paix et de repos qu'on dirait emprunté à un autre monde.

C'est un peu tout cela... et beaucoup plus encore que les Québécois ont commencé à redécouvrir, cette année, et qu'ils continueront sûrement d'explorer.

1   Pourquoi est-ce le bon temps de redécouvrir le Québec?
2   Quels sont les endroits principaux qui sont mentionnés dans cet article?
3   Quels sont les aspects principaux de la ville de Québec qui sont mentionnés?
4   Quand on visite la vieille ville, vaut-il mieux le faire à pied ou en voiture?
5   Qu'est-ce que c'est que le Saguenay?
6   Qu'est-ce qui fait le charme de la Gaspésie?

COIN CULTUREL

A NOTES CULTURELLES

C'est pendant les années soixante que les Canadiens français ont commencé à mettre en question la dominance anglophone et leur isolement du reste du Canada. Ainsi, les Français du Canada sont d'abord devenus Canadiens français, puis Québécois. « Vive le Québec libre » est devenu le cri de ralliement des Québécois et « Je me souviens » leur devise officielle. Une chanson de Gilles Vigneault, « Gens du pays », est devenue l'hymne national du Québec.

Mais en quoi les Québécois sont-ils différents des autres Canadiens et pourquoi un certain nombre de Québécois demandent-ils leur indépendance? D'abord, parce que leurs traditions, leur style de vie et leur système de valeurs viennent de leur héritage français, mais ils vivent dans un pays à dominance anglophone. Ensuite, les Québécois sont traditionnellement catholiques dans un pays généralement protestant. Sur le plan économique, les Québécois se sentent désavantagés aussi. Depuis longtemps, la plupart des compagnies sont contrôlées par des anglophones qui donnent la priorité aux gens qui parlent anglais.

C'est peut-être dans le domaine linguistique que les Québécois se sentent les plus isolés. Comme a dit Pierre Trudeau, l'ancien premier ministre : « Le Québécois veut être partout chez lui au Canada, et seul un Canada bilingue lui permettra de se sentir à l'aise de Vancouver à Saint-Jean... »

B   LE SAVIEZ-VOUS?

Que savez-vous au sujet du Québec? Essayez de répondre aux questions suivantes; si vous ne pouvez pas, consultez les réponses.

1   Quelle est la capitale administrative du Québec?
2   Qu'est-ce que Montréal et Paris ont en commun?
3   Quelle est la plus grande des dix provinces canadiennes?
4   Est-ce que le Québec est plus grand ou plus petit que la France?
5   Quel est le nom du grand fleuve qui traverse le Québec?
6   Quelle monnaie *(money)* utilise-t-on au Canada?
7   Où les Jeux Olympiques de 1976 ont-ils eu lieu?
8   Quelles sont les principales universités de langue française?
9   Quels sont les principaux journaux canadiens de langue française?
10   Qu'est-ce que c'est que *la Charte de langue française* et quand a-t-elle été adoptée?
11   Quelles sont les principales ressources économiques du Québec?
12   Quelles sont les principales exportations du Québec et quel est son principal client?
13   Quelle est la religion principale au Québec?

Réponses

1   La ville de Québec.
2   Ce sont les deux plus grandes villes francophones du monde.
3   C'est le Québec, mais l'Ontario a une population supérieure.
4   Le Québec a une superficie égale à celle de la France plus celles de l'Espagne, du Portugal, de la Belgique, de la Suisse et des deux Allemagnes, mais sa population est seulement de 65 millions.
5   Le Saint-Laurent.
6   Le dollar canadien.
7   À Montréal.
8   L'Université Laval, l'Université de Montréal, l'Université du Québec.
9   *La Presse, Le Soleil, Le Devoir, Le Journal de Montréal.*
10   Adoptée en 1977, cette charte établit le français comme langue officielle du Québec.
11   L'agriculture, les forêts, la pêche, les mines, la construction, l'énergie électrique, l'industrie du vêtement.
12   Le papier et la pâte à papier *(paper paste)*, les fourrures *(furs)*, les tissus *(fabrics)*, les produits chimiques, métallurgiques et miniers, et l'amiante *(asbestos)*. Le principal client est les États-Unis.
13   La religion catholique.

C   ENTRE CULTURES

Le tableau suivant donne une idée de l'évolution de la société québécoise depuis 1970. Quels sont les principaux changements qui ont eu lieu dans la structure de la famille? Est-ce que ces changements vous surprennent un peu? D'après ce que vous savez de la société américaine, diriez-vous qu'elle a évolué de la même façon ou différemment?

UNE SOCIÉTÉ QUÉBÉCOISE EN MUTATION

Divorces (% par rapport aux mariages)	**1969**: 2 947 (6,2%)	**1982**: 21 529 (56,7%)
Mariages	**1969**: 47 545	**1982**: 38 354
Unions de fait	**1971**: 10% des couples	**1982**: 20%
Familles monoparentales	**1971**: 10% des familles	**1982**: 20%
Natalité	**1951**: 3,8 enfants par femme	**1983**: 1,4
Naissances hors mariage	**1951**: 3,1% du total des naissances	**1981**: 15,6%
Célibat	**1961**: H 7,3% F 12,9%	**1981**: H 42,9% F 42,1%
Revenu moyen des familles (en $ constants 1971)	**1970**: 9 260 $	**1979**: 12 100 $ (en $ courants: 22 857 $)

Activités

A ET VOUS?

1 Est-ce que vous êtes déjà allé(e) au Canada? Si oui, quelle partie du Canada avez-vous visitée et qu'est-ce que vous avez fait d'intéressant?

2 Est-ce que vous avez jamais travaillé comme volontaire dans un organisme social? Si oui, quel était votre travail?

3 À quelles activités culturelles ou sociales les habitants de votre ville ou région peuvent-ils participer?

4 Est-ce que votre école a son propre journal? Y avez-vous contribué? Si oui, de quelle(s) façon(s)?

5 Quand vous lisez le journal, est-ce que ce sont les nouvelles locales, les nouvelles nationales ou les nouvelles internationales qui vous intéressent le plus?

B *UN CLIENT DIFFICILE*

Pendant qu'il voyage au Québec Monsieur Nemrien s'arrête dans un petit café pour déjeuner. Malheureusement, c'est un café où on ne sert que des sandwiches. Le garçon essaie de l'aider à trouver quelque chose qu'il aimerait, mais Monsieur Nemrien n'est pas facile à satisfaire. Imaginez la conversation.

NOTRE FAMILLE DE SOUS-MARINS

			½
No 1	Le Gros Jambon (jambon)	$2.00	$1.25
No 2	L'Économique (saucisson)	$1.50	$0.90
No 3	L'Italien (salami)	$1.75	$1.00
No 4	Le Gourmand (jambon, saucisson, salami)	$2.25	$1.35
No 5	Le Super (jambon, saucisson, salami viande fumée)	$2.50	$1.45
No 6	La Dinde (dinde)	$2.75	$1.50
No 7	Le Végétarien	$1.50	$1.00

Chaque sorte comprend:

Fromage, salade, oignons, tomates
vinaigrette ordinaire ou à l'ail   CHAUD: $0.10

Sandwich à la viande fumée (smoked meat)	$1.75

Sandwichs:

Tomates	$0.75
Tomates, salade	$0.80
Tomates, salade, fromage	$0.90
Jambon	$0.90
Jambon, salade	$1.00
Jambon, salade, fromage	$1.10
Dinde	$1.30
Dinde, salade, fromage	$1.50

turkey

Accompagnements:

Cornichons	$0.25
Piment rouge	$0.45
Fromage vinaigré	$0.50
Saucisse vinaigrée	$0.60
Chips	$0.25

pickles

Breuvages:

Café	$0.40
Lait	$0.40
Liqueurs assorties	$0.40
Thé	$0.40

Desserts:

Éclair au chocolat et beigne	$0.30
Gâteaux	$0.25

LE GARÇON : Bonjour, Monsieur. Est-ce que vous avez fait votre choix?

M. NEMRIEN : Il n'y a que des sandwiches au menu?

LE GARÇON : _____

M. NEMRIEN : _____

LE GARÇON : _____

M. NEMRIEN : _____

LE GARÇON : _____

M. NEMRIEN : _____

C   VOUS ÊTES JOURNALISTE

Imaginez que votre classe a décidé de publier un journal français et que vous allez écrire un article pour ce journal. Composez un petit article sur un sujet de votre choix (activités sportives, revue d'une pièce de théâtre ou d'un film, description des meilleurs restaurants de la ville, éditorial, petites annonces, reportage sur les différentes activités de l'école, etc.).

D   POINTS DE VUE

1   Est-ce que les Américains connaissent bien leurs voisins canadiens? Que pourraient-ils faire pour mieux les connaître?

2   C'est en vivant en Afrique qu'Hélène Jobin a compris que « le développement, c'était chez nous qu'il fallait le réaliser ». Quels sont, à votre avis, les problèmes auxquels nous devrions nous adresser aux États-Unis?

3   Est-ce qu'il est important d'être fier de son pays ou de son héritage ethnique? Expliquez votre réponse.

Sauriez-vous conduire en Europe?

Comme la plupart des Américains, vous avez sans doute obtenu votre permis de conduire entre l'âge de seize et dix-huit ans. Vous avez peut-être même réussi du premier coup (la première fois) aux examens écrits et pratiques. Pourtant, un de ces jours, au cours d'un voyage en France, vous risquez d'être obligé de conduire sur les routes françaises. Sauriez-vous reconnaître les signaux routiers? Voici un petit test qui indiquera si vous serez un chauffeur prudent ou un démon du volant (speed demon). *Que signifie chacun des signaux routiers suivants?*

1   a   *Sens interdit*   défense d'entrer
      b   *Ralentissez!* Vous approchez d'une intersection.   *slow down*
      c   Vous êtes prié d'arrêter le moteur.

2   a   Accélérez! Vous venez de quitter la ville.
      b   Attention! On travaille sur la route.
      c   *Cédez le passage* aux voitures qui circulent sur la route   *yield the right of way*
          à grande circulation.

3   a   Vous êtes sur la Route nationale 50.
      b   La vitesse est limitée à cinquante kilomètres à l'heure.
      c   Vous êtes à cinquante kilomètres de la station-service la plus proche.

Lons-le-Saunier

4   a   Vous quittez la ville de Lons-le-Saunier.
      b   Cette ville n'existe plus.
      c   Ce panneau est une victime du vandalisme public.

5   Si vous voyez ce triangle posé sur la route, il annonce...
      a   un camion qui *est en panne* sur la route.   *has broken down*
      b   l'intersection de trois routes.
      c   un stop; vous devez céder le passage.

6   Cette plaque placée sur une voiture indique que...
      a   le nom de famille du chauffeur commence par un *E.*
      b   la voiture vient d'Espagne.
      c   le chauffeur a reçu un *E* quand il a passé son permis de conduire.

7   Ce panneau indique qu'il est interdit de *klaxonner*, mais   *honk*
   un chauffeur français doit klaxonner...
      a   pour faire tourner la tête de quelqu'un.
      b   pour signaler à un autre chauffeur que sa voiture n'est pas en bon état.
      c   pour *avertir* les autres chauffeurs, notamment aux in-   *warn*
          tersections.

Chapitre vingt

8 *a* L'entrée est interdite aux personnes qui ont moins de trente ans.

   b Vous êtes obligé de circuler à trente kilomètres à l'heure au minimum.

   c Votre vitesse est limitée à trente kilomètres à l'heure.

9 La barre rouge vous défend de *stationner*. Mais que veut dire le 1–15?   parquer

   a La durée de stationnement est limitée à quinze minutes.

   b Le stationnement est interdit du 1er au 15 du mois.

   c Il y a seulement de la place pour quinze voitures.

10 *a* Cette borne routière donne la distance entre l'endroit où vous êtes et les villes indiquées.

    b Du respect, s'il vous plaît. Vous traversez un cimetière militaire.

    c Cette *pierre tombale* marque l'endroit d'un accident fatal. Il est recommandé de conduire avec prudence.   tombstone

11 *a* Il y a une réserve d'Indiens à 500 mètres.

    b Vous pouvez enfin vous arrêter pour la nuit. Il y a un terrain de camping à 500 mètres.

    c Attraction touristique: un village primitif qui compte 500 habitants mâles.

12 Cet agent de police règle la circulation au *carrefour*. Qu'est-ce que vous faites?   intersection

    a J'obéis à son signe et je m'arrête.

    b Je stationne tout de suite pour regarder ce que feront les autres automobilistes.

    c Je continue *tout droit* puisque l'agent indique que le passage est libre.   ni à droite, ni à gauche

13 Disons que vous descendez les Champs-Élysées et que vous approchez de la place de la Concorde. En entrant dans ce grand cercle,...

    a vous devez laisser passer les autos qui sont déjà dans le cercle.

    b vous avez priorité en entrant dans le cercle.

    c chacun pour soi!

14 Si vous arrivez à un carrfour en même temps qu'une autre voiture,...
    a   la route appartient au plus courageux.
    b   la priorité est à celui qui vient de la droite.
    c   la priorité est à celui qui vient de la gauche.

Réponses

1	a	*2*	c	*3*	b	*4*	a	*5*	a	*6*	b	*7*	c	*8*	b
9	b	*10*	a	*11*	b	*12*	a	*13*	b	*14*	b				

Interprétation des résultats

Faites le total des réponses correctes.* Dans quelle catégorie vous placez-vous?

12–14   N'hésitez pas à louer une voiture pour visiter la France en auto.

10–11   Avant de partir en France, prenez le temps de relire votre Code de la route.

8–9   Il vaudrait peut-être mieux prendre le train.

6–7   Si vous voulez voyager en auto, louez une voiture avec chauffeur.

0–5   Restez au lit! Vous êtes un danger public!

*Si vous avez l'intention de conduire seulement en Italie, ajoutez deux points à votre total!

LIRE ET COMPRENDRE

A AIDE-LECTURE

Written and oral commands can be given in a variety of ways in French. Depending on the situation, the order can be expressed in a polite style **(Vous êtes prié d'arrêter le moteur)** or in a direct and sometimes abrupt manner **(Ralentissez!)**

Below are examples of commands that can be given in a variety of situations. Using them as models, create commands that illustrate each category.

Style impersonnel / communication indirecte écrite: Défense de fumer. Il est interdit de klaxonner. Interdiction de stationner. Prière de ne pas faire de bruit.

Style personnel mais très poli et formel : Vous êtes prié d'attacher votre ceinture. Vous êtes prié de rester assis.

Style poli : Veuillez accepter nos remerciements. Pourriez-vous me rendre un service?

Style direct : Voulez-vous m'apporter le journal? Pouvez-vous venir demain?

Ordres directs : Ne parlez pas anglais en classe! Fais bien attention! Ne rentrez pas trop tard!

B DOCUMENT

Les Français ont depuis longtemps la réputation de ne pas être des conducteurs très patients. Mais cette attitude est en train de changer comme le montre un récent sondage d'opinion. Un dessin publicitaire de Shell reconnaît cet effort et encourage les Français à devenir de « nouveaux conducteurs ». Selon la publicité qui suit, quelles sont les principales qualités de ces « nouveaux conducteurs ».

LE "NOUVEAU CONDUCTEUR" GARDE SON CALME EN TOUTES CIRCONSTANCES !!!

COIN CULTUREL

A NOTES CULTURELLES

La plupart des Français possèdent leur propre voiture et ils la considèrent comme une nécessité dans leur vie de tous les jours. La raison n'est pourtant pas l'absence ou l'insuffisance des transports publics, car il existe dans tout le pays d'excellents réseaux de lignes d'autobus et de trains et même de lignes de métro à Paris, à Lyon et à Lille. Mais les Français apprécient la liberté de mouvement que la possession d'une voiture leur donne en dépit du prix très élevé *(high)* de l'essence *(gasoline)* (environ le double de ce qu'elle coûte aux États-Unis.) Pour les Français, la voiture idéale est une voiture qui est à la fois économique, rapide et maniable *(easy to handle)*. Les principales marques de voitures fabriquées en France sont Peugeot, Renault, Citroën et Talbot. La France est le quatrième producteur de voitures après le Japon, les États-Unis et l'Allemagne de l'Ouest. Elle exporte des voitures dans les autres pays de la Communauté Européenne et vers les pays d'Afrique. Depuis l'accord passé en 1978 entre Renault et AMC, des voitures françaises sont maintenant fabriquées aux États-Unis. Ford et General Motors de leur côté ont des usines en France où on fabrique les modèles destinés au marché européen.

B   LE SAVIEZ-VOUS?

Savoir conduire et être capable de reconnaître les signaux routiers n'est pas tout. Si vous voulez conduire en Europe, il y a d'autres questions auxquelles vous devriez pouvoir répondre.

1   En France à quel âge peut-on obtenir son permis de conduire?
2   Où apprend-on à conduire?
3   Doit-on renouveler son permis de conduire?
4   Est-ce qu'on peut conduire en France avec un permis américain?
5   Quel document doit-on posséder pour prouver qu'on est le propriétaire légitime d'une voiture?
6   Quel(s) autre(s) document(s) doit-on posséder?
7   Quels sont les deux types principaux d'assurance automobile en France?
8   Est-ce qu'il faut changer sa plaque d'immatriculation *(license plate)* tous les ans?
9   Est-ce qu'il est obligatoire de porter une ceinture de sécurité *(seat belt)*?
10   Quelle est la limite de vitesse sur les autoroutes?
11   Qu'est-ce qui arrive quand on n'observe pas la limite de vitesse?
12   Qu'est-ce qu'on dit quand on a besoin d'essence?

Réponses

1   A dix-huit ans, mais on peut commencer à apprendre à conduire avant.
2   Dans une auto-école.
3   Non, on le passe une seule fois.
4   Oui. Il existe aussi un permis de conduire international. Son obtention est une simple formalité si on a déjà son permis.
5   La carte grise.
6   Un certificat d'assurance *(insurance)*.
7   L'assurance tous risques *(collision)* et l'assurance au tiers *(liability)*.
8   Non, mais on doit acheter une vignette qu'il faut mettre sur le pare-brise *(windshield)* de la voiture.
9   Oui.
10   130 km à l'heure, mais en réalité beaucoup de gens vont beaucoup plus vite.
11   On risque d'avoir une contravention *(ticket)*.
12   « Dix litres de super (d'ordinaire) s'il vous plaît » ou « le plein s'il vous plaît » *(fill it up please)*.

C ENTRE CULTURES

Expliquez à des amis français la place que l'automobile occupe dans la vie des Américains. Qui possède une voiture? À quoi sert-elle? Quels sont les types de voitures les plus populaires? Quelles qualités les Américains apprécient-ils le plus dans une voiture? Y a-t-il beaucoup de voitures étrangères qui sont vendues aux États-Unis? Quelles sont les marques principales? Y a-t-il beaucoup d'accidents de la route? Quelles sont leurs causes principales?

A ET VOUS?

Vous êtes en voiture avec des amis qui vous donnent continuellement des conseils. Est-ce que vous allez suivre leurs conseils?

1   Arrêtez-vous au feu vert.
2   Accélérez quand vous arrivez à un tournant.
3   Conduisez prudemment parce qu'il y a beaucoup de circulation.
4   Ralentissez; il y a un camion qui est arrêté au milieu de la route.
5   Arrêtez-vous immédiatement; il y a un accident.
6   Ralentissez; nous passons près d'un camp de nudistes.
7   Faites un grand sourire à l'agent de police.
8   Arrêtez-vous au milieu de la route pour attacher votre ceinture de sécurité.
9   Klaxonnez; il y a quelqu'un qui fait de l'auto-stop.
10 Levez la main droite avant de tourner à gauche.

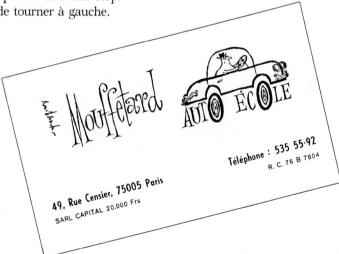

Mouffetard AUTO ÉCOLE

Téléphone : 535 55-92
R. C. 76 B 7804

49, Rue Censier, 75005 Paris
SARL CAPITAL 20.000 Frs

B CONNAISSEZ VOTRE VOITURE

Complétez les phrases suivantes en basant vos réponses sur les deux illustrations.

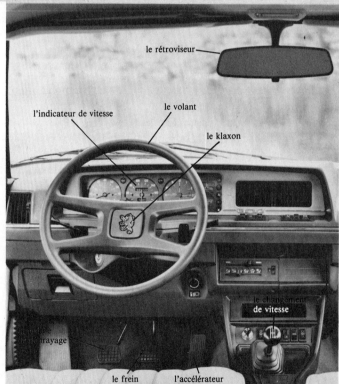

1 Le moteur se trouve sous _____, sauf dans les voitures comme les vieilles Volkswagens.
2 Je vais mettre nos bagages dans _____.
3 Il commence à pleuvoir. Mettez vos _____.

4   Quand vous laissez votre auto dans la rue, il vaut mieux fermer _____ à clef.

5   Je ne vois pas bien. Il faut nettoyer le _____.

6   Quand vous conduisez, gardez vos deux mains sur _____.

7   Pour aller plus rapidement, on appuie sur _____.

8   Avant de faire marche arrière, regardez bien dans votre _____.

9   Si vous n'avez pas d'essence, il faut en mettre dans _____.

10   Cette voiture est vraiment luxueuse. Regardez comme les _____ sont confortables!

11   Ralentissez, voyons! Il y a un enfant qui traverse la rue. Appuyez sur _____.

12   Vous avez tendance à rouler trop vite; regardez donc de temps en temps votre _____.

C   MOYENS DE TRANSPORT

Comparez les avantages des différents moyens de transport. Vous pouvez utiliser la liste d'adjectifs et construire vos phrases sur les exemples donnés.

Exemples :   À Paris, le métro est plus pratique que la voiture.
Le bateau est moins dangereux que l'avion.

moyens de transport	*adjectifs*
le train	pratique
le bateau	économique
l'avion	silencieux
le métro	cher
l'auto	lent
la bicyclette	exotique
la soucoupe volante	rapide
l'autobus	folklorique
le tramway	amusant
le taxi	élégant
le cheval	sale
la motocyclette	confortable
l'éléphant	utile

D   CLICHÉS

Essayez de recréer les clichés les plus communs au sujet de ces différents types de conducteurs. Utilisez un élément de chaque colonne pour former des phrases.

Les personnes âgées
Les chauffeurs de camions
Les chauffeurs de grosses voitures
Les femmes
Les hommes
Les agents de police
Les Italiens
Les jeunes
Les parents
Les chauffeurs de petites voitures
Les motocyclistes
?

pensent qu'ils possèdent la route
sont très prudents
ne font pas attention aux autres voitures
persécutent ceux qui conduisent des voitures de sport
conduisent comme des fous
sont des candidats au suicide
prennent un plaisir sadique à donner des contraventions
ont tendance à conduire trop lentement
conduisent plus prudemment que les femmes (les hommes)
sont plus agressifs que les autres
pensent que les jeunes conduisent trop vite
?

E   POINTS DE VUE

1   Les notes culturelles présentent le contraste entre les nouveaux conducteurs et ceux de la vieille école. Utilisez cette approche pour décrire d'autres groupes « d'anciens » et « de nouveaux » (exemples : les conducteurs américains d'hier et d'aujourd'hui, les anciennes et les nouvelles voitures, les professeurs et les étudiants d'hier et d'aujourd'hui, etc.).

2   Décrivez quelques conducteurs que vous connaissez (parents, amis, vous-même).

3   Quels conseils donneriez-vous à un(e) ami(e) français(e) qui désire conduire aux États-Unis?

Séparé de la Joconde

Comment oublier huit années passées en compagnie de Mona Lisa? Pour Monsieur Léon Mékusa, soixante-huit ans, gardien de *la Joconde* au musée du Louvre, l'âge de la *retraite* est un véritable drame parce que cela signifie la séparation d'avec son idole, *Mona Lisa*.

retirement

Pour lui, la Joconde n'est pas seulement le tableau qu'il est chargé de garder, c'est le symbole même de la vie. « Tout ce qui concerne la vie, je le trouve là, explique-t-il. Par exemple, derrière *Mona Lisa*, il y a un chemin qui n'est pas droit. C'est comme le chemin de la vie. »

En plus du français, Monsieur Mékusa parle russe, anglais et allemand. C'est à cause de sa connaissance de plusieurs langues qu'il a été choisi pour garder le tableau qui inspire le plus grand nombre de questions de la part des visiteurs. « Mais *la Joconde* répond plus vite que moi, dit-il. Elle *sourit* même en japonais. »   *smiles*

Léon Mékusa a une connaissance intime de ce célèbre sourire. « Vous savez, moi qui ai vu *la Joconde* tous les jours pendant huit ans, je peux vous dire qu'elle ne sourit pas tout le temps. » Il n'est pas loin de penser qu'en son absence *Mona Lisa* sera triste. En tout cas, il a l'intention de continuer à lui rendre visite, même quand il sera à la retraite.

Dans son travail, Monsieur Mékusa entend beaucoup de questions absurdes. « Il y a des gens de tous les pays qui me demandent le prix : « *How much?* » Alors, moi, je leur réponds : « Le prix? Mais quel est le prix de votre vie? Vous la vendez? » Alors, ils s'excusent. Quand les Italiens arrivent, ils disent : « *Nostra*. Elle est à nous. » Ils croient que c'est Napoléon qui leur *a volé* la Joconde. Je leur explique que si Léonard de   *stole* Vinci est venu chez nous, c'est parce que les Italiens n'étaient pas gentils avec lui et préféraient Michel-Ange. Je leur dis aussi que c'est François Ier qui a acheté la Joconde et qu'il l'a payée très cher. »

Le tableau est aujourd'hui *protégé* par deux *plaques de verre*. La pre-   *protected / plates of glass* mière le protège contre l'air et l'humidité, la deuxième contre les possibilités de vandalisme. Pour beaucoup de gens, *la Joconde* est devenue une relique, *un porte-bonheur*. « Maintenant que les gens ne peuvent plus   *good-luck charm* toucher *la Joconde*, ils me touchent la main. Ils croient que ça leur portera bonheur. »

La Joconde a provoqué des passions multiples. En 1911, un Italien, Vincenzo Perugia, vole *la Joconde* et la garde sous son lit pendant deux ans, dans une chambre d'hôtel. En 1956, un visiteur jette une *pierre*   *stone* sur le tableau. Périodiquement, en Angleterre, en Italie, ou même au Liechtenstein quelqu'un déclare avoir découvert la « vraie » Joconde. D'autres affirment que Mona Lisa était en réalité un homme.

La femme de Léon Mékusa, qui est elle-même artiste *peintre*, participe   *painter* à ce culte de *la Joconde*. Elle a peint toute une série de tableaux naïfs qui représentent son mari en compagnie de *la Joconde*. Dans un tableau, le gardien porte *Mona Lisa* dans ses bras et traverse avec elle le ciel de Paris. Dans d'autres, il joue de la guitare sous son balcon ou bien il l'invite à danser au cours d'un bal masqué. Même quand Monsieur Mékusa sera à la retraite, le sourire de *Mona Lisa* continuera donc à hanter sa vie.

Extrait et adapté d'un article de *L'Express*.

LIRE ET COMPRENDRE

A *COMPRÉHENSION DU TEXTE*

Répondez aux questions suivantes selon les renseignements donnés dans le texte.

1   Qu'est-ce que c'est que *la Joconde* et qui l'a peinte?
2   Qui est Léon Mékusa et en quoi consiste son travail?
3   Pourquoi a-t-il peur d'arriver à l'âge de la retraite?
4   Pourquoi a-t-on choisi Léon Mékusa pour garder *la Joconde*?
5   Qu'est-ce que *la Joconde* représente pour lui?
6   Combien de temps a-t-il passé en compagnie de *la Joconde*?
7   Quelles questions les gens lui posent-ils au sujet de *la Joconde*?
8   Pourquoi est-il nécessaire de protéger le tableau?
9   Qu'est-ce qui est arrivé à *la Joconde* en 1911?
10 Quels sont les sujets des tableaux peints par Madame Mékusa?

B *AIDE-LECTURE*

As we read, we gradually construct our own ideas about the content of a passage. We make judgments and begin to form opinions and predictions about what the author is trying to say. In this reading, we begin to develop ideas about what Léon Mékusa and his wife are like as well as why the *Mona Lisa* is such a popular painting. This ability to infer meaning and express it in our own terms is an important part of reading skill.

Practice inferring meaning by indicating whether or not Léon Mékusa and his wife might have made the following statements. Indicate which sentence or sentences in the reading helped you make your inferences.

1   Pense un peu à moi au lieu de rêver toujours à la Joconde.
2   J'attends la retraite avec impatience. Je serai content d'avoir enfin un peu de temps libre.
3   Pourquoi tous ces gens viennent-ils voir *la Joconde*, si la seule chose qui les intéresse vraiment, c'est son prix?
4   Ah, la Joconde! Elle est plus grande que la vie elle-même!
5   L'admiration que mon mari a pour *la Joconde* constitue pour moi une source d'inspiration artistique.

C DOCUMENT

L'article suivant parle de différentes expositions dans quelques musées parisiens. Utilisez les renseignements donnés pour répondre aux questions suivantes.

Au musée de la Mode et du Costume

Chapeaux

Jusqu'au 13 avril 1980, le musée de la Mode et du Costume présente, pour la première fois, une exposition entièrement consacrée aux chapeaux, cinq cents pièces tirées de ses très riches collections en la matière, créées pour hommes, femmes et enfants, de 1750 à 1960.

En France, le chapeau, au sens moderne du mot, n'a guère été porté avant le XIIe siècle et ce sont les hommes qui l'ont adopté les premiers, les femmes ne le leur empruntant guère que pour la chasse ou le voyage et choisissant plutôt, pour l'usage courant, voiles, chaperons ou bonnets. L'ère véritable du chapeau féminin ne commence que vers 1780 avec la mode, venue d'Angleterre, de volumineux couvre-chefs en étoffe tendue sur du laiton. C'est le début d'une revanche éclatante sur le chapeau masculin qui, peut-être par un phénomène d'osmose, perd son panache et ses couleurs, achevant une évolution vers l'austérité commencée dès la fin du règne de Louis XIV.

Au musée de l'Affiche : « l'Affichomanie, » la collection d'affiches à la fin du XIXe siècle

Depuis quelques années, les affiches sont réapparues un peu partout dans les expositions, les salles de ventes, les galeries et les livres d'art. Avec la mode qu'elle retrouve aujourd'hui, l'affiche s'est vue consacrer de nombreux volumes et articles. Jusqu'à maintenant, il semble que personne n'ait été surpris que ces éphémères documents, concus pour être rapidement détruits, subsistent en aussi grand nombre : cette exposition tente de répondre à cette question.

Aux Archives nationales

● « **Les 71 documents majeurs de l'Histoire de France** » du VIIe siècle (Dagobert) à 1940 (Jean Moulin) : exposition permanente.
● « **Les Cahiers de doléances de 1789** » (jusqu'en septembre).
● « **Paris sous la Restauration 1815-1830** » (jusqu'au 31 décembre).

Musée de l'Histoire de France : Hôtel de Soubise, 60, rue des Francs-Bourgeois, Paris-3e — ouvert tous les après-midi, sauf le mardi, de 14 h à 17 h.

* *
*

Historiens de demain : participez au XXVIIe concours des Archives de France.

Si vous êtes âgé de quatorze à dix-huit ans et passionné d'Histoire, ne manquez pas de participer au XXVIIe concours des **Historiens de demain**, proposé par les Archives de France sur le thème « la vie quotidienne sous la Restauration 1815-1830 ».

Doté de nombreux prix (voyages, livres...), ce concours sera clos le 24 avril. Il est demandé aux candidats de montrer, par un récit de quatre pages pouvant être agrémenté d'illustrations, comment leur ville a vécu cette période (du point de vue social, économique, culturel ou politique).

Afin de documenter leur recherche et éveiller la curiosité des élèves, les Archives nationales organisent une exposition sur le thème proposé.

Au Centre Georges-Pompidou

A la bibliothèque publique d'information

Jusqu'au 24 mars, à la salle d'actualité au rez-de-chaussée, vous vivrez « **Une histoire des Mille et Une Nuits dans Korba** » village tunisien, sous la direction de **Nacer Kemir**, conteur, peintre, sculpteur et cinéaste. Vous ferez sa connaissance le 12 mars à 18 h 30 et les enfants entreront dans son monde enchanté les mercredis 5, 12 et 26 mars de 10 h à 12 h (bibliothèque des enfants).

Jusqu'au 7 avril, au grand foyer (rez-de-chaussée), c'est la découverte de **Michel de Ghelderode**, auteur belge disparu en 1962.

Nous vous rappelons les « **Images de l'Amérique en crise** », jusqu'au 24 mars, à la galerie de la bibliothèque publique d'information.

Des mini-expositions pour les jeunes, sur un thème les concernant, présentées à la bibliothèque des enfants : **jusqu'au 21 avril, « La Tunisie des enfants ».** Comment vit-on dans un pays islamique, les enfants y sont-ils très différents?

La salle d'actualité programme, en outre, des rencontres en rapport avec l'actualité tous les jeudis à 18 h 30 : le 12 mars la Tanzanie, le 26 mars, l'Iran.

1 Quelle exposition spéciale y a-t-il au Musée de la Mode et du Costume? Combien de pièces y aura-t-il et de quelle époque datent-elles? Selon l'article, est-ce que ce sont les femmes ou les hommes qui ont été les premiers à porter des chapeaux?

2   De quoi parlent les deux films consacrés à la Tunisie qu'on peut voir au Centre Georges Pompidou? Quel programme y a-t-il sur les États-Unis et quel est son thème général? Quels films y a-t-il pour les enfants?

3   De quel siècle datent les affiches qui font partie de l'exposition spéciale au Musée de l'Affiche *(poster)*?

4   Expliquez en quoi consiste le concours *(contest)* pour les historiens de demain? Qui peut y participer et qu'est-ce que ces personnes doivent faire?

5   Quelles expositions y a-t-il aux Archives nationales?

COIN CULTUREL

A   NOTES CULTURELLES

Paris est bien connu pour la qualité et la variété de sa vie artistique et culturelle. Ses musées sont célèbres dans le monde entier : Le musée du Louvre, le Centre Georges Pompidou, et le musée du Jeu de Paume avec sa magnifique collection de tableaux impressionnistes, par exemple. Mais saviez-vous qu'il y a plus de quatre-vingt-dix musées à Paris et que de nouveaux musées s'ouvrent chaque année? Le plus impressionnant de ces nouveaux venus est sans doute le Musée de la Renaissance situé dans le château d'Écouen, lui-même bien connu pour son architecture qui annonce le style de la Renaissance. Un autre musée unique et fascinant est le Musée de l'Affiche. Le thème de la première exposition était « Trois Siècles d'affiches françaises ». Pour compléter ce tour d'horizon historique vous pouvez aller au Musée Carnavalet voir l'exposition permanente sur l'histoire de Paris. Un Musée de la Mode et du Costume vient aussi de s'ouvrir et sa première exposition était consacrée aux costumes d'enfants de 1750 à 1950. Comme il n'est pas possible de décrire tous les musées, voici une liste de quelques-uns de ces musées qui peuvent peut-être vous intéresser.

Musée de l'Air
Musée de l'Histoire de France
Palais des Arts Modernes
Musée National des Arts Africains
Musée de la Guerre
Musée d'Histoire Naturelle et de l'Homme
Musée des Arts Décoratifs
Jardin des Plantes
Musée du Pain
Musée du Jouet *(toys)*

Musée de la Marine
Musée de la Préfecture de Police
Musée de la Radio et de la Télévision
Musée du Tabac
Musée Rodin
Musée Postal
Musée Victor Hugo
Musée de la Cinémathèque Française
Musée de la Photographie

B LE SAVIEZ-VOUS?

Vous avez probablement entendu parler des principaux peintres et sculpteurs français et vous avez peut-être eu l'occasion d'admirer certaines de leurs œuvres dans les musées américains ou français. Par conséquent, vous pourrez probablement répondre sans difficulté aux questions suivantes. Si non, consultez les réponses.

1 Le Musée du Jeu de Paume contient une très large collection d'œuvres impressionnistes. Quels sont les principaux peintres de cette école?

2 Qu'est-ce qui caractérise le style impressionniste?

3 On a récemment construit un nouveau grand musée de style très moderne à Paris. Quel est son nom et qu'est-ce qu'il a de particulier?

4 Quel est le sculpteur français qui a sculpté la Statue de la Liberté et quel est l'ingénieur qui a fait les plans de sa structure métallique?

5 Pablo Picasso est né en Espagne mais il a passé la plus grande partie de sa vie en France. Dans quel tableau célèbre évoque-t-il les horreurs de la guerre civile en Espagne?

6 Vincent van Gogh (1853–1890) est un autre peintre étranger qui a passé la majeure partie de sa vie en France. Quel était son pays d'origine?

7 Paul Gaugin, au contraire, est un peintre français qui a choisi d'aller finir ses jours sous un autre climat pour y peindre des scènes de la vie locale. Où est-il allé?

8 Auguste Rodin (1840–1917) est un grand sculpteur français. Pouvez-vous nommer une de ses œuvres?

Réponses

1 Auguste Renoir, Édouard Manet, Claude Monet, Alfred Sisley, Camille Pissarro, Edgar Degas.

2 Les sujets pris dans la nature. La lumière est l'objet essentiel de leur tableau. Ils ne mélangent pas les couleurs mais utilisent des touches juxtaposées de couleur pure pour rendre les aspects changeants de la lumière et du mouvement.

3 Le Centre Georges Pompidou, appelé aussi Centre Beaubourg. On y vient non seulement pour admirer des expositions de peintures, affiches et autres formes d'art visuel, mais aussi pour écouter de la musique, un récital de poésie ou une conférence, voir un film, assister à un spectacle vidéo ou simplement pour lire et flâner dans un cadre artistique.

4 Auguste Bartholdi et Gustave Eiffel.

5 *Guernica.*

6 La Hollande.

7 À Tahiti, une petite île française dans l'Océan Pacifique.

8 *Le Penseur, Les Bourgeois de Calais* (Au Musée Rodin à Paris).

C ENTRE CULTURES

Quelle place est-ce que l'art occupe dans la vie des Américains? Est-ce que les gens que vous connaissez vont souvent au musée? Est-ce qu'ils possèdent des livres d'art ou des reproductions d'œuvres d'art? Quels sont les principaux musées d'art de votre région et lesquels avez-vous visités? Quels peintres y sont représentés? Quelle est la nationalité de ces peintres et à quelle école de peinture appartiennent-ils?

Activités

A   *ET VOUS?*

1   Avez-vous jamais vu *la Joconde*? Est-ce que c'était une reproduction ou l'original? Quelles ont été vos impressions?

2   Avez-vous jamais visité le Louvre? Quand? Combien de temps y avez-vous passé?

3   Allez-vous souvent au musée? Si oui, quel(s) musée(s) avez-vous visité(s) et pourquoi?

4   Y a-t-il des musées intéressants dans votre ville ou dans votre région?

5   Y a-t-il un tableau que vous aimez particulièrement et pourquoi?

6   Quel(le) est votre artiste préféré(e)? Pourquoi?

7   Aimez-vous peindre, dessiner ou sculpter? Avez-vous d'autres talents artistiques?

8   Comment votre chambre est-elle décorée (tableaux, dessins, posters, objets d'art)?

9   Qu'y a-t-il sur les murs de votre salle de classe? Comment aimeriez-vous la décorer?

10   Est-ce que vous collectionnez quelque chose (dessins, timbres, etc.)? Si oui, quoi et depuis combien de temps?

B   *VISITE DE QUELQUES MUSÉES PARISIENS*

Imaginez que vous êtes à Paris avec des amis américains et que vous avez décidé de visiter des musées. Consultez la liste de musées à la page 195 et répondez aux questions suivantes.

Le Musée Rodin

Le Centre Pompidou

1   Quels sont les musées qui ne vous intéressent pas du tout?
2   Si vous aviez seulement une journée à passer à Paris, quel(s) musée(s) choisiriez-vous et pourquoi?
3   Un(e) ami(e) s'intéresse à l'histoire. Quel(s) musée(s) lui suggéreriez-vous de visiter?
4   Et pour un(e) ami(e) qui s'intéresse à la sculpture?
5   Quel musée allez-vous recommander à un(e) ami(e) qui aime beaucoup les peintres impressionnistes?

C   JEUX DES ERREURS

Le tableau de droite est une copie du tableau de gauche. Mais l'artiste qui l'a copié n'a pas fait très attention aux détails. Trouvez les sept erreurs qu'il a commises et décrivez-les.

D   SI J'ÉTAIS...

L'imagination est une qualité importante chez un artiste. Dans l'activité qui suit vous pouvez vous aussi donner libre cours à votre imagination grâce à un simple mot, le mot « si ».

Exemple :   Si j'étais un tableau je m'ennuierais si personne ne me regardait jamais.

1	un tableau	8	une salle de classe
2	une sculpture	9	un nuage
3	un dessin	10	la lune
4	une couleur	11	une chanson
5	une fleur	12	un animal
6	un avion	13	une personne invisible
7	un poisson	14	?

Chapitre vingt-deux

Profession: médecin de campagne

Note that the asterisked words in the following text have not been glossed. Instead, they are included in the Aide-lecture section, which focuses on contextual guessing. You may want to complete the Aide-lecture before reading the text or refer to it if necessary as you read the passage.

Il est 10 h 30. *Malgré* les nombreux *virages**, le Dr Nicole Renaud roule
rapidement sur la route étroite que mène à la ferme d'un vieux *cultivateur*.
Elle connaît bien la route. Voilà huit ans qu'elle travaille dans cette région
isolée du sud-ouest du Massif central et qu'elle fait près de 200 kilomètres
par jour pour visiter ses malades.

Despite
farmer

Sur la table de la cuisine, le Dr Renaud prépare une *ordonnance** pour
le vieux fermier. La dernière probablement. Tristesse, malgré la banalité
de la mort. Fatigue aussi parce que la journée du Dr Renaud a commencé
très tôt.

À deux heures du matin, une maman a appelé : son fils de deux ans
respirait difficilement. Elle a *parcouru** les treize kilomètres dans le
brouillard pour venir à son secours. À six heures, un autre *coup de téléphone* : un accident pulmonaire, cette fois. Après cela, ça n'arrête plus.
Le Dr Renaud, avec sa grosse *serviette* noire *pleine* de *médicaments* et
d'appareils de première urgence est sur les routes, *allant* d'une ferme à
l'autre pour apporter l'aide et le réconfort qu'on *attend** d'elle.

was breathing
fog / telephone call

briefcase / full / medicine
going

Cette jeune généraliste de trente-sept ans, *diplômée* de la faculté de
médecine de Toulouse, est enfant du pays. Elle est née à Decazeville où
son père travaillait dans la mine de *charbon*. Elle a établi son *cabinet** à
Saint Cypreu-sur-Dourdou, un village de 800 habitants. Avant elle, il n'y
avait pas de cabinet permanent. Un médecin venait deux ou trois fois par
semaine pour les *consultations*.

graduate

coal

visits

Les débuts n'ont pas été faciles pour le Dr Renaud. Les gens *se méfient*
d'un débutant, surtout une femme. « Les femmes et les enfants sont venus
les premiers », explique Nicole. « On me testait. Mais j'avais un avantage,
je connaissais bien la vie paysanne et je parlais *l'occitan*. »

distrust

regional dialect

Elle avait aussi beaucoup d'énergie et de science. Dans cette région
où les *habitations* sont dispersées, il faut savoir tout faire. Elle a appris
à *recoudre* les *blessures* provoquées par les machines agricoles, à *soigner*
les intoxications dues aux pesticides. Une bouteille d'oxygène est toujours
prête en cas de difficultés respiratoires. Mais ses clients ont besoin d'autre
chose *encore* : c'est à elle qu'ils parlent de leurs difficultés personnelles,
qu'ils racontent les conflits familiaux qui ne sont pas rares dans ces fermes
où *il arrive* que plusieurs générations *vivent* ensemble sous le même *toit**.

homes
sew up / wounds / take care of

still

it happens / live

Mais le Dr Renaud aime ces contacts humains et elle les trouve en-
richissants. Son plus beau succès est un service de *soins* des malades
à domicile. « Les gens, ici, n'aiment pas être hospitalisés. Ils ont peur de
l'isolement, de l'anonymat. Les plus vieux refusent de mourir à l'hôpital;
ils veulent mourir chez eux. »

care
at home

Avec l'aide du Dr Renaud, des médecins et des infirmières de la région
ont organisé un système de soins à domicile pour les personnes âgées.
C'est plus humain, pense-t-elle, et ça coûte probablement moins cher
qu'un séjour à l'hôpital ou dans un hospice pour les vieux.

Nicole Renaud est également très active dans les organisations pro-   *survey*
fessionnelles. Elle a récemment organisé une vaste *enquête* sur la médecine de campagne. Résultats : les 18 000 médecins ruraux qui exercent en
France sont fatigués d'être considérés comme les *parents* pauvres de leur   *relatives*
profession. Ils demandent une meilleure *formation** pratique, spécialement dans ce domaine des urgences. Ils veulent développer les soins à
domicile. Leurs clients, de leur côté, veulent que les médecins jouent un
plus grand rôle dans la prévention et dans l'éducation sanitaire.

     Finie la médecine générale? Pas si Nicole Renaud et ses collègues
réussissent à faire entendre leur point de vue. Eux, ils *croient à* la réha-   *believe in*
bilitation du médecin de famille.

Extrait et adapté d'un article de *L'Express*.

LIRE ET COMPRENDRE

A COMPRÉHENSION DU TEXTE

Répondez aux questions suivantes selon les renseignements donnés dans le texte.

1 À quelle heure commence la journée du Dr Renaud?
2 Où va-t-elle à 10 h 30?
3 Pourquoi connaît-elle bien la route?
4 Pourquoi est-elle triste quand elle prépare l'ordonnance pour le vieux cultivateur?
5 Quel équipement emporte-t-elle avec elle en général?
6 Quelles sont les origines et la formation du Dr Renaud?
7 Où a-t-elle décidé d'ouvrir son cabinet? Pourquoi?
8 Pourquoi est-ce que les gens se méfiaient d'elle au début?
9 Comment a-t-elle gagné leur confiance?
10 Pourquoi le travail d'un médecin de campagne est-il particulièrement difficile, surtout dans la région où elle travaille?
11 Pourquoi a-t-elle établi un service de soins à domicile?
12 Pourquoi les médecins de campagne français sont-ils mécontents?

MÉDECINE

B   *AIDE-LECTURE*

You can often figure out the meaning of new words based on the context in which they occur. Look at the following sentences containing italicized words from the main reading and choose the correct meaning of the word.

1   Malgré les nombreux *virages* le Dr Renaud roule rapidement sur la route étroite qui mène à la ferme.
    a   turns   *b*   trees   *c*   cars   *d*   potholes

2   Sur la table de la cuisine, le Dr Renaud prépare une *ordonnance* pour le vieux fermier.
    a   soup   *b*   report   *c*   prescription   *d*   order

3   Elle *a parcouru* treize kilomètres pour venir à son secours.
    a   ran   *b*   drove (covered)   *c*   helped   *d*   planned

4   Elle va d'une ferme à l'autre pour apporter le réconfort qu'on *attend* d'elle.
    a   wait for   *b*   give to   *c*   expect   *d*   buy

5   Elle a établi son *cabinet* à St. Cypreu-sur-Dourdon. Avant elle, un médecin venait deux fois par semaine pour les consultations.
    a   practice   *b*   prescription   *c*   bathroom   *d*   closet

6   Plusieurs générations vivent sous le même *toit*.
    a   government   *b*   roof   *c*   bed   *d*   countryside

7   Les médecins de campagne demandent une meilleure *formation* pratique, surtout dans le domaine des urgences.
    a   battalion   *b*   shape   *c*   salary   *d*   training

Réponses

1   a   2   c   3   b   4   c   5   a   6   b   7   d

C   *DOCUMENT*

Le page qui suit est extraite d'un manuel d'histoire pour les enfants. Lisez la description de ce que Louis Pasteur a apporté au développement de la science. Ensuite répondez aux questions des « exercices » qui suivent le texte.

2. Pasteur

∽ La France a eu également, entre 1815 et 1914, plusieurs grands savants. Le plus célèbre d'entre eux est le *chimiste* **Pasteur.** Il vit de 1822 à 1895.

∽ Pasteur commence par faire, vers 1860, une première découverte importante. Il montre que beaucoup de maladies dont nous souffrons sont provoquées par des sortes d'animaux extrêmement petits, les *microbes*, qui vivent dans l'eau, dans l'air ou dans les aliments. Pasteur cherche dès lors le moyen d'empêcher ces microbes de rendre les gens malades. Il trouve finalement ce moyen en inventant les *vaccins*.

∽ La première maladie grave pour la guérison de laquelle Pasteur réussit à fabriquer un vaccin est la **rage.** C'est jusque-là un fléau épouvantable. Les gens malades de la rage ne peuvent en effet jamais être guéris. Ils meurent tous après de terribles souffrances. Les premières vaccinations de Pasteur contre la rage ont lieu en 1885 : c'est ce que vous montre l'image. Elles réussissent parfaitement. Plusieurs enfants, qui ont été mordus par des chiens enragés, guérissent après avoir été vaccinés.

∽ Le monde entier connaît et honore bientôt le nom de Pasteur. Pasteur est considéré dans tous les pays comme un grand *bienfaiteur des hommes*.

EXERCICES ● Regardez l'image. *1. Que fait l'enfant au premier plan à gauche ? Que va faire le docteur qui est assis auprès de lui ? Un autre, tout près, regarde : c'est Pasteur. Où est la maman de l'enfant ? 2. Que voyez-vous à droite sur la table ? Quelles personnes attendent leur tour ?* - ● Lisez la leçon. *1. De quelle maladie est atteint l'enfant ? Qu'est-ce qui l'a rendu malade ? Comment va-t-il être guéri ? Qui a trouvé le remède contre la rage ? 2. Comment Pasteur a-t-il expliqué la cause des maladies ?*

RÉSUMÉ Pasteur découvre les microbes. Il invente les vaccins pour protéger les gens contre les maladies causées par les microbes, ainsi contre la rage. Pasteur est un bienfaiteur des hommes.

Institut Pasteur

COIN CULTUREL

A NOTES CULTURELLES

Il y a en France environ 70 000 médecins. 40% d'entre eux sont salariés (ils travaillent dans des hôpitaux ou des cliniques) et 60% ont leur cabinet privé. Ils sont obligés d'être membres de l'Ordre des Médecins qui assure le respect des règles et de la moralité de la profession.

La Sécurité Sociale assure la protection des Français contre les risques de maladies ou d'accidents. Tous les salariés *(wage earners)* ont droit à la Sécurité Sociale et maintenant un régime spécial de la Sécurité Sociale assure aussi la protection des non-salariés. La Sécurité Sociale est subventionnée *(financed)* par les cotisations *(contributions)* payées par l'employeur et par le salarié : l'employeur paie une somme correspondant à 28,5% du salaire de l'employé; l'employé paie l'équivalent de 6,5% de son salaire. La Sécurité Sociale comprend *(includes)* :

L'assurance maladie : Elle rembourse *(reimburses)* 80% des frais *(expenditures)* médicaux et pharmaceutiques et paie une indemnité journalière *(daily compensation)*.
Les prestations de vieillesse, c'est-à-dire les retraites *(retirements)* payées aux salariés et aux non-salariés.
Les prestations familiales : congé *(leave)* de maternité de quatorze semaines et remboursement des frais médicaux.
Les allocations familiales, c'est-à-dire l'argent payé aux familles de plus de deux enfants. Elle aide aussi à payer les frais de garde d'enfants *(child care)*.
Les accidents de travail.
L'allocation logement *(housing allowance)* qui est donnée aux personnes qui sont dans le besoin.

B LE SAVIEZ-VOUS?

Essayez de répondre aux questions suivantes. Si vous ne pouvez pas, consultez les réponses à la fin de cette activité.

1 Pasteur était un grand savant *(scientist)* français. Contre quelle maladie a-t-il découvert le vaccin?
2 B.C.G. est le nom du vaccin contre la tuberculose. D'où vient ce nom?
3 Prix Nobel de la paix en 1952, ce médecin français était aussi un musicien accompli. Il a créé l'hôpital de Lambarénée au Gabon et a passé une bonne partie de sa vie à soigner les malades en Afrique. Qui était ce médecin?

4   Une des comédies de Molière, un des grands écrivains *(writers)* du XVIIᵉ siècle met en scène un hypochondriaque. Quel est le nom de cette pièce?

5   En France, comme aux États-Unis, les médecins prêtent « le serment d'Hippocrate ». Qui était Hippocrate?

6   En France, une droguerie et une pharmacie sont deux magasins différents. Où va-t-on quand on a besoin de médicaments?

7   Dans une rue française, il est toujours facile de savoir où il y a une pharmacie parce que les pharmaciens ont un emblème spécial. Qu'est-ce que cet emblème représente?

8   Les agents de police savent reconnaître immédiatement la voiture d'un médecin grâce à un emblème spécial. Qu'est-ce qu'il représente?

Réponses

1   La rage *(rabies)*.   *2*   Ce sigle *(abbreviation)* désigne le vaccin bilié de Calmette et Guérin, les deux médecins français qui ont découvert ce vaccin.   *3*   Albert Schweitzer.   *4*   *Le Malade Imaginaire*.   *5*   Un médecin grec qui vivait entre 460 et 377 avant Jésus-Christ. *6*   À la pharmacie.   *7*   Une coupe et un serpent.   *8*   Une coupe et un serpent, comme pour les pharmacies.

C   ENTRE CULTURES

Y a-t-il assez de médecins de campagne aux États-Unis? Si non, pourquoi pas? Y a-t-il assez de médecins généralistes? Y a-t-il autant de femmes que d'hommes qui exercent cette profession? Si non, pourquoi pas? En quoi le système français de « health care » et le système américain sont-ils différents? À votre avis, quel système semble offrir le plus d'avantages? Combien d'années d'études faut-il faire pour être médecin aux États-Unis et quels cours un futur médecin doit-il / elle suivre?

A   *ET VOUS?*

Répondez aux questions suivantes ou utilisez-les pour interviewer un(e) autre étudiant(e).

1   Aimeriez-vous être médecin? Pourquoi ou pourquoi pas? Voudriez-vous être un médecin de campagne comme le Dr Renaud?

2   À votre avis, quelles qualités personnelles faut-il posséder pour être un bon médecin?

3   Pourquoi est-ce que certaines personnes ont peur d'aller chez le médecin ou chez le dentiste? Avez-vous peur d'y aller? Pourquoi ou pourquoi pas?

4   Quand vous allez chez le médecin, préférez-vous consulter une femme médecin ou un homme?

5   À votre avis, est-ce que la médecine est une profession très respectée aux États-Unis? Pourquoi ou pourquoi pas?

6   Quelles critiques fait-on le plus souvent aux médecins? Est-ce que ces critiques sont justifiées?

B LES MALADIES

Les expressions suivantes décrivent les maladies et autres problèmes de santé qu'on peut avoir et leurs principaux symptômes. Utilisez-les pour décrire les maladies que vous avez eues ou que d'autres membres de votre entourage ont eues.

Exemples :   J'ai attrapé un mauvais rhume la semaine dernière et je n'arrêtais pas de me moucher.

Maladies

attraper un rhume *(to catch a cold)*
avoir la grippe *(to have the flu)*
avoir une angine *(to have a strep throat)*
avoir une sinusite *(to have a sinus infection)*
attraper une pneumonie *(to catch pneumonia)*
avoir une bronchite *(to have bronchitis)*

avoir la varicelle *(to have chickenpox)*
avoir la rougeole *(to have measles)*
avoir les oreillons *(to have mumps)*
avoir une crise cardiaque *(to have a heart attack)*
avoir un ulcère

Symptômes

tousser *(to cough)*
se moucher *(to blow one's nose)*
avoir mal à la gorge *(to have a sore throat)*
avoir mal à l'estomac *(to have a stomachache)*
avoir mal aux oreilles *(to have an earache)*
avoir mal à la tête *(to have a headache)*

avoir de la fièvre *(to have a fever)*
avoir mal aux dents *(to have a toothache)*
n'avoir pas d'appétit
se sentir fatigué
avoir la diarrhée
vomir

C VOTRE ORDONNANCE

Pour les cas graves, on va chez le médecin et il nous donne une ordonnance. Mais pour les cas ordinaires quelques bons conseils suffisent. Utilisez les suggestions données ou créez vos propres suggestions pour donner aux personnes suivantes des conseils appropriés.

Exemple : à un ami qui a la grippe
Prend de l'aspirine et reste au lit.

Conseils

prendre de l'aspirine (des vitamines, quelques
   jours de repos)
manger des légumes et des fruits
ne pas manger trop de sucre et de graisses
   (fats)
boire de l'eau minérale (de l'eau, du jus
   d'orange)
ne pas boire trop d'alcool

dormir au moins huit heures par nuit
rester au lit (ou ne pas rester au lit)
rester à la maison
se reposer davantage
marcher à pied au lieu de prendre l'autobus
   ou la voiture
faire de la gymnastique *(exercise)*

1 à un ami qui a la grippe
2 à une amie qui se sent toujours fatiguée
3 à un ami qui voudrait perdre quelques kilos
4 à des amis qui sont allergiques au pollen
5 à une amie qui est un peu hypochondriaque
6 à un ami qui a souvent mal à la tête

D CONSULTATION

Utilisez le vocabulaire présenté ici ainsi que les mots présentés dans d'autres activités de ce chapitre pour préparer un ou plusieurs dialogues entre un médecin et un(e) malade (par exemple un hypochondriaque, un enfant qui a très peur d'aller chez le médecin, une personne qui a la grippe). Vous pouvez travailler seul(e) ou avec un groupe d'étudiants.

Vocabulaire

Déshabillez-vous *(undress)*, s'il vous plaît.
Ouvrez la bouche.
Respirez *(breathe)* bien fort.
Dites-moi si cela vous fait mal quand j'appuie
   (press) ici.
Toussez.

Levez le bras.
Dites « ah... ».
Ne bougez pas *(don't move)*.
Tournez-vous, je vais vous faire une piqûre *(a
   shot)*.

E   CAS D'URGENCE

Comment est-ce que vous allez vous débrouiller dans chacune des situations suivantes? Utilisez le vocabulaire présenté dans ce chapitre pour essayer d'expliquer au médecin, au dentiste, ou bien au pharmacien ce dont vous avez besoin.

1   Explain to the pharmacist that you have a bad sore throat and want to buy some throat lozenges.

2   Explain to the doctor that you have eaten some food that you think was spoiled and that you may have food poisoning.

3   Explain to the emergency room nurse that you cut your thumb while cutting some bread and need to have it taken care of right away because you have a plane to catch.

4   Tell the dentist that you think you broke one of your teeth while eating some candy.

5   Explain to the doctor that you can't take the medicine he (she) prescribed because of your allergies.

Chapitre Vingt-Trois

L'École dans le Grand Nord

L'igloo, la chasse aux *phoques*, le kayak, voilà l'image que les Québécois moyens ont des Inuit, les Esquimaux du Grand Nord canadien. On a de la difficulté à imaginer que la moitié de notre territoire est habitée par un peuple complètement différent de nous. Ils ont une langue, des valeurs, et une culture différentes. Souvent, on oublie même qu'ils nous ont précédés sur ce territoire où ils vivent depuis 4 000 ans.

seals

Depuis près de 20 ans cependant, les « vertus » de la civilisation sont entrées dans leur vie. Ils ont échangé leurs igloos pour des maisons construites par le gouvernement. Ils ont maintenant des *motoneiges*, des radios, des *boîtes de conserves* et des écoles.

snowmobiles
canned goods

Francine, une Québécoise, enseigne dans une de ces écoles. Elle raconte ses impressions.

« Nous sommes arrivés le 10 septembre. Le *lendemain*, la première neige permanente tombait. Nous pensions commencer à enseigner tout de suite. C'était une erreur : *là-bas* tout est lent. *D'abord*, nous nous sommes installés dans notre maison. Puis nous avons fait la connaissance du principal et du comité de parents d'élèves.

« L'école, c'est deux *roulottes*, avec deux classes dans chaque roulotte. Un *concierge* fait le ménage et prépare la soupe des enfants pour leur repas de midi. Pendant plusieurs semaines, nous avons organisé le matériel scolaire, consulté les parents, essayé d'établir les différents *niveaux*. Le 6 octobre nous étions finalement prêts à commencer.

« Au début, je n'avais pas l'habitude d'enseigner à des enfants et je ne savais pas par où commencer. Je ne savais pas du tout leur langue, l'inuktitut, et eux parlaient très peu de français. Ce sont eux qui m'ont initiée. On a beaucoup chanté. Puis ils m'ont appris les *jeux* qu'ils avaient l'habitude de jouer à l'école. Ils étaient contents de revenir à l'école qui signifiait pour eux jouer, chanter, lire. Mais, ce qui m'a permis de vraiment *briser la glace*, c'est quand j'ai décidé d'apprendre l'inuktitut avec eux. Ils ont bien ri de mes erreurs! *Mais quand ils ont eu bien ri*, ils ont compris qu'eux aussi pouvaient faire des erreurs. C'était une bonne chose car ils sont très *fiers* et ils ont peur de faire des erreurs.

« Les enfants inuit sont très turbulents. Il faut constamment apporter des éléments nouveaux, utiliser beaucoup de jeux, sinon leur attention tombe. Ils ne sont pas habitués à rester *assis* longtemps.

« La classe est toujours animée. Un professeur du Sud qui entrerait dans ma classe croirait que c'est la *récréation*. Les enfants écrivent *par terre* autant que sur les tables. Les filles les plus âgées amènent souvent leur petit frère ou leur petite sœur et tous ces bébés se promènent *à quatre pattes* sous les tables!

« Dans ces conditions ce n'est pas facile de suivre un programme scolaire strict. Le matériel scolaire que nous avons est très limité et il n'est pas adapté à la vie d'ici. Dans nos livres de classe, on parle des animaux de la ferme, des arbres, de la rue, du quartier, des autos, etc. Il n'y a rien de tout cela ici. Et on ne peut pas dire aux Inuit que c'est Jacques Cartier qui a découvert le Canada! Ils étaient déjà ici il y a 4 000 ans!

« Quelquefois, je me demande même pourquoi nous leur enseignons notre langue. Le français est une langue difficile pour eux et qui n'est pas adaptée à leur vie et à leur culture. En inuktitut, il existe des termes précis pour la chasse, pour chaque muscle du corps, pour toutes sortes de choses qui sont importantes dans leur culture. Aussi, quand ils me demandent « Pourquoi? » j'ai bien de la difficulté à leur répondre. »

Extrait et adapté d'un article d'*Éducation Québec* par Denis Lebrun.

LIRE ET COMPRENDRE

A COMPRÉHENSION DU TEXTE

Répondez aux questions suivantes selon les renseignements donnés dans le texte.

1 Comment la plupart des gens imaginent-ils la vie des Inuit?
2 Depuis quand les Inuit vivent-ils sur le territoire canadien?
3 Qu'est-ce qui a changé récemment dans leur vie?
4 Qui est Francine?
5 Combien de temps a passé entre son arrivée et le premier jour où elle a commencé à enseigner? Pourquoi?
6 Qu'a-t-elle fait pendant cette période de temps?
7 Combien de classes y-a-t-il dans cette école?
8 Pourquoi les débuts ont-ils été difficiles pour elle?
9 Comment a-t-elle fini par gagner la confiance des enfants Inuit?
10 Pourquoi un professeur du Sud qui entrerait dans sa classe serait-il surpris?
11 Pourquoi pense-t-elle que le matériel scolaire à sa disposition est mal adapté pour cette situation?
12 Pourquoi est-il ridicule de dire aux enfants inuit que c'est Jacques Cartier qui a découvert le Canada?

B AIDE-LECTURE

Conjunctions and adverbial phrases are often very helpful in understanding a new language. They provide signals about the meaning that is to follow them. **Et,** for example, indicates that what follows is parallel to, or an extension of, what came before. **Mais, pourtant,** and **au contraire** signal a contradiction. **Donc** indicates that what follows is a result or consequence. **Néanmoins** introduces a condition or activity that is taking place in spite of what has already been said. All of these types of conjunctions help the reader to anticipate what will follow.

Complete the following sentences with meanings that are anticipated by the conjunctions used and by the information given in the reading in this chapter.

1 La vie ici n'est pas toujours facile, mais...
2 Aujourd'hui nous avons une leçon de géographie et...
3 J'ai des étudiants qui apprennent très facilement; d'autres, au contraire,...
4 Nous essayons de suivre un programme scolaire strict, mais...
5 Je n'avais pas l'habitude d'enseigner à des enfants, néanmoins,...
6 Je ne parlais pas du tout l'inuktitut et les enfants parlaient mal le français, donc...

C DOCUMENT

Répondez aux questions suivantes selon les renseignements donnés dans l'article suivant sur les Franco-Américains.

Qui sont les Franco-Américains ?

Disons tout d'abord que ce sont des descendants des Français d'Amérique venus d'Acadie et du Québec pour la plupart. Ils se sont fixés aux États-Unis mais se reconnaissent une double patrie. Ils ont toujours lutté pour conserver leurs traditions, les traditions de leurs pères, leur langue d'origine, leurs croyances religieuses. Mais ils sont américains et pourquoi pas car, disent-ils,

« Les ossements de leurs ancêtres reposent quelque part dans un coin de l'Illinois, de l'Ohio, du Wisconsin, du Maine, ou dans quelques-uns des nombreux États qui firent partie de la Nouvelle-France ou de la Louisiane. »[3]

Selon le recensement américain de 1970, la population francophone des États-Unis se répartissait comme suit: (d'après Jacques-Donat Casanova dans *Une Amérique française*) l'ouest contient 8% des francophones des États-Unis; le sud-est 30% des 13% de la population totale du pays et l'est, 50% des 32% de la population américaine établie dans cette partie des États-Unis. Le Bicentenaire de 1976 a favorisé la résurgence du fait français et nous en a montré la vivacité actuelle.

Le Québec qui a longtemps été considéré comme une minorité ethnique sait quelle force et quel courage il faut pour assurer son identité. La vitalité de la collectivité ethno-culturelle francophone américaine, « la longue persistance de l'usage de la langue d'origine dans les familles d'émigrés montrent combien sont tenaces les attaches avec la tradition originelle »[4]. C'est sans aucun doute la personnalité même des Canadiens français québécois qui a apporté cette richesse à la société américaine car, selon Pierre George, « l'immigrant [...] au bout de quelques années [...] devient plus fier d'être Polonais ou Sicilien que d'être devenu Américain sauf si leur américanisation leur permet de s'affirmer supérieurs aux Portoricains ou aux Noirs »[5].

Les journaux, semeurs d'idées, vigilants ; les sociétés dynamiques comme la Société Historique franco-américaine, l'Union Saint-Jean-Baptiste d'Amérique, l'Association canado-américaine, la Fédération Féminine franco-américaine pour ne nommer — bien injustement — que celles-là ; la famille, l'école, la paroisse, ont été des foyers incomparables de « survie » collective. Mais il ne s'agit pas seulement de survivre ! Il faut vivre aussi et il y aurait lieu, dans un autre article, de faire une enquête approfondie sur les conditions culturelles dans lesquelles peuvent aujourd'hui s'épanouir les Américains parlant français, qu'ils soient originaires de France, d'Acadie ou du vieux tronc québécois.

Irène BELLEAU

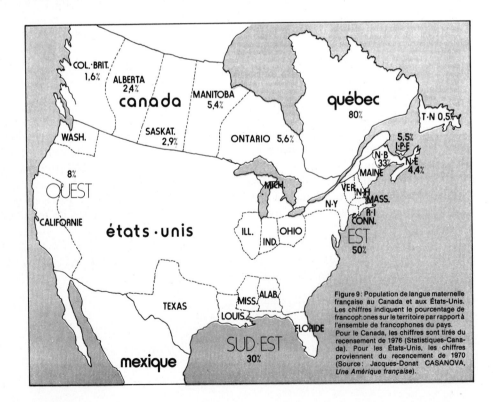

Figure 9 : Population de langue maternelle française au Canada et aux États-Unis. Les chiffres indiquent le pourcentage de francophones sur le territoire par rapport à l'ensemble de francophones du pays. Pour le Canada, les chiffres sont tirés du recensement de 1976 (Statistiques-Canada). Pour les États-Unis, les chiffres proviennent du recencement de 1970 (Source: Jacques-Donat CASANOVA, *Une Amérique française*).

1   Dans quelles parties des États-Unis trouve-t-on le plus grand nombre de francophones?
2   En général, d'où viennent les francophones qui se sont installés aux États-Unis?
3   D'après la carte, comment les francophones canadiens sont-ils répartis?
4   Qu'est-ce qui contribue à maintenir la culture francophone en Amérique du Nord?
5   D'où viennent les chiffres présentés dans cet article?

COIN CULTUREL

A   NOTES CULTURELLES

Le Québec qui couvre une superficie *(surface)* de 1 540 681 km² est la plus grande des dix provinces canadiennes. Il couvre un immense territoire bordé à l'Ouest par la rivière Ottawa, à l'Est par l'océan Atlantique et au Nord par la baie James, la baie d'Hudson et la baie d'Ungava. Le sol québécois comprend trois types principaux de relief: le bouclier canadien *(Canadian Shield)* au Nord, puis la plaine du Saint-Laurent et les montagnes des Appalaches au Sud. Son climat va de la toundra glacée au Nord à la zone tempérée et fertile de la région de Montréal où l'hiver ne dure que 12 ou 13 semaines.

Sa population est composée des habitants originaires de ce pays (les Inuits dans le Nord et les différentes tribus amérindiennes dans le Sud), des descendants des pionniers français (environ 5 million), d'anglophones (moins de 1 million) et d'autres groupes d'immigrants (Allemands, Italiens et plus récemment Vietnamiens).

B LE SAVIEZ-VOUS?

Essayez de répondre aux questions suivantes, si vous ne pouvez pas consultez les réponses à la fin de cette activité.

1 Combien y a-t-il d'Inuit (c'est-à-dire d'Esquimaux) au Canada?
2 Dans quels autres pays y a-t-il aussi des Inuit?
3 Que veut dire leur nom?
4 Qu'est-ce qui a changé leur style de vie?
5 Quel effet l'arrivée des Européens a-t-elle eu sur les Inuit?
6 Où vivent-ils maintenant?
7 Comment les Inuit vivent-ils maintenant?
8 Y a-t-il aussi des Indiens au Québec?

Réponses

1 Environ 22 000 (4 700 au Québec).
2 En Alaska (33 000) au Groenland (40 000) et en Sibérie orientale (1 200).
3 Inuit veut dire « les Hommes ». Les Inuit ont été très longtemps isolés du reste du monde et ils croyaient qu'ils étaient la seule race humaine.
4 L'arrivée des baleiniers *(whale fishing boats)* au XVIIIe, puis, plus tard, le commerce des fourrures *(furs)* et enfin l'exploitation des mines et l'établissement de terrains d'aviation et de postes de radar au cours des dernières années.
5 Leurs ressources traditionnelles ont peu à peu disparu. Les Européens ont aussi apporté avec eux des maladies qui ont tué *(killed)* un grand nombre d'Inuit.
6 Certains vivent encore isolés mais un grand nombre d'Inuit vivent dans les quinze localités qui ont été établies par le gouvernement canadien. Les localités sont éparpillées *(scattered)* sur un littoral *(coastline)* de 2 750 km.
7 La chasse et la pêche ont perdu leur importance économique. Certains travaillent dans les mines mais il y a aussi beaucoup de chômage. Une des ressources principales est la production artisanale *(crafts)* de très belles sculptures en pierre *(stone)*, en os *(bone)* ou en ivoire *(ivory)*.
8 Oui, environ 22 000. Un grand nombre d'entre eux vivent dans les réserves que le gouvernement du Canada leur a accordées.

C ENTRE CULTURES

Les États-Unis possèdent-ils la même variété ethnique que le Canada? Que savez-vous au sujet des Amérindiens *(Native Americans)* des États-Unis? En quoi leur histoire est-elle semblable ou différente de celle des Inuit?

Activités

A VOTRE ÉCOLE OU VOTRE UNIVERSITÉ

Imaginez qu'un professeur venant d'un pays étranger — un pays très différent du vôtre — enseigne maintenant dans votre école ou dans votre université et qu'il / elle écrit à ses amis pour leur raconter ses impressions. Quelles sont les choses qui vont le / la frapper (strike him / her), l'amuser ou l'intéresser? Mettez-vous à sa place et écrivez quelques lignes sur chacun des sujets suivants.

1 Les rapports entre les étudiants et les professeurs.
2 Les étudiants : leur comportement *(behavior)*, leurs habitudes de travail, les choses qui les intéressent.
3 L'organisation et la qualité des cours. Les examens et les notes *(grades)*.
4 Les activités extra-scolaires : sports, clubs, etc.

B VOTRE EMPLOI DU TEMPS

Faites d'abord votre emploi du temps en indiquant les cours que vous suivez, vos heures de travail, vos activités extra-scolaires. Ensuite, répondez aux questions suivantes.

1 En général avez-vous un emploi du temps très chargé *(heavy)* ou avez-vous assez de temps libre? Quel jour de la semaine est le plus chargé? Pourquoi?
2 Quels cours suivez-vous et à quelle heure?
3 En général avez-vous assez de temps pour étudier?
4 Où et quand préférez-vous étudier?
5 À quelles activités extra-scolaires participez-vous?
6 Travaillez-vous aussi pour gagner de l'argent? Si oui, combien d'heures par semaine travaillez-vous et quelle sorte de travail faites-vous?

examen réussi

C VOTRE TRAVAIL D'ÉTUDIANT

Utilisez les expressions suivantes pour indiquer votre réaction vis-à-vis de différents aspects de votre vie ou de vos activités scolaires.

Exemple : L'histoire m'intéresse beaucoup. Mais écouter des conférences et prendre des notes en classe, ça me barbe!

Réactions

Je trouve ça intéressant, ennuyeux *(boring)*, barbant *(slang — boring)*, difficile, amusant, utile *(useful)*, inutile *(useless)*; ça m'intéresse; ça me passionne *(I find it fascinating)*; ça m'ennuie; ça me barbe *(It bores me)*; ça me laisse indifférent.

Matières

les sciences : la biologie, la chimie *(chemistry)*, la physique, la géologie, les sciences politiques, les sciences économiques, la comptabilité *(accounting)*, la gestion et l'administration des entreprises *(business administration)*; les sciences humaines : l'anthropologie, la psychologie, la sociologie; les langues : le chinois, le grec, le latin, etc.; l'agriculture; l'architecture; les arts : la peinture, la photographie, la sculpture, etc.; les arts ménagers *(home economics)*; le journalisme; la pédagogie *(education)*; ?

Activités

pendre des notes	écouter des conférences *(lectures)*
aller au laboratoire	lire
faire des recherches	participer aux discussions
écrire des rapports et des études *(term papers)*	passer *(take)* des examens
faire des devoirs	?

D PENDANT LA RÉCRÉATION

Qu'est-ce que vous aimiez faire et à quels jeux aimiez-vous jouer pendant les récréations quand vous étiez petit(e)? Utilisez les suggestions suivantes pour décrire vos activités et vos jeux préférés.

jouer à cache-cache *(to play hide-and-seek)*	jouer à la marelle *(to play hopscotch)*
jouer aux gendarmes et aux voleurs *(to play cops-and-robbers)*	jouer aux billes *(to play marbles)*
jouer à la balle au prisonnier *(to play dodge ball)*	jouer au ballon *(to play ball)*
jouer à Jacques a dit *(to play "Simon says")*	jouer au cerf-volant *(to fly a kite)*
jouer à la marchande *(to play shop)*	sauter à la corde *(to jump rope)*
jouer à l'école *(to play school)*	se balancer sur une balançoire *(to swing on a swing)*
jouer au chat *(to play tag)*	lancer des boules de neige *(to throw snowballs)*
jouer à « un, deux, trois, soleil » *(to play "red light, green light")*	

E   SI VOUS ÉTIEZ LE PROFESSEUR

Que feriez-vous si vous étiez à la place de votre professeur de français? Quels aspects de la classe garderiez-vous et quels aspects changeriez-vous? Pourquoi? Que feriez-vous pour intéresser vos étudiants au français? Donneriez-vous plus ou moins de liberté à vos étudiants? Plus ou moins de devoirs à faire à la maison? Que feriez-vous quand certains étudiants sont trop souvent absents ou n'étudient pas leurs leçons?

F   SI LE MONDE ÉTAIT DIFFÉRENT

Avec le mot "si" on peut résoudre beaucoup de problèmes, explorer de différentes possibilités, imaginer un monde différent. À quelles pensées (thoughts) ce mot magique vous conduit-il? Écrivez quelques phrases qui commencent par "si".

Exemple :   Si les enfants n'étaient pas obligés d'étudier, ils découvriraient peut-être le plaisir d'apprendre.

Vocabulaire

The vocabulary contains all words that appear in the text except articles and identical cognates. Irregular verbs and noun plurals are included, as are irregular feminine forms of adjectives.

Abbreviations

coll.	colloquial	*part.*	participle
cond.	conditional	*pl.*	plural
f.	feminine	*p.p.*	past participle
fut.	future	*pres.*	present
imp.	imperative	*subj.*	subjunctive
m.	masculine		

A

a (*pres. of* **avoir**) has; **il y —** there is, there are; ago

à at, in, to; **— l'aise** at ease; **— pied** on foot; **— tout âge** at any age

abandonner to abandon

abord: d'— first, at first

absolument absolutely

abstrait abstract

absurdité *f.* absurdity

accélérateur *m.* accelerator

accélérer to accelerate

accepter to accept

acclamer to acclaim, cheer

accompagner to accompany

accomplir to accomplish

accord *m.* agreement; **être d'—** to agree

accorder to accord, grant, give

accroché hung on to, caught hold

accueil *m.* welcome

accuser to accuse

acheter to buy

acheteur, acheteuse buyer

acteur *m.* actor

actif, active active

activité *f.* activity

adapter to adapt

additionner to add

adjectif *m.* adjective

admettre to admit

administratif, administrative administrative

admirer to admire

admis (*pp. of* **admettre**) admitted

adolescent *m.* adolescent, teenager

adopter to adopt

adorer to like, adore

adresse *f.* address

adulte *m. & f.* adult

aéroport *m.* airport

affaiblir to weaken

affaires *f.pl.* business; **un homme d'—** businessman

affectif, affective affective, pertaining to feelings
affectueux, affectueuse affectionate
affiche f. poster, notice
affirmer to affirm
africain African
Afrique f. Africa
âge m. age; **à tout —** at any age
âgé old
agence f. agency, bureau
agent m.: **— de police** policeman; **— de voyages** travel agent
agréable pleasant, nice
agressif, aggressive aggressive
agricole agricultural
agriculteur m. farmer
aide f. help
aider to help, aid
ail m. garlic
aimer to like, love
ainsi thus, so
aise f. ease
ajouter to add
albanais Albanian
Albanie f. Albania
alerté alerted
algues f.pl. algae
alignement m. row, alignment
aliment m. food
alimentaire: les produits — food products
Allemagne f. Germany
allemand German
aller to go; **— à pied** to walk; **— au diable** to go to hell; **— chercher** to go get; **— en classe** to go to class; **Comment allez-vous?** How are you?; **comment ça va?** How are you; **Je vais bien.** I'm fine.
allumer to light, turn on the lights
allumette f. match
alors then
Alpes f.pl. Alps
Alsace f. Alsace, province in eastern France
amant m. lover
amateur m. amateur, fan, enthusiast
ambassade f. embassy
ambitieux, ambitieuse ambitious
aménagement m. furnishing

amener to bring, lead
américain American
Amérique f. America
ami friend; **petit —** boyfriend; **petite —e** girlfriend
amitié f. friendship
amour m. love
amoureux, amoureuse lover; **tomber —** to fall in love; **être — ** to be in love
amusant funny, amusing
amuser to amuse; **s'—** to have a good time
an m. year; **à vingt —s** at the age of twenty; **avoir vingt —s** to be twenty; **depuis trois —s** for the last three years; **le Jour de l'An** New Year's Day
analyse f. analysis
analyser to analyze
analytique analytical
ancêtres m.pl. ancestors
ancien, ancienne former, previous
ange m. angel; **— gardien** guardian angel
anglais English
Angleterre f. England
anglophone pertaining to speakers of English
angulaire angular
animé animated
année f. year; **chaque —** each year
annonce f. announcement, advertisement
annoncer to announce
anonymat m. anonymity
anonyme anonymous
antonyme m. antonym
anxieux, anxieuse worried, anxious
apathie f. apathy
apathique apathetic
appareil m. apparatus; **—s de première urgence** first-aid equipment
apparence f. appearance
apparition f. appearance
appartement m. apartment
appartenir to belong
appel m. call
appeler to call, name; **s'—** to be called, to be named

appétit m. appetite
appliquer to apply
apporter to bring
apprécier to appreciate
apprendre to learn
apprentissage m. apprenticeship
appris (*pp. of* **apprendre**) learned
approcher to approach; **s'—** to approach
approprié appropriate
approximatif, approximative approximate
approximativement approximately
appuyer to lean, press on; **— sur l'accélérateur** to step on the accelerator
après after; **d'—** from, after, according to
après-midi m. afternoon
arabe Arab, Arabic
arbre m. tree
archéologique archeological
archéologue m. archeologist
argent m. money
aromatique aromatic, with a pleasant odor
arrêt m. stop
arrêter to stop; **s'—** to stop
arrière: faire marche — to go backward; **la roue —** the back wheel
arrivée f. arrival
arriver to arrive; **cela arrive** that happens
arrondi rounded, round
artificiel, artificielle artificial
artisanal pertaining to crafts
artisanat m. craftsmanship
artiste m. & f. artist
artistique artistic
aspect m. look, appearance, aspect
assez enough, rather; **J'en ai —!** I've had it!
assis (*p.p. of* **asseoir**) seated
assister: — à to attend
associer to associate
astronaute m. astronaut
astronomique astronomical
athlète m. & f. athlete
athlétisme m. track and field
Atlantique m. Atlantic
atmosphérique atmospheric

attacher to tie, attach, fasten

attendre to wait, expect

attention *f.* watch out!, attention

attentivement carefully, attentively

attirer to draw, attract

attraper to catch

attribué attributed, given

au to, in; **— contraire** on the contrary; **— moins** at least; **— revoir** good-bye; **— sérieux** seriously

auberge *f.* inn; **— de jeunesse** youth hostel

aucun no, none

au-dessus over

augmentation *f.* increase

augmenter to increase

aujourd'hui *m.* today

aurait (*cond. of* **avoir**) would have

aussi too, also; **— ...que** as . . . as

Australie *f.* Australia

autant as much, as many; **— que** as much as

auteur *m.* author

authentique genuine, real

auto *f.* car, auto; **en auto-stop** hitchhiking

autobus *m.* bus

autocar *m.* bus

automne *m.* fall; **en —** in the fall

automobiliste *m. & f.* driver

autoritaire authoritarian, bossy

autorité *f.* authority

auto-stop *m.* hitchhiking

autour (de) around

autre other, another; **— chose** something else

autrefois formerly

Autriche *f.* Austria

autrichien, autrichienne Austrian

autruche *f.* ostrich

avancer to advance, go

avant (de) before

avantage *m.* advantage

avantageux, avantageuse advantageous, favorable

avec with

avenir *m.* future

aventureux, aventureuse adventurous

aventurier *m.* adventurer

avertir to warn

avion *m.* airplane; **voyager en —** to travel by plane

avis *m.* opinion; **à mon —** in my opinion

avocat *m.* lawyer

avoir to have **— besoin de** to need; **— de la chance** to be lucky; **— en commun** to have in common; **— envie de** to feel like, want to; **— faim** to be hungry; **— lieu** to take place; **— l'occasion** to have the chance; **— mal à la tête** to have a headache; **— mal aux dents** to have a toothache; **— peur** to be afraid; **— raison** to be right; **— rendez-vous** to have a date or appointment; **— soif** to be thirsty; **— tort** to be wrong

B

baccalauréat *m.* baccalaureate, degree obtained by French high school students

bagages *m.pl.* baggage, bags

bagarre *f.* brawl

bagnard *m.* convict

baignoire *f.* tub

bain *m.* bath; **la salle de —** bathroom

bal *m.* ball, dance

ballon *m.* ball, balloon

banalité *f.* banality, futility

bande *f.* strip, band; **— dessinée** comic strip

bannir to banish

banque *f.* bank

barbe *f.* beard

barreaux *m.pl.* bars

bas: à — down with

baser to base

bataille *f.* battle

bateau *m.* boat, ship; **— à voile** sailboat; **faire une excursion en —** to take a boat ride

bâtiment *m.* building

bâtir to build

battre to beat; **se —** to fight

beau, bel, belle beautiful; **il fait beau** the weather is nice

beaucoup much, many

beauté *f.* beauty

belge Belgian

Belgique *f.* Belgium

belle beautiful (*see* **beau**)

béret *m.* beret

besoin *m.* need; **avoir — de** to need

bête *f.* animal

bête stupid

béton *m.* concrete

beurré buttered

Bible *f.* Bible; **la Sainte —** The Holy Bible

bicyclette *f.* bicycle; **aller à —** to ride a bicycle

bien well, very, quite; **— des choses** many things; **— entendu** of course; **— sûr** of course

bien-être *m.* well-being

bientôt soon

bière *f.* beer

bifteck *m.* beefsteak

bilingue bilingual

billet *m.* ticket; **— de banque** bank note

bison *m.* bison, buffalo

bizarre odd, strange

blâmer to blame

blanc, blanche white

blessure *f.* wound

bleu blue

bloc *m.:* **en —** as a whole, all together

bohème bohemian, hippie

boire to drink

bois *m.* wood

boîte *f.* box, can; **— de conserve** can; **— de nuit** night club

bon, bonne good; **(à) bon marché** cheap; **en bonne santé** in good health

bonheur *m.* happiness

bord *m.* edge; **à — d'un bateau** on board a ship; **au — de la mer** at the seashore

borne *f.:* **— routière** mileage indicator

bouger to move

boulanger, boulangère baker

boumerang *m.* boomerang

bourgeois *m.* middle-class, bourgeois

bouteille *f.* bottle

boxe *f.* boxing
bras *m.* arm
Brésil *m.* Brazil
Bretagne *f.* Brittany, province in northwestern France; **la Grande — ** Great Britain
brièvement briefly
briser to break
brosse *f.* brush; **— à dents** toothbrush
brouillard *m.* fog
bruit *m.* noise
brûlant burning, hot
brûler to burn; **se — ** to burn oneself
brun brown
brusquement abruptly, suddenly
brutalement brutally, suddenly
brutalité *f.* brutality
Bruxelles Brussels
bu (*pp. of* **boire**) drunk
bûcheron *m.* lumberjack
bulgare Bulgarian
Bulgarie *f.* Bulgaria
bulletin *m.* report
bureau *m.* office, desk
but *m.* aim, goal

C

ça (= **cela**) that, it
cabaret *m.* tavern, cabaret
cabinet *m.* (medical) practice, office
cacher to hide
café *m.* café, coffee
calculer to calculate
Californie *f.* California
calme calm, quiet
camarade *m. & f.* friend, pal; **— de classe** classmate
camion *m.* truck
camionette *f.* van
campagne *f.* country
camper to camp
**camping: terrain de — ** campground
canadien, canadienne Canadian
canal *m.* channel
candidat *m.* candidate
caninette *f.* special street cleanup motorcycles

canoë *m.* canoe
canot *m.* boat
capacité *f.* capacity, ability
capitale *f.* capital
capitaliste capitalist
captivité *f.* captivity, imprisonment
car for, since, because
caractère *m.* personality, temperament
caractériser to characterize
caractéristique *f.* trait, characteristic
carbone *m.* carbon
carbonique carbonic; **gaz — ** carbon dioxide
**cardiaque: crise — ** heart attack
carotte *f.* carrot
carré square
carrefour *m.* crossroad
carrière *f.* career
carte *f.* map, card
cas *m.* case, instance
casse-croûte *m.* snack
catégorie *f.* category
catholique Catholic
cause: à — de because of
causer to cause, to chat
cave *f.* wine cellar, basement
cavité *f.* cavity, hole
ce (**cet** *before a vowel or mute* **h**), **cette,** *pl.* **ces** this, that these, those; **ce...-ci** this; **ce...-là** that; **ce que** (*object*) what, which, that which; **ce qui** (*subject*) what, which, that which
ceci this
céder to yield
ceinture *f.* belt; **une — de sécurité** safety belt
cela that
célèbre famous
celle, celles *f.* the one, ones
cellule *f.* cell
celui, ceux *m.* the one, ones
cent hundred
centime centime, "cent"
centrale *f.*: **une — nucléaire** nuclear power plant
centre *m.* center
cependant however
cercle *m.* circle
cerclé circled
cérémonie *f.* ceremony

cerf *m.* deer, stag
certainement certainly
ces these, those
cesser to stop
cet, cette this, that
ceux *m.pl.* these, those
chacun each, each one
chaîne *f.* chain, channel
chambre *f.* bedroom
chameau *m.* camel
chance *f.* luck; **porter — ** to bring luck; **avoir (de) la — ** to be lucky
changement *m.* change
changer to change; **— de vitesse** to change gears
chanter to sing
chapeau *m.* hat
chapitre *m.* chapter
chaque each, every
charbon *m.* coal
chargé loaded, full, in charge of
charlatan *m.* charlatan, quack
charme *m.* charm
charmer to charm, delight
chasse *f.* hunting
chasse-neige *m.* snowplow
chasser to chase, hunt
chat *m.* cat
château *m.* castle, chateau
chaud hot, warm; **il fait — ** it's hot
chauffeur *m.* driver
chaussette *f.* sock
chaussure *f.* shoe
chauvinisme *m.* chauvinism
chef *m.* head, leader
chemin *m.*: **— de fer** railroad
chemise *f.* shirt
chèque *m.* check
cher, chère expensive, dear
chercher to look for
cheval (*pl.* **chevaux**) *m.* horse
cheveux *m.pl.* hair
chez to (at) the house of, to (at) the place of business of
chien *m.* dog
chiffre *m.*: **— d'affaires** sales
chimique chemical
Chine *f.* China
chinois, chinoise Chinese
chocolat *m.* chocolate
choisir to choose
choix *m.* choice
chômage *m.* unemployment

choquer to shock
chose *f.* thing; **faire autre —** to do something else
chrétien, chrétienne Christian
chute *f.* fall
ci-dessous below
cigare *m.* cigar
ciment *m.* cement
cimetière *m.* cemetery
cinéma *m.* movies, movie theater
cinq five
cinquante fifty
cinquième fifth
circonstance *f.* circumstance
circuit *m.* track, lap
circulation *f.* traffic
circulatoire circulatory
circuler to drive, circulate
civilisation *f.* civilization
clandestinité *f.* secrecy; **en —** secretly
clarinette *f.* clarinet
classe *f.* class; **aller en —** to go to class; **camarade de —** classmate
classique classical
clef *f.* key; **fermer à —** to lock
client *m.* customer, patient
climat *m.* climate
climatisé air-conditioned
coca *m.* coca-cola
cochon *m.* pig
coco *m.:* **noix de —** coconut
code *m.:* **de la route** traffic regulations
cœur *m.* heart
coffre *m.* chest
coiffé wearing
coin *m.* corner
colère *f.* anger; **être en —** to be angry
collectionner to collect, save
collègue *m. & f.* colleague
colonie *f.* colony
colonisation *f.* colonization
colonne *f.* column
coloré vivid, colored
combat *m.* fight
combien how much, how many
comité *m.* committee
commander to order
comme like, as, how, as if
commencement *m.* beginning
commencer to begin

comment how, what
commentaire *m.* comment, note
commerce *m.* business
commis (*p.p. of* **commettre**) committed
commun common, ordinary; **avoir en —** to have in common
communiquer to communicate
communiste *m. & f.* communist
compagnie *f.* company
compagnon *m.* friend, companion
comparer to compare
compartiment *m.* compartment
compère *m.* accomplice
complet *m.* suit (of clothes)
complet, complète complete
complètement completely
compléter to complete
complimenter to compliment, congratulate
composé made of, composed of
composition *f.* composition, term paper
comprendre to understand
compris (*p.p. of* **comprendre**) understood
comptable *m.* accountant
compte-chèque *m.* checking account
compter to count
concerner to concern; **en ce qui concerne** concerning, regarding
concierge *m. & f.* keeper
concrètement concretely
condamner to condemn
condition: à — que on the condition that
conditionnement *m.* conditioning
conducteur *m.* driver
conduire to drive; **le permis de —** driver's license; **se —** to behave
conduite *f.* conduct; **bonne —** good behavior
conférence *f.* lecture
confiance *f.* confidence
confiture *f.* jam, jelly
conflit *m.* conflict
conformiste conformist
confort *m.* comfort
confortable comfortable

conjugaison *f.* conjugation
connaissance *f.* acquaintance; **—s** *pl.* knowledge
connaître to know, be acquainted with; **se —** to know oneself, know each other
connu (*p.p. of* **connaître**) known
conquête *f.* conquest
consacrer to devote, give
consciencieux, consciencieuse conscientious
conscient aware, conscious
conseil *m* advice, council; **donner des —s** to give advice
conservateur, conservatrice conservative
considérer to consider
consister to consist
constater to state, declare, say
construire to build, construct
consultation *f.* visit
consulter to consult
contenir to contain
content happy, glad, pleased
contester to question, contest
continuellement continually
continuer to continue
contradictoire contradictory
contraire *m.* opposite, contrary; **au —** on the contrary
contrairement contrary
contravention *f.* traffic ticket
contre against
contribuer to contribute
contrôle *m.* control
contrôler to control
convoi *m.* convoy
copain *m.* friend, pal
copie *f.* copy
copieux, copieuse abundant, copious
coque *f.* shell; **œuf à la —** soft-boiled egg
corps *m.* body
correspondre to correspond
corriger to correct
côté *m.* side, direction, way; **à — de** beside; **de l'autre — de** on the other side of; **du — de** toward, in the direction of
côte *f.* coast; **Côte d'Azur** the French Riviera; **Côte-d'Ivoire** the Ivory Coast

couche-culotte *f.* disposable diaper

coucher: se — to go to bed

couler to sink

couleur *f.* color

coup *m.* blow, hit, stroke; **— de téléphone** telephone call; **du premier —** on the first try

couper to cut

cour *f.* courtyard, court

courageux, courageuse brave, courageous

courant: au — de in the know, "in on," informed

courir to run, run after

cours *m.* class, course; **au — de** during, in the course of

course *f.* race, errand, course

court short

courtois courteous

couru (*p.p. of* **courir**) ran

couteau *m.* knife

coûter to cost

coutume *f.* custom, habit

couvert (*pp. of* **couvrir**) covered

couvrir to cover

cravate *f.* tie

créer to create

cri *m.* cry, shout

crier to shout, cry out

criminel *m.* criminal

crise *f.* crisis; **— cardiaque** heart attack

critique *f.* criticism; **faire la —** to criticize

critiquer to criticize

croire to believe, think; **— à** to believe in

croissant *m.* French breakfast roll

croix *f.* cross

cuir *m.* leather

cuisine *f.* food, cuisine, kitchen; **faire la —** to cook

culte *m.* cult

cultivateur *m.* farmer

cultivé educated, cultured

cultiver to cultivate

culturel, culturelle cultural

curieux, curieuse curious

curiosité *f.* curiosity

cycliste *m. & f.* (bicycle) rider

cynique cynical

cynisme *m.* cynicism

D

d'abord first, at first

d'accord: être — to agree

dame *f.* lady, woman

Danemark *m.* Denmark

danger *m.* danger; **être en —** to be in danger

dangereusement dangerously

dangereux, dangereuse dangerous

danois Danish

dans in, into, within

danse *f.* dance

danser to dance

dater to date

davantage more

de of, from, by; (*as partitive*) some, any

début *m.:* **au —** at the beginning

débutant *m.* beginner

débuter to start

décider to decide

décision *f.* decision; **prendre une —** to make a decision

déclaration *f.* statement

déclarer to state, declare

déclinaison *f.* declension (of nouns)

décorer to decorate

découvert (*p.p. of* **découvrir**) discovered

découvrir to discover

décrire to describe

défendre to forbid, defend; **défense de fumer** no smoking!

définitif, définitive final, definitive

déguiser to disguise

déjà already

déjeuner to eat lunch

déjeuner *m.* lunch; **petit —** breakfast

délibéré deliberate

délibérément deliberately

délicieux, délicieuse delicious

demain tomorrow

demande *f.* request; **faire une —** to apply (for a job)

demander to ask; **se —** to wonder

demi half; **une — -carafe** half a pitcher or carafe; **une — -heure** half an hour

démon *m.* demon; **— du volant** speed demon

dénoter to denote, indicate

dentiste *m. & f.* dentist

départ *m.* departure, start

dépasser to pass, exceed **— la limite de vitesse** to exceed the speed limit

dépendre to depend

dépit *m.:* **en — de** in spite of

déposer to deposit

depuis since, for, from; **— combien de temps** how long; **— deux ans** for two years; **—quand** how long

dernier, dernière last, most recent; **en dernier lieu** finally

derrière behind

dès from, since; **— la première nuit** since the first night

désagréable unpleasant

désavantage *m.* disadvantage

descendre to descend, go down, come down

déserté deserted

désir *m.* desire, wish

désirer to desire, wish, want

désolé: je suis vraiment — I am very sorry

dessin *m.* drawing, plan, sketch

dessiné drawn; **bande —e** comic strip

dessiner to draw

destinée *f.* destiny, fate

détaillé detailed

déterminer to determine

détester to hate, dislike, detest

détour *m.* detour; **faire un —** to take a detour

détresse *f.* distress, trouble

détruire to destroy

deux two

deuxième second

devant in front of

développement *m.* development

développer to develop

devenir to become

devez (*pres. of* **devoir**) must, are to, have to

devise *f.* motto

devoirs *m.pl.* homework

devrais, devrait, devraient (*cond. of* **devoir**) ought, should

diable *m.* devil; **aller au —** to go to hell; **l'Île du Diable** Devil's Island

diagnostic *m.* diagnosis

dicter to dictate

dictionnaire *m.* dictionary

différer to differ

difficile hard, difficult

difficulté *f.* difficulty

dimanche *m.* Sunday

dîner *m.* supper, dinner

dîner to dine, eat dinner

diplomate diplomatic

diplomé *m.* graduate

dire to say, tell; **c'est-à- —** that is to say; **vouloir —** to mean

directement directly

directeur, directrice director

dirigeable *m.* dirigible

discipliner to discipline

disparaît (*pres. of* **disparaître**) disappears

discuter to discuss

disque *m.* record

distinguer to distinguish

divers different, various

diversité *f.* diversity

diviser to divide

dix ten

dixième tenth

dizaine *f.* around ten

docilité *f.* docility, obedience

docteur *m.* doctor

doit, doivent (*pres. of* **devoir**) must, is to, has to

domaine *m.* area, domain

domicile *m.:* **à —** at home

donc then, so, therefore

donner to give; **— rendez-vous** to make an appointment with, arrange to meet

dont whose, of whom, of which

dormir to sleep

dos *m.* back; **tourner le —** to turn one's back

doubler to double, pass

douche *f.* shower

doute *m.* doubt; **sans —** probably

douter to doubt

doux, douce soft, sweet, mild

douzaine *f.* dozen

douze twelve

drame *m.* play, drama, story

droit straight, right; **tout —** straight (ahead); **— *m.* right**

droite *f.* right; **à —** to the right

dû, due (*p.p. of* **devoir**) must, have to (probably did, had to), owed

duper to fool, dupe

dur hard; **les œufs —s** hard-boiled eggs; **travailler —** to work hard

durer to last

durée *f.* duration

dynamique dynamic

E

eau *f.* water

échanger to exchange, trade; **— contre** to exchange for

échec *m.* failure

échelle *f.* ladder

école *f.* school

économe economical, thrifty

économie *f.* economy; **les —s** savings

économique economical

économiser to save money

écouter to listen, listen to

écraser: s'— to crash

écrire to write; **machine à —** typewriter

écriture *f.* writing, handwriting

écrivain *m.* writer

éducation *f.* upbringing, education

éduquer to educate

effet *m.* effect; **en —** in fact, as a matter of fact

égalité *f.* equality

église *f.* church

Égypte *f.* Egypt

électrique electric

élément *m.* item, point

éléphant *m.:* **monter sur un —** to ride an elephant

élève *m. & f.* pupil, student

éliminer to eliminate

elle she, it, her; **elle-même** herself

élongation *f.:* **des exercices d'—** stretching exercises

embarrasser to be in the way

emmener to take (away)

émission *f.* broadcast

émotif, émotive emotional

empereur *m.* emperor

emploi *m.* job, work

employé *m.* employee

employer to use

emporter to take (away), carry (away)

emprisonnement *m.* imprisonment

en in, into; as a, made of; of it, of them; some, any

encercler to encircle

enchanté delighted, enchanted

enchanteresse *f.* enchanting

encore still, yet, even; **— une fois** once again, once more

encourager to encourage

encyclopédie *f.* encyclopedia

endormir: s'— to go to sleep

endroit *m.* place, spot

énergique energetic

enfant *m. & f.* child

enfer *m.* hell

enfermer to close up, close in

enfin finally, at least, after all

ennemi *m.* enemy

ennui *m.* boredom, trouble

ennuyer; s'— to get bored, be bored

énorme enormous

enrichissant enriching

enquête *f.* survey, search, investigation

enseigner to teach

ensemble together; **dans l'—** on the whole

ensuite next, then

entendre to hear; **bien entendu** of course

enthousiaste enthusiastic

entier, entière entire, whole

entièrement entirely, completely

entre between

entrée *f.* entrance

entreprise *f.* business

entrer to enter, go in

envahisseur *m.* invader

envers toward, in regard to

envie *f.* desire, envy; **avoir — de** to feel like, want to

envoyer to send
époque *f.* time, period
épreuve *f.* test, feat
éprouver to feel, experience
équilibré balanced
équipage *m.* crew
équipe *f.* team
erreur *f.* error, mistake
escargot *m.* snail
esclavage *m.* slavery
Espagne *f.* Spain
espagnol Spanish
espèce *f.* kind, species
espérer to hope
esprit *m.* spirit, mind, wit
essayer to try
essence *f.* gasoline
essentiellement essentially
est *m.* east; **à l'—** to the east
est (*pres. of* **être**) is
esthétique esthetic
estimer estimate
estomac *m.* stomach; **avoir mal
à l'—** to have a stomachache
et and; **— ...** — both . . . and
établir to establish
établissement *m.* establishment
état *m.* state, condition; **en bon
—** in good condition; **les États-
Unis** the United States
été *m.* summer; **école d'—** summer school; **en —** in the summer
été (*pp. of* **être**) been
êtes (*pres. of* **être**) are
ethnique ethnic
étrange strange, odd
étranger, étrangère foreign, for-
eigner
être to be
étroit narrow
étude *f.* study; **faire une —** to
make a study
étudiant *m.* student
étudier to study
eu (*p.p. of* **avoir**) had
européen, européenne European
eux *m.pl.* them; **— -mêmes**
themselves; **chez —** (at, to their)
home
évader: s'— to escape
évasion *f.* escape
événement *m.* event

évoquer to evoke
exactement exactly
exagérer to exaggerate
examen *m.* test; **passer un —** to
take a test; **réussir à un —** to
pass a test
examiner to examine
excès *m.* excess; **— de vitesse**
speeding
excité excited
excursion *f.* trip, outing, excursion; **faire une — en bateau** to
take a boat ride
exemplaire *m.* example, copy
exemple *m.* example; **par —** for
example
exercer: — une profession to
practice a profession
exercice *m.* exercise
exister to exist
exotique exotic, foreign
expliquer to explain
exploit *m.* feat, exploit, deed
explorateur *m.* explorer
explorer to explore
exporter to export
exposer to expose, exhibit
exprimer to express; **s'—** to express oneself
extérieur exterior; **à l'—** outside
extrait *m.* excerpt
extraordinaire extraordinary
extrêmement extrtemely
extroverti extroverted, outgoing

F

fabrication *m.* manufacture
fabriquer to manufacture, make
fabuleux, fabuleuse fabulous
facile easy
facilement easily
façon *f.* way, manner
faculté *f.* faculty, ability
faible weak
faim *f.* hunger; **avoir —** to be
hungry
faire to do, make; **— attention**
to pay attention; **— de l'auto-
stop** to hitchhike; **— les bagages, les valises** to pack; **—
beau** to be fine weather; **— du**

camping to camp; **— chaud**
to be hot (weather); **— le clown,
l'idiot** to act like a clown, act
silly; **— les courses** to go shopping; **— une demande** to apply (for a job); **— froid** to be
cold (weather); **— le marché**
to go shopping; **— mauvais** to
be bad (weather); **— partie** to
be a part; **— un pique-nique**
to have a picnic; **— une promenade** to take a walk; **—
un rêve** to have a dream; **—
du ski** to ski; **il se fait tard**
it's getting late; **— un voyage**
to take a trip; **Quel temps
fait-il?** what's the weather like?
fais, fait (*pres. of* **faire**) do, make
fait *m.* fact
**falloir (faut, faudra, faudrait,
fallait)** to be necessary, must,
have to, need; **ce qu'il me faut**
what I need
fameux, fameuse famous
familial pertaining to the family
familiariser to familiarize
famille family; **en —** with the
family; **nom de —** last name
fantaisie *f.* imagination
fasciner to fascinate
fatigue *f.* fatigue; **être mort de
—** to be dead-tired
fatiguer to fatigue, tire
fauché *coll.* broke
faut (*pres. of* **falloir**) is necessary
faute *f.* error, fault
faux, fausse false, incorrect; **vrai
ou —** true or false
faveur *f.* favor; **en —** in favor
favori, favorite favorite
féminité *f.* femininity
femme *f.* woman, wife
fenêtre *f.* window
fer *m.* iron
ferais (*cond. of* **faire**) would do,
would make
ferme *f.* farm
fermer to close, shut; **— à clef**
to lock
féroce ferocious
fête *f.* festival, holiday
feu *m.* fire; **— vert** green light
ficher: — la paix *coll.* to leave
alone

fidèle faithful
fier, fière proud
fierté *f.* pride
fille daughter, girl; **jeune —** girl
film *m.* film; **— d'aventure** adventure film
fils *m.* son
fin *f.* end
financier, financière financial
financièrement financially
finir to finish; **— par** to end up
finlandais Finnish
Finlande *f.* Finland
firme *f.* firm, business
fixe fixed
flamand Flemish
fleur *f.* flower
fleuriste *m. & f.* florist
fleuve *m.* river
Floride *f.* Florida
fois *f.* time; **encore une —** once again, once more; **une — par semaine** once a week
folklorique popular, folk; **chanson —** folk song
fonctionner to work, function
fondateur *m.* founder
font (*pres. of* **faire**) do, make
football *m.* soccer, football
force *f.* force, strength
forcément necessarily; **pas —** not necessarily
forcer to force, make, oblige
forêt *f.* forest
formalité *f.* formality
formation *f.* training
forme *f.* form, kind
former to form
formidable great, terrific
formule *f.* formula
fort strong, loud, very
fossé *m.* ditch, gap
fou, folle crazy, mad
foyer *m.* home, household
français French
francophone French-speaking
freiner to put on the brakes, slow down
freins *m.pl.* brakes
fréquemment frequently
frère *m.* brother
frigo *m. coll.* refrigerator
frivole frivolous

froid *m.* cold; **avoir —** to be cold (of people); **faire —** to be cold (of weather)
fromage *m.* cheese
fumer to smoke; **défense de —** no smoking
furieux, furieuse furious, mad
futilité *f.* futility
futur *m.* future

G

gagner to win, earn
garçon *m.* boy, waiter
garde *f.:* **de —** on duty
garder to keep, hold
gardien *m.* guardian, caretaker
gare *f.* railroad station
gâteau *m.* cake
gauche *f.* left; **à —** to (on) the left
Gaule *f.* ancient name of France
gaulois Gaulish, pertaining to **la Gaule**
gaz *m.* gas; **— carbonique** carbon dioxide
généalogique genealogical
général general; **en —** in general
généralement generally
généraliser to generalize
généraliste *m. & f.* general practitioner
généralité *f.* generality
généreux, généreuse generous, liberal
genre *m.* kind, type
gens *m.* people, persons; **jeunes —** young people, young men
gentil, gentille nice, kind
géographique geographical
geste *m.* gesture; **faire des —s** to make gestures
glace *f.* ice, mirror
goût *m.* taste
gouvernement *m.* government
gouverner to govern, control
grâce *f.* grace, elegance; **— à** thanks to
grand big, tall, large, great, important
grand-mère *f.* grandmother
graphologie *f.* graphology

graphologique: analyse — handwriting analysis
graphologue *m.* graphologist, handwriting expert
grave serious
grec, grecque Greek
Grèce *f.* Greece
greffier *m.* court clerk
grillé toasted; **pain —** toast
gros, grosse big, large, fat
grotte *f.* cave, cavern
groupe *m.* group
guerre *f.* war; **deuxième — mondiale** World War II
guerrier *m.* warrior
Guinée *f.* Guinea
guitare *f.* guitar
Guyane *f.* Guiana
gymnastique *f.:* **faire de la gymnastique** to exercise

H

(Words beginning with an aspirate **h** are indicated by an asterisk.)
habiller to dress; **bien habillé** well-dressed
habitant *m.* inhabitant
habitation *f.* home, house
habiter to live, dwell, inhabit
habitude *f.* habit, custom
habitué accustomed
habituel, habituelle habitual, usual
habituellement habitually, usually
*****handicappé** handicapped
*****hanter** to haunt
harmonie *f.* harmony
*****haut** high, tall, loud; **tourner vers le —** to turn up, to up
*****hauteur** *f.* height
hein what (what did you say), huh?
*****héros, héroïne** hero, heroine
hésiter hesitate
heure *f.* hour, time (of day), o'clock; **à l'—** on time; **de bonne —** early; **de l'—** an hour; **vers dix —s** around ten o'clock; **une demi- —** a half hour

heureusement fortunately, happily

heureux, heureuse happy

histoire *f.* story, history

historique historical

hiver *m.* winter

*hollandais Dutch

*Hollande *f.* Holland

homme *m.* man; **— d'affaires** businessman; **— d'état** statesman; **— politique** politician

*Hongrie *f.* Hungary

*hongrois Hungarian

honnête honest

hôpital *m.* hospital

horizontalement horizontally

hospice *m.:* **— pour les vieux** home for the elderly

hospitalier, hospitalière hospitable

hostilité *f.* hostility

*huit eight

humain human

humanitaire humanitarian

humeur *f.* mood; **être de bonne —** to be in a good mood; **être de mauvaise —** to be in a bad mood

humour *m.* humor

hurler to howl

I

ici here

idéaliste idealistic

idée *f.* idea

identifier to identify

identité *f.* identity

ignorer to be ignorant of, not know

il he, it; **— y a** there is (are), ago

île *f.* island

illogique illogical

illustre famous

illustrer to illustrate

ils *m.pl.* they

image *f.* picture, image

imaginaire imaginary

imaginer to imagine

imiter to copy, imitate

immédiatement immediately

impressionnant impressive

impressionner to impress

imprudent rash, not smart, not careful

impulsif, impulsive impulsive

incertitude *f.* uncertainty

Inde *f.* India

indépendance *f.* independence

indicateur: panneau — roadway sign

indien, indienne Indian

indiquer to indicate, show

indiscret, indiscrète indiscreet, nosy

individu *m.* individual

individualiste individualistic

industriel, industrielle industrial

inégalité *f.* inequality

inexplicable unexplainable

inévitable unavoidable

inférieur inferior, lower

influencer to influence

informé informed

initier to initiate

injuste unfair, unjust

injustifié unjustified

inquiet, inquiète worried

installer to install, set up, place

institut *m.* institution, institute

intellectuel, intellectuelle intellectual

interdiction *f.:* **— de doubler** no passing

interdit forbidden; **il est — de klaxonner** it is forbidden to blow your horn

intéressant interesting

intéresser to interest; **s'— à** to be interested in

intérêt *m.* interest

intérieur interior; **à l'—** inside

interminable endless, interminable

interroger to interrogate

interrompre to interrupt

interviewer to interview

intimidé: être — to be intimidated

intitulé entitled

intoxication *f.* poisoning

intrigant fascinating, intriguing

intriguer to fascinate, intrigue

introverti introverted

intuitif, intuitive intuitive

inutile useless

inventer to invent

invité *m.* guest

inviter to invite

irlandais Irish

Irlande *f.* Ireland

ironiquement ironically

irritant irritating, bothersome

isolement *m.* isolation

isoler to isolate

isolé deserted, isolated

Italie *f.* Italy

italien, italienne Italian

itinéraire *m.* itinerary

J

jalousie *f.* jealousy

jaloux, jalouse jealous

jamais never, ever; **ne ... —** never

jambe *f.* leg

janvier *m.* January

Japon *m.* Japan

japonais Japanese

jardin *m.* garden

je I

jeter to throw

jeu *m.* game; **les Jeux Olympiques** the Olympic Games

jeudi *m.* Thursday

jeune young; **— fille** girl; **—s gens** young people, young men

jeunesse *f.* youth; **auberge de —** youth hostel

la Joconde the *Mona Lisa*

joie *f.* joy

joli pretty

jouer to play

jour *m.* day; **le — J.** the day when something important is to happen; **une fois par —** once a day; **mon — de chance** my lucky day; **le — de Noël** Christmas day; **tous les —s** every day

journal (*pl.* **journaux**) *m.* newspaper

journaliste *m. & f.* journaliste, reporter

journée *f.* day; **Bonne —** Have a nice day!

juge *m.* judge

jugement *m.* judgment

juger to judge
juillet *m.* July
jupe *f.* skirt
juridique judicial
jus *m.* juice; **— de fruit** fruit juice
jusque as far as, until, up to
juste just, correct, right, fair
justifier to justify

K

kilo (= kilogramme) *m.* kilogram
kilomètre *m.* kilometer
klaxonner to honk

L

là there, in that, then, here
là-bas there, over (down) there
lac *m.* lake
lâché let loose
lagon *m.* lagoon
laisser to leave, let, allow
lait *m.* milk
landau *m.* baby carriage
langue *f.* language, tongue
large wide, broad, large
lavabo *m.* sink, wash basin
lavage *m.* washing
laver to wash; **se —** to wash (oneself); **machine à —** washing machine
leçon *f.* lesson
lecteur *m.* reader
lecture *f.* reading
léger, légère light
lendemain *m.* the next day, the following day; **le — matin** the next morning
lent slow
lentement slowly
lequel, laquelle which, which one
lettre *f.* letter
leur their, (to) them
lever to raise; **se —** to get up
lève-tard *m.* late riser
lézard *m.* lizard
Liban *m.* Lebanon

libéral (*pl.* libéraux) *m.* liberal
libérer to liberate, free
liberté freedom, liberty
libre free
lieu *m.* place; **au — de** instead of; **en premier —** in the first place; **avoir —** to take place; **en dernier —** in the last place
ligne *f.* line
limite *f.* limit; **— de vitesse** speed limit
limiter to limit
linguistique linguistic
liquide *m.* liquid
liquider to liquidate, abolish
lire to read
Lisbonne Lisbon
liste *f.* list
lit *m.* bed **rester au —** to stay in bed; **faire son —** to make one's bed
litre *m.* liter
littéralement literally
littérature *f.* literature
livre *m.* book; **— *f.*** pound
logement *m.* lodging
loger to stay, be lodged
logique logical
loi *f.* law
loin far; **de —** from a distance
loisir *m.* leisure
Londres London
long, longue long; **le long de la Seine** along the Seine; **long de 3 000 kilomètres** 3000 kilometers long
longtemps long, a long time
loterie *f.* lottery
louer to rent
lu (*p.p. of* **lire**) read
lucide lucid, clear, sane
lui (to, for) him, (to, for) her
lumière *f.* light
lumineux, lumineuse luminous, glowing
luminosité *f.* luminosity, brightness
lundi *m.* Monday
lune *f.* moon
lunettes *f.pl.* glasses
lutte *f.* wrestling, struggle
luxe *m.* luxury; **hôtel de —** luxury hotel
Luxembourg *m.* Luxemburg

luxueux, luxueuse luxurious
lycée *m.* French secondary school equivalent to the American high school and junior college

M

ma *f.* my
machine *f.* machine; **— à écrire** typewriter; **— à laver** washing machine
magasin *m.* store
magazine *m.* magazine
Maghreb *m.* the North African countries of Morocco, Algeria, and Tunisia
magnifique terrific, great, magnificent
mai *m.* May
maigre skinny
main *f.* hand; **levez la —** raise your hand
maintenant now
mais but
maison *f.* house; **à la —** at home, home
maître, maîtresse master, mistress, owner
majorité *f.* majority
mal badly, poorly, ill
mal *m.*: **avoir — aux dents** to have a toothache; **avoir — à l'estomac** to have a stomachache; **avoir — à la gorge** to have a sore throat; **avoir — à la tête** to have a headache
malade sick
maladie *f.* sickness
maladroit clumsy, awkward
malchance *f.* bad luck; **porter —** to bring bad luck
malgache pertaining to Madagascar (the Malagasy Republic)
malgré despite
malheur *m.* misfortune; **porter —** to bring bad luck
malheureusement unfortunately
malheureux, malheureuse unhappy, unfortunate
malhonnête dishonest
manger to eat
manière *f.* way, manner

manifestation *f.* demonstration
manifester to demonstrate, show, protest
marchand *m.* merchant
marchandises *f.pl.* merchandise
marche *f.* walk, step; **— à pied** walking
marché *m.* market; **bon —** cheap, inexpensive; **faire le —** to do the shopping; **le Marché aux Puces** flea market; **le Marché Commun** the Common Market
marcher to walk; to run (as a machine)
mardi *m.* Tuesday
mari *m.* husband
mariage *m.* marriage
marier: se — to marry
marin *m.* sailor
Marine *f.* Navy
Maroc *m.* Morocco
marquer to mark, indicate
marre: j'en ai — I'm fed up
mars *m.* March
massacrer to massacre
masque *m.* mask
match *m.* game; **— de football** soccer, football game
matériel *m.* material
mathématicien, mathématicienne mathematician
mathématiques *f.pl.* mathematics
maths *f.pl.:* **les —** math
matière *f.* matter; **les —s premières** raw materials
matin *m.* morning; **le lendemain —** the next morning; the following morning
matinal pertaining to the morning
mauvais bad; **il fait —** the weather is bad
me (to) me, (to) myself
mécanicien *m.* mechanic
médecin *m.* doctor; **aller chez le —** to go to the doctor
médecine *f.* medicine (profession)
médicament *m.* medicine
médiocrité *f.* mediocrity
Méditerranée *f.* Mediterranean
méfier: se — to distrust

meilleur best, better
mélancolique sad, gloomy, melancholy
membre *m.* member
même same, even; **de —** likewise, in the same way; **en — temps** at the same time; **moi- —** myself; **quand —** just the same, anyway; **tout de —** just the same, anyway
menacer to threaten
ménage *m.* housework, household
mener to lead
mentalement mentally
mentalité *f.* mentality
mentionner to mention
mer *f.* sea; **au bord de la —** at the seashore
mercredi *m.* Wednesday
mère *f.* mother
mériter to earn, merit
merveilleux, merveilleuse wonderful, admirable
mesure *f.* measure; **dans une certaine —** to a certain extent
mesurer to measure
métallique metallic
méticuleux, méticuleuse meticulous
métier *m.* trade, business, profession
mètre *m.* meter; **— carré** square meter
métro *m.* subway
mettre to put, put on, wear, set; **— au courant** to inform
meuble *m.* piece of furniture
meurt (*pres. of* **mourir**) dies
Mexique *m.* Mexico
micro *m.* microphone
microbiologie *f.* microbiology
midi *m.* noon; **le Midi de la France** the south of France
mieux better, best; **aimer —** to prefer; **valoir —** to be better
migraine *f.* headache, migraine
milieu *m.* midst, middle, environment, underworld; **au —** in the middle
militaire military
mille thousand
milliard *m.* billion
millier *m.* thousand

millimètre *m.* millimeter
mince thin
minéraux *m.pl.* minerals
minime small, insignificant
ministère *m.* ministry
ministre *m.* minister
minorité *f.* minority
minuit *m.* midnight
mise en scène *f.* directed by
missionnaire *m.* missionary
modèle *m.* model
modéré moderate; **un climat —** a moderate climate
moderne modern
modeste modest
moi me, I; **-même** myself
moins less, least; **au —** at least; **de — en —** less and less; **plus ou —** more or less
mois *m.* month
moitié *f.* half
monastère *m.* monastery
monde *m.* world, people; **il y a moins de —** there are fewer people; **tout le —** everybody
mondial pertaining to the world; **la deuxième guerre —e** the Second World War
monnaie *f.* change (money); **pièce de —** coin
monotonie *f.* monotony
monsieur (*pl.* **messieurs**) *m.* Mr., sir, gentleman
mont *m.* mountain, mount
montagne *f.* mountain
montagneux, montagneuse mountainous
monter to go up, rise, bring up, get on, get in
montre *f.* watch; **ma — retarde** my watch is slow
montrer to show
moquer; se — (de) to make fun (of)
morale *f.* ethics, morals
moralité *f.* morality
morceau *m.* piece
mort *f.* death
mort (*p.p. of* **mourir**) dead, died; **— de fatigue** dead tired
Moscou Moscow
mot *m.* word; **— à —** word for word
moteur *m.* motor

motiver to motivate
moto *f.* motorcycle
motocyclette *f.* motorbike
motoneige *f.* snowmobile
mots-croisés *m.* crossword puzzle
mourir to die
mouton *m.* sheep
mouvement *m.* movement
moyen *m.* means, middle; **— de transport** means of transportation; **le Moyen Orient** the Middle East
moyenne *f.* average
multiplier to multiply
mur *m.* wall
musée *m.* museum
musicien, musicienne musician
musique *f.* music
musulman *m.* Muslim
mutation: en — in the process of changing one's situation
mutuel, mutuelle mutual
mystérieux, mystérieuse mysterious
myth *m.* myth

N

nager to swim
naïf, naïve naive
naissance *f.* birth; **la date de —** birthdate
natation *f.* swimming
nationalité *f.* nationality
nature *f.* nature; **café —** black coffee
naturel, naturelle natural
naufrage *m.* shipwreck
nautique: le ski — waterskiing
navire *m.* ship
ne no, not; **— ... jamais** never; **— ... ni ... ni** neither . . . nor; **— ... personne** nobody; **— ... plus** no longer; **— ... que** only, nothing but; **— ...rien** nothing
né (*p.p. of* **naître**) born
nécessaire necessary
nécessairement necessarily
nécessité *f.* necessity, need
neige *f.* snow
neiger to snow
nettoyer to clean

neuf, neuve *adj.* brand new
neuf nine
neveu *m.* nephew
ni neither, nor
Nil *m.* the Nile
niveau *m.* level
Noël *m.* Christmas
noir black
noix *f.* nut; **— de coco** coconut
nom *m.* name; **— de famille** last name
nombre *m.* number
nombreux, nombreuse numerous
non no; **— plus** not . . . either, neither; **— seulement** not only
nord *m.* north
normalement normally
Normandie *f.* Normandy, province in northwestern France
Norvège *f.* Norway
norvégien, norvégienne Norwegian
nos our (*pl.*)
nostalgie *f.* homesickness
notamment particularly
noter to note, notice
notre our
nous we, (to) us; **— -mêmes** ourselves
nouveau, nouvelle new; **de —** again; **la Nouvelle Zélande** New Zealand
nouvelle *f.* piece of news
novembre *m.* November
nucléaire nuclear; **centrale —** nuclear power plant
nuit *f.* night; **boîte de —** nightclub
numéro *m.* number
nu nude, bare; **pieds —s** barefoot
nutritif, nutritive nutritious

O

objet *m.* object
obliger to oblige; **être obligé de** to be obliged to, have to
obsédé obsessed
observateur *m.* observer
observer to observe, notice
obtenir to obtain, get

occase *f. coll.* bargain
occasion *f.* bargain; **d' —** secondhand
occulte occult
occupé busy, occupied; **la ligne est —e** the line is busy
octobre *m.* October
odeur *f.* smell, scent
œuf *m.* egg; **— à la coque** soft-boiled egg; **— dur** hard-boiled egg
œuvre *f.* work
officiel, officielle official
officiellement officially
offrir to offer
offre *f.* offer
oignon *m.* onion
oiseau *m.* bird
olympique olympic; **les Jeux Olympiques** the Olympic Games
on one, somebody, we, they, people
oncle *m.* uncle
onze eleven
opposé opposite, opposed
ordinaire ordinary
ordonnance *f.* prescription
ordre *m.* order
organisation *f.* organization
organiser to organize
Orient *m.* Orient, east; **le Moyen —** the Middle East
origine *f.* origin
ou or; **ou ... ou** either . . . or; **— bien** or else, or
où where, when
oublier to forget
ouest *m.* west
oui *m.* yes
ours *m.* bear
ouvert (*pp. of* **ouvrir**) opened
ouvre-boîte *m.* can opener
ouvrier, ouvrière worker
ouvrir to open

P

pacifique calm, peaceful
Pacifique *m.* Pacific
pain *m.* bread; **— beurré** buttered bread; **— grillé** toast

paire *f.* pair
paix *f.* peace
palais *m.* palace
palmier palm tree
panaméen, panaméenne Panamanian
pancarte *f.* sign
panne: être en — to be broken down (as a car, etc.)
paniquer to panic
panneau *m.* sign; **— indicateur** road sign
pantalon *m.* pants
pape *m.* pope
papier *m.* paper; **feuille de —** sheet of paper; **serviette en—** paper napkin
papillon *m.* butterfly
paquet *m.* package
par by, through, by means of; **— contre** on the other hand; **— exemple** for example; **— ici, — là** over here, over there; **— terre** on the floor; **une fois — jour** once a day
paradis *m.* paradise
paraît (*pres. of* **paraître**) seems, appears
paraître to seem, appear
parapluie *m.* umbrella
parc *m.* park
parce que because
parcourir to drive, cover
parent *m.* parent, relative
parfait perfect
parfum *m.* perfume
parfumé scented, fragrant
parisien, parisienne Parisian
parler to speak, talk; **— plus fort** to speak louder
parmi among
partager to share, divide
partenaire *m. & f.* partner
parti *m.* party; **— politique** political party
participer to participate, take part
particulier, particulière particular, special, **leçon particulière** private lesson
particulièrement particularly
partie *f.* part; **faire — de** to be a part of; **surprise- —** party
partir to leave, depart
partout everywhere

pas not, no; **ne... —** not, no; **— de** no; **— du tout** not at all
pas *m.* step
passager, passagère passenger
passé *m.* past
passeport *m.* passport
passer to spend, pass; **— son temps** to spend one's time; **— une annonce** to place an ad; **— un examen** to take a test; **se —** to happen
passe-temps *m.* pastime
passionnant thrilling, exciting
passionné passionate
passivité *f.* passiveness
patiemment patiently
pâtisserie *f.* pastry, pastry shop
patron, patronne boss, owner
patte *f.* foot, paw; **à quatre —s** on all fours
pauvre poor
payer to pay
paysan, paysanne peasant
peindre to paint
peine *f.* difficulty, sorrow; **ça vaut la —** it's worth the trouble
peintre *m.* painter
peinture *f.* painting
pencher to lean
pendant while, during, for; **— que** while
pénétrer to penetrate
pénitentiaire: colonie — penal colony
penser to think; **— à** to think of (about); **— de** to have an opinion about
perceptif, perceptive perceptive
perdre to lose
perdu (*p.p. of* **perdre**) lost
père *m.* father
perfectionner to perfect
périodiquement periodically
permettre to allow, let, permit
permis *m.:* **— de conduire** driver's license
Perse *f.* Persia (Iran)
persécuter to persecute
personnage *m.* character
personnalité *f.* personality
personne *f.* person; **ne... —** nobody, no one
personnel, personnelle personal
personnellement personally

persuader to persuade, convince
pessimiste *m. & f.* pessimist
pétanque *f.* boccie ball
petit small, little short; **— ami** boyfriend; **—e amie** girlfriend; **— déjeuner** breakfast; **— -fils** grandson
pétrifié petrified
pétrole *m.* oil
peu little, a little, somewhat; **à — près** nearly, almost; **un — a** little; **— à —** little by little; **— de** little; **— de chose** not much, nothing much
peur *f.* fear; **avoir —** to be afraid; **faire —** to scare, frighten
peut (*pres. of* **pouvoir**) can
peut-être perhaps
peuvent (*pres. of* **pouvoir**) can
peux (*pres. of* **pouvoir**) can
pharmacie *f.* drugstore
pharmacien, pharmacienne pharmacist
phénomène *m.* phenomenon
philosophe *m. & f.* philosopher
philosophie *f.* philosophy
phoque *m.* seal
photographe *m.* photographer
photographier to photograph, take a picture
phrase *f.* sentence
physique *m.* looks
physique physical
pièce *f.* piece; **— de monnaie** coin; **de théâtre** play
pied *m.* foot; **aler à —** to walk; **—s nus** barefoot
pierre *f.* stone; **— tombale** tombstone
pilote *m.* pilot, driver
piloter to drive, steer, fly
pilule *f.* pill
pin *m.* pine (tree)
pionnier *m.* pioneer
pique-nique *m.* picnic
Pise *f.* Pisa
pittoresque picturesque
place *f.* place, seat; **sur —** on the spot
plage *f.* beach
plaindre to feel sorry for, pity; **se — ** to complain
plaine *f.* plain

plaisir *m.* pleasure; **faire — à** to please

plaît (*pres. of* **plaire**) please; **s'il vous —** please

plan *m.* plan, map

planche *f.* board

planète *f.* planet

planeur *m.* glider

plante *f.* plant

plaque *f.* plate

plastique *m.* plastic; **en —** made of plastic

plat *m.* dish

Platon Plato

plein full; **en —** in the middle of

pleinement fully

pleut (*pres. of* **pleuvoir**) rain

pleuvoir to rain

pluie *f.* rain

plupart *f.* most, majority

plus more; **de —** besides, more; **de — en —** more and more; **en —** in addition

plusieurs several

pluvieux, pluvieuse rainy

pneu *m.* tire

poème *m.* poem

poésie *f.* poetry

poète *m.* poet

poids *m.* weight

point *m.* point; **— de vue** point of view

pointe *f.* point, cape; **les heures de —** rush hours

poisson *m.* fish

poivre *m.* pepper

poli polite

police *f.* police; **agent de —** policeman, policewoman

policier *m.* policeman, policewoman, detective

politesse *f.* courtesy, politeness

politicien *m.* politician

politique *f.* politics, political; **les hommes —s** politicians

Pologne *f.* Poland

polonais Polish

pont *m.* bridge

populaire popular

popularité *f.* popularity

porc *m.* pork, pig

porte *f.* door

porte-bonheur *m.* good-luck charm

porte-monnaie *m.* purse

porter to wear, bring, carry; **ça porte malheur** that brings bad luck

portugais Portuguese

poser to place; **— une question** to ask a question

posséder to possess, own, have

possibilité *f.* possibility

possible possible; **faire son —** to do one's best

postal postal; **carte —e** postcard

poste *m.* post, set; **— de télévision** television set

pour for, in order to, on account of

pourquoi why

pourra (*fut. of* **pouvoir**) will be able

pourrais (*cond. of* **pouvoir**) could

pourtant however

pousser to push, grow

pouvez (*pres. of* **pouvoir**) can

pouvoir to be able, can

pouvoir *m.* power

pratique *f.* practice, practical

pratiquer to practice, do

précédent preceding

précieux precious

précipiter: se — to dart, rush forward

précis precise, exact

précisément precisely

préciser to specify, state

prédire to predict

préférer to prefer

préhistoire *f.* prehistory

préhistorique prehistorical

préjugé *m.* prejudice

premier, première first, top; **du premier coup** on the first try; **en premier lieu** in the first place

prend (*pres. of* **prendre**) takes

prendre to take, catch, seize, get, eat, drink; **— une décision** to make a decision; **— le petit déjeuner** to eat breakfast; **— au sérieux** to take seriously

prenez (*pres. of* **prendre**) take

prénom *m.* first name

préoccupé preoccupied

préparer to prepare; **se — à** to get ready to

près near, close; **— de** near, close (to)

présenter to present; **se —** to present oneself, appear; **se — aux élections** to run for election

préserver to preserve

presque almost, nearly

prestigieux, prestigieuse prestigious, famous

prévoir to foresee

prier to beg, ask; **vous êtes prié de ne pas fumer** no smoking, please

prière *f.* prayer; **— de frapper** please knock

primitif, primitive primitive

printemps *m.* spring; **au —** in the spring

priorité *f.* priority

pris (*p.p. of* **prendre**) taken

prisonnier *m.* prisoner

privé private

prix *m.* cost, prize, value; **à tout —** at all cost

probablement probably

problème *m.* problem

procès *m.* court case, trial

prochain next

proclamer to proclaim, state

produire to produce

produit *m.* product

professeur *m.* teacher, instructor

professionnel, professionnelle professional

profiter to profit; **— de l'occasion** to take advantage of the opportunity

profond deep

programme *m.* program, schedule

progrès *m.* progress

progressivement progressively

projet *m.* project, plan

proliférer to proliferate

promenade *f.* to walk; **faire une — (à pied)** to take a walk; **faire une — en voiture** to take a ride

promener: se — to walk

promis (*p.p. of* **promettre**) promised

proposer to propose

propre clean, own

propriétaire *m. & f.* owner

propriété *f.* property, ownership
prospérité *f.* prosperity
protéger to protect
protéine *f.* protein
prouver to prove
Provence *f.* Provence, a province in southeastern France
proverbe *m.* proverb
provoquer to provoke, trigger
proximité *f.* proximity
prudemment wisely, carefully
psychiatre *m.* psychiatrist
psychologie *f.* psychology
psychologique psychological
psychologue *m.* psychologist
public, publique public
publicitaire: affiche — (advertising) poster
publicité *f.* advertising, publicity
publier to publish
puis then, afterward, next
puisque since
pulmonaire pulmonary
punir to punish
punition *f.* punishment
pur pure
puritain puritanical
pyramide *f.* pyramid
Pyrénées *f.pl.* Pyrenees, mountains in southern France

Q

quadriller to crisscross
qualifié qualified
qualité *f.* quality
quand when
quarante forty
quart *m.* one fourth; **neuf heures et —** a quarter after nine; **neuf heures moins le —** a quarter of nine; **le — de nuit** night-watch; **un — d'heure** a quarter of an hour
quartier *m.* quarter, district, area, neighborhood
quatorze fourteen
quatre four
quatre-vingt-dix ninety
que that, whom, which, what, than; **ce — ** what, that which; **qu'est-ce —** what; **plus jeune — moi** younger than I

québécois pertaining to Quebec
quel, quelle what, which; **à quelle heure** (at) what time
quelque some, any, a few; **— chose** something; **— temps** some time
quelquefois sometimes
quelqu'un (*m.pl.* **quelques-uns,** *f.pl.* **quelques-unes**) some, somebody, anybody
querelle *f.* quarrel
question: poser une — to ask a question
qui who, whom, which that; **ce — ** what, that which; **qu'est-ce —** what
quinze fifteen
quitter to leave
quoi what, which
quotidien, quotidienne daily

R

racine *f.* root
racisme *m.* racism
raconter to tell
rafale *f.* gust of wind
rage *f.* rabies
raison *f.* reason; **avoir —** to be right
raisonnable reasonable
ralentir to slow down
ramasser to pick up
ramener to bring back
rang *m.* place, rank
rapide fast, quick
rapidement quickly, rapidly
rapport *m.* rapport, relationship
rarement rarely
raser: se — to shave
rassurer to reassure
rationnel, rationnelle rational, sane, sound
ravissant beautiful, ravishing
réagir to react
réaliser to carry out, accomplish
réalistic realistic
réalité *f.* reality; **en —** really, actually
recette *f.* recipe
recevoir to receive, invite

recherche *f.* search, research; **à la — de** in search of, in pursuit of
réciproquement mutually, vice versa
récit *m.* story, account
reçoit (*pres. of* **recevoir**) receives
reçoivent (*pres. of* **recevoir**) receive
récolte *f.* harvest
recommander to recommend
recommencer to begin again
réconfort *m.* comfort, relief
reconnaître to recognize
reconsidérer to reconsider
reconstruire to reconstruct
recoudre to sew up
récréation *f.* recess
recréer to re-create
reçu (*p.p. of* **recevoir**) received
récupérer to recuperate, recover, retrieve
rédacteur, rédactrice editor
redevenir to become again
réduire to reduce
réel, réelle real, authentic
refaire to redo
réfléchir to think, consider
refléter to reflect
réflexion *f.* reflection
réfugié *m.* refugee
refuser to refuse
regard *m.* look, glance
regarder to look at
régime *m.* diet; **suivre un —** to be on a diet
règle *f.* rule, ruler
régler to control, rule
regretter to regret, miss, be sorry
régulier, régulière regular
régulièrement regularly
réincarné reincarnated
rejeter to reject
religieux, religieuse religious
relique *f.* relic
relire to reread
remarquable remarkable
remarque *f.* remark
remarquer to notice, observe
remède *m.* remedy, cure
remerciements *m.pl.* thanks
remonter to go (back) up
remplacer to replace

rencontrer to meet, find

rendez-vous *m.* date, meeting, appointment

rendre to render, return, make; **— fou** to drive crazy; **— un service à quelqu'un** to do someone a favor; **— visite à quelqu'un** to pay someone a visit; **une composition à —** a term paper to turn in

renseignements *m.pl.* information

rentrer to return, go back

réparateur, réparatrice reparer

réparation *f.* repair; **en —** under repair

réparer to repair

repartir to leave again

repas *m.* meal

repêcher to recover, rescue

répéter to repeat

répondre to answer

réponse *f.* answer

reportage *m.* reporting, report

repos *m.* rest

reposer: se — to rest

reprendre to take again

représentatif, représentative representative

représenter to represent

reproche *m.* reproach; **faire des —s à quelqu'un** to reproach someone

reprocher to reproach

république *f.* republic

réputé famous, known, reputed

requin *m.* shark

réservé reserved

réserve *f.* reservation

respiratoire respiratory; **des exercices —s** breathing exercises

respirer to breathe

responsabilité *f.* responsibility

responsable responsible

ressembler to resemble, look alike

reste *m.* rest, remainder

rester to stay, remain; **il lui reste environ deux heures** he has about two hours left

résultat *m.* result

retour *m.* return

retourner: se — to turn over again, turn around

retracer to retrace

retraite *f.* retreat, retirement

retrouver to find (meet) again

réunion *f.* meeting

réussir to succeed, pass; **— à un examen** to past a test, **— du premier coup** to pass (succeed) on the first try

rêver to dream

réveil-matin *m.* alarm clock

réveiller: se — to wake up

révéler to reveal

revenir to come back, return

revient (*pres. of* **revenir**) returns

révolte *f.* revolt

revue *f.* magazine

Rhin *m.* Rhine

Rhodésie *f.* Rhodesia

ri (*p.p. of* **rire**) laughed

riche rich

richesse *f.* wealth

ridicule ridiculous

rien nothing; **ne …—** nothing; **sans — dire** without saying anything

rigoureusement strictly, rigorously

risquer to risk

rivière *f.* river, stream

robe *f.* dress

rôle *m.* role; **jouer un —** to play a role

romain Roman; **l'Empire —** the Roman Empire

roman *m.* novel

romantique romantic

rond round

rôti *m.* roast; **— de porc** pork roast

roue *f.* wheel; **— arrière** back wheel; **— avant** front wheel

rouge red

rouler to drive, travel

roulotte *f.* trailer

roumain Rumanian

Roumanie *f.* Rumania

route *f.* route, road, way; **la bonne —** the right way; **le code de la —** traffic laws; **en —** on the way

routier, routière pertaining to roads; **la borne routière** highway marker; **les signaux routiers** road signs

roux: les cheveux — red hair

royauté *f.* royalty

rue *f.* street

russe Russian

Russie *f.* Russia

S

sa *f.* his, her, its, one's

sac *m.* sack, bag

Sacré-Cœur *m.* church in Montmartre (Paris)

sadique sadistic

sais (*pres. of* **savoir**) know

saison *f.* season

sait (*pres. of* **savoir**) knows

salaire *m.* salary, pay; **un — inférieur** a lower salary

sale dirty

salle *f.* room; **— de bain(s)** bathroom

saluer to greet

salut *m.* Hi! (informal greeting)

sanctuaire *m.* sanctuary

sang *m.* blood

sanglier *m.* wild boar

sanitaire sanitary

sans without; **— doute** probably

santé *f.* health; **en bonne —** in good health; **en mauvaise —** in bad health

satanique satanic, devilish

satisfaire to satisfy

Saturne *f.* Saturn

saucisson *m.* sausage, salami

sauf except

sauriez (*cond. of* **savoir**) would know; **— -vous conduire?** would you know how to drive?

sauter to jump

sauvage wild

sauver to save

sauveteur *m.* rescuer

savez, savent (*pres. of* **savoir**) know

savoir to know

scandaleux, scandaleuse scandalous

sceptique skeptical

scientifique scientific

scolaire pertaining to schools; **l'année —** the school year; **le travail —** school work

scrupuleusement scrupulously

scrupuleux, scrupuleuse scrupulous

se (to, for) himself, herself, itself, oneself, themselves, each other

secondaire secondary

seconde *f.* second

secours *m.* help; **au —** help!

secrétaire *m. & f.* secretary

sécurité *f.* security

seize sixteen

séjour *m.* stay

selon according to

semaine *f.* week; **une fois par —** once a week

sembler to seem, appear

sens *m.* sense, direction, meaning; **le bon —** common sense; **— interdit** wrong way

sensible sensitive

sensualité *f.* sensuality

sentier *m.* path

sentiment *m.* feeling, sentiment

sentinelle *f.* sentinel, sentry

sentir to smell; **se —** to feel

séparer to separate

sept seven

septembre *m.* September

sera (*fut. of* **être**) will be

serait, seraient (*cond. of* **être**) would be

serez (*fut. of* **être**) will be

série *f.* series

sérieusement seriously

sérieux, sérieuse serious; **prendre au sérieux** to take seriously

seront (*fut of* **être**) will be

serpent *m.* snake

serrer to grasp, shake (hands)

serviette *f.* napkin, briefcase; **— en papier** paper napkin

servir to serve

ses his, her, its

seul alone, lonely; **tout —** all by oneself

seulement only

sexe *m.* sex

sexisme *m.* sexism

sexiste sexist, chauvinist

si if, whether, so, suppose

siècle *m.* century

signaler to point out, notify

signaux (*pl. of* **signal**) signal; **— routiers** road signs

signe *m.* sign

signification *f.* meaning

signifier to signify, mean

silencieux, silencieuse silent, quiet

simplement simply

simplicité *f.* simplicity

simplifier to simplify

sincérité *f.* sincerity

sinistre sinister

sinon otherwise, if not

situer to locate, situate

sixième sixth

ski *m.* ski; **faire du —** to ski; **faire du — nautique** to water-ski

société *f.* society

sœur *f.* sister

soi oneself; **chacun pour —** every person for himself or herself

soif *f.* thirst; **avoir —** to be thirsty

soigner to take care of

soin *m.* care

soir *m.* evening; **tous les —s** every evening

soit (*subj. of* **être**): **— ... —** either ... or

soixante sixty; **— -dix** seventy

sol *m.* ground, soil

soleil *m.* sun; **il fait du —** it's sunny

solidarité *f.* solidarity

solitaire lonely; **vivre en —** to live alone

solliciter to solicit, seek

sombre gloomy, somber

somme *f.* sum; **en —** in short

sommeil *m.* sleep

sommes (*pres. of* **être**) are

son *m.* his, her, its, one's

sondage *m*: **— d'opinion** opinion poll

sonner to ring

sont (*pres. of* **être**) are

sorcière *f.* witch

sorte *f.* kind, sort; **toutes —s d'animaux** all kinds of animals

sortir to leave, go out

soudain sudden, suddenly

souffler to blow

souffrance *f.* suffering

souffrir to suffer, be in pain

souhaiter to wish

soupe *f.* soup

sourire to smile

sous under; **— forme d'animaux** in the form of animals; **des — -vêtements** underwear

sous-estimer to underestimate

sous-marin *m.* submarine

sous-titre *m.* subtitle

souterrain underground

souvent often, frequently

soyez (*subj. & imp. of* **être**) be

spatial, m. (*pl.* **spatiaux**) from outer space

spécialement specially

spécialité *f.* specialty

spectateur *m.* spectator

sport *m.* sport; **faire du —** to play a sport; **terrain de —** playing field; **voiture de —** sports car

sportif, sportive athletic

squelette *m.* skeleton

stabilité *f.* stability

stade *m.* stadium

stationnement *m.* parking

stationner to park; **il est interdit de —** no parking

station-service *f.* service station

statistique *f.* statistic

stéréotypé stereotyped

stimuler to stimulate

stop *m.* stop; **faire de l'auto —** to hitchhike

stratégique strategic

stylo *m.* pen

su (*p.p. of* **savoir**) learned, discovered

substantiel, substantielle substantial

subvention *f.* support, subsidy

succès *m.* success

sud *m.* south

Suède *f. Sweden*

suédois Swedish

suffisamment sufficiently, enough

suffisant sufficient

suffit, suffisent (*pres. of* **suffire**) to suffice, be enough

suggérer to suggest

suis (*pres. of* **être**) am

suisse Swiss

Suisse *f.* Switzerland

suit (*pres. of* **suivre**) follows

suite: tout de — immediately

suivant following, next

suivez (*pres. & imp. of* **suivre**) follow

suivre to follow; **— un cours** to take a class; **— un régime** to diet

sujet *m.* subject; **au — de** about, concerning

superflu superfluous, unnecessary

supérieur superior, upper, above

supériorité *f.* superiority

superstitieux, superstitieuse superstitious

sur on, upon, about; **un Français — trois** one Frenchman out of three; **— place** on the spot

sûr sure, certain; **bien —** of course

sûrement certainly, surely

surmonter to overcome

surnaturel, surnaturelle supernatural

surprise-partie *f.* party

surtout especially

survie *f.* survival

survivant *m.* survivor

symbole *m.* symbol

symboliser to symbolize

sympathique nice; **il a l'air —** he looks kind, nice

système *m.* **le — D** *coll.* the ability to manage

T

ta *f.* your (familiar)

tabac *m.* tobacco

table *f.* table; **être à —** to be at the table

tableau *m.* picture, table

tahitien, tahitienne Tahitian, pertaining to Tahiti

tailleur de pierre *m.* stonecutter

taire: se — to keep quiet

tante *f.* aunt

Tanzanie *f.* Tanzania

taper to type, strike, tap

tard late; **il se fait —** it's getting late; **plus —** later

tasse *f.* cup

tatouage *m.* tattoo

taureau *m.* bull

Tchad *m.* Chad

Tchécoslovaquie *f.* Czechoslovakia

tchèque Czech

te (to, for) you, (to, for) yourself (familiar)

technicien, technicienne technician

technologie *f.* technology

télégramme *m.* telegram

télépathie *f.* telepathy

téléphoner to telephone

téléviser to televise

téléviseur *m.* television set

témoin *m.* witness

tempête *f.* storm

temporaire temporary

temps *m.* time, weather, tense; **de — en —** from time to time; **en même —** at the same time; **je passe mon — à lire** I spend (my) time reading; **tout le —** always

tendance *f.* tendency

tendresse *f.* tenderness

tenir to hold

tennis *m.* tennis; **jouer au —** to play tennis

tentative *f.* attempt

tenter to tempt, attempt

terminer to finish, terminate

terrain *m.* ground; **— de camping** campground; **— de sport** (playing) field

terre *f.* land, earth; **par —** on the floor

territoire *m.* territory

terroriser to terrorize, scare

tester to test

tête *f.* head; **avoir mal à la —** to have a headache

texte *m.* text

thé *m.* tea

théâtre *m.* theater

théorie *f.* theory

tiède lukewarm

tient (*pres. of* **tenir**) holds

timbre *m.* stamp

timide shy; **avoir l'air —** to look shy

titre *m.* title

toit *m.* roof

tombal: pierre —e tombstone

tomber to fall; **— amoureux** to fall in love

tonne *f.* ton

tornade *f.* tornado

torride scorching, torrid

tort *m.* wrong; **avoir —** to be wrong

tôt soon; **plus —** sooner; **le plus — possible** as soon as possible

totalement totally

touchant touching

toucher to touch; to cash (a check)

toujours always, still, ever

tour *f.* tower; **—** *m.* trip; **faire le — du monde** to take a trip around the world

tourisme *m.* tourism; **l'office du —** tourist bureau

touriste *m. & f.* tourist

tournant *m.* curve, bend

tourner to turn; **se —** to turn around

tout, toute, tous, toutes all, every, quite, very; **à tout âge** at any age; **à tout prix** at all cost; **pas du tout** not at all; **tous les soirs** every evening; **tout à fait** completely; **tout de suite** immediately; **tout droit** straight ahead; **tout le monde** everyone; **tout près** very (quite) near; **tout seul** all alone

toutou *m. coll.* dog, doggy

tracer to trace

traditionnel, traditionnelle traditional

traduit (*p.p. of* **traduire**) translated

tragédie *f.* tragedy

train *m.* train; **en — de** in the act of, (be) busy; **voyager en —** to travel by train

traîner: se — to drag around

trait *m.* feature, trait

traîtement *m.* treatment

traîter to treat

tramway *m.* streetcar, tram

tranquille quiet, calm

tranquillement quietly, calmly

tranquillité *f.* peace, calm

transformer to change, transform

transplanter to transplant

transport *m.* transportation; **moyen de —** means of transportation

transporter to transport, carry

travail (*pl.* **travaux**) *m.* work; **les travaux forcés** hard (forced) labor

travailleur, travailleuse worker

travailler to work

traversée *f.* crossing

traverser to cross

trente thirty

très very

trésor *m.* treasure

tribu *f.* tribe

triste sad

tristement sadly

tristesse *f.* sadness

trois three; **un Français sur —** one Frenchman out of three

troisième third

trop too; **— de** too much, too many

trou *m.* hole

trouver to find; **se —** to be located, be found

truffe, *f.* truffle

truffier: chien — dog specially trained to find truffles

tsar *m.* czar

tu you

tulipe *f.* tulip

Tunisie *f.* Tunisia

Turquie *f.* Turkey

type *m.* type, guy

typique typical

typiquement typically

tyrannique tyrannical

U

un one, a, an; **l'— à l'autre** to each other; **les —s avec les autres** with each other

uni united

uniforme *m.* uniform

universel, universelle universal

université *f.* university

urbain urban

urgence *f.* urgency, emergency

usine *f.* factory

ustensile *m.* utensil

utile useful

utiliser to use

V

va (*pres. of* **aller**) goes, is going; **ça —** that's all right, that's it, it's okay; **comment — -t-elle** how is she?

vacances *f.pl.* vacation, holidays; **bonnes —!** have a nice vacation!; **être en —** to be on vacation; **passer des —** to spend a vacation

vaccin *m.* vaccine

vais (*pres. of* **aller**) go

vague *f.* wave

vaisselle: faire la — to do the dishes

valeur *f.* value

vallée *f.* valley

vandalisme *m.* vandalism

vaniteux, vaniteuse vain, conceited

varier to vary

variété *f.* variety

vas (*pres. of* **aller**) go

vaste vast

vaudrait (*cond. of* **valoir**) would be worth; **il — mieux** it would be better

vaut (*pres. of* **valoir**) is worth; **ça — la peine** it's worth the trouble; **il — mieux** it's better

vécu (*p.p. of* **vivre**) lived

vedette *f.* star

véhicule *m.* vehicle

vélo *m.* bicycle

vendeur, vendeuse salesperson

vendre to sell

vendredi *m.* Friday

vénézuélien, vénézuélienne Venezuelan

vengeance *f.* revenge

venimeux, venimeuse poisonous, venomous

venir to come; **— de** just, to have just

verbe *m.* verb

vérifier to verify, check

véritable real, genuine

vérité *f.* truth; **dire la —** to tell the truth

verre *m.* glass

vers toward; **— dix heures** around ten o'clock

versatilité *f.* versatility, flexibility

vert green

verticalement vertically

vertu *f.* virtue

vestige *m.* trace

Vésuve *m.* Vesuvius

vêtements *m.pl.* clothes

vétérinaire *m.* veterinarian

veuillez (*polite style of* **vouloir**): **—accepter nos remerciements** please accept our thanks

veulent, veut, veux (*pres. of* **vouloir**) wish, want

victime *f.* victim

vide empty

vie *f.* life, living; **la prison à —** life imprisonment

vieille (f. of vieux) old

vieillesse *f.* old age

viens, vient, viennent (*pres. of* **venir**) come; **vient de** just

vieux, vieille old

ville *f.* city, town; **en —** downtown; **la — lumière** the City of Light (Paris)

vin *m.* wine

vingt twenty

violon *m.* violin; **jouer du —** to play the violin

virage *m.* turn, bend

visite *f.* visit; **rendre — à** to visit (people); **faire une —** to visit

visiter to visit (places)

visiteur, visiteuse visitor

vit (*pres. of* **vivre**) lives

vite quick, quickly

vitesse *f.* speed; **changer de —** to change gears

vivant alive, living

vive, vivent (*subj. of* **vivre**): long live

vivre to live

voici here is (are), there is (are)

voie *f.:* **— d'eau** leak
voient (*pres. of* **voir**) see
voilà there is (are)
voile *f.* sail; **bateau à —** sailboat
voir to see
vois (*pres. of* **voir**) see
voisin *m.* neighbor, neighboring
voit (*pres. of* **voir**) sees
voiture *f.* car; **faire une promenade en —** to go for a ride
volant *m.* steering wheel; **démon du —** speed demon
volcan *m.* volcano
voler to steal, fly
volontaire voluntary, spontaneous
vont (*pres. of* **aller**) go
vos *pl.* your (polite)
voter to vote
votre your; **à — avis** in your opinion (polite)

voudrais, voudrait, voudriez (*cond. of* **vouloir**) would like
voulais (*imperfect of* **vouloir**) wanted, wished
voulez (*pres. of* **vouloir**) wish, want
vouloir to wish, want
voulu (*p.p. of* **vouloir**) wished, wanted
vous your; **vous-même(s)** yourself, yourselves (polite)
voyage *m.* trip; **faire un —** to take a trip; **partir en —** to leave on a trip
voyager to travel
voyelle *f.* vowel
voyez, voyons (*pres. of* **voir**) see; **voyons** let's see
vrai true
vraiment really, truly
vu (*p.p. of* **voir**) seen

vue *f.* view; **point de —** point of view
vulgarité *f.* vulgarity

W

wagon *m.* car (of a train)
wagon-lit *m.* pullman car

Y

y in it, at it, to it, there; **il — a** there is (are), ago; **— compris** including
yeux (*m.pl. of* **œil**) eyes
Yougoslavie *f.* Yugoslavia

Z

Zaïre *m.* Zaire (formerly the Belgian Congo)

PHOTO CREDITS AND ACKNOWLEDGMENTS

Photo Credits: Cover photo, Rodolphe Rousseau. *Rue de Grenelle.* Galerie Naïfs et Primitifs, Paris / New York. **9** *(top, middle, bottom)*, Photo Researchers Inc. **11,** Photo Researchers Inc. / © Helena Kolda. **20,** DPI, Inc. / Mickey Pallas. **24,** © 1980 Dorka Raynor. **37** *(left, center, right)*, courtesy Club Med. **53,** SIPA Press / © Patrick Frilet. **61,** Photo Researchers Inc. **65,** Monkmeyer Press Photo / Rogers. **84,** © Beryl Goldberg. **89,** Monkmeyer Press Photo / Helena Kolda. **102,** Monkmeyer Press Photo. **103,** Monkmeyer Press Photo / Mazonowicz. **106,** French Government Tourist Office. **110,** United Nations. **115,** Photo Researchers Inc. **119,** United Press International, Inc. **121,** French Cultural Service. **135,** Photo Researchers Inc. / Rapho. **136** *(top and bottom)*, French Government Tourist Office. **137,** Magnum Photos / Marc Riboud. **140–41** *(all)*, DPI / © Harold S. Jacobs. **144** *(left and right)*, Services Culturels de l'Ambassade de France. **144** *(center)*, H. Roger Viollet. **154,** © Helena Kolda. **160,** Editorial Photocolor Archives / Robert Rapelye. **170,** courtesy of Société d'Aménagement de l'Outaouais. **175,** courtesy Éditeur Officiel du Québec. **188** *(top and bottom)*, courtesy of Renault. **191,** Editorial Photocolor Archives / Robert Rapelye. **197** *(left)*, © Beryl Goldberg. **197** *(right)*, Monkmeyer Press Photo / Rogers. **199,** © Beryl Goldberg

Permissions and Acknowledgments: 3, "J'adore, je déteste," adapted from *Salut les copains*, reprinted by permission of the publisher. **5,** "Les Loisirs préférés des Français," from *Le Nouveau Guide France*, reprinted by permission of Classiques Hachette. **21,** "La France et les touristes," excerpt from *L'Express*, reprinted by permission of the New York Times Syndication Sales Corp. **23,** France Monaco excerpt from *Vidéo-Presse*, Québec. **29,** "La Graphologie: Votre caractère est dans votre écriture," adapted from an article from *Paris Match*, reprinted by permission of the publisher. **32,** "Savoir s'exprimer," reprinted by permission of Éditions Retz, Paris. **37,** "Adieu les vacances traditionnelles," reprinted by permission of Club Med. **42,** "Amérique du Nord et Amérique latine," reprinted by permission of *Figaro Magazine*. **50,** excerpt from *Refrains enfantins* by Jacques Prévert, reprinted by permission of Éditions Gallimard. **51,** "Femme à la maison ou la vie de 70% de femmes," from *Le Petit livre rouge des femmes*, Éditions Vie Ouvrière. **56,** "Êtesvous superstitieux?" by Ernest Dichter, adapted from *Elle* magazine. **65,** "Vive l'occase!" by Michèle Leloup, adapted from *L'Express*, reprinted by permission of the New York Times Syndication Sales Corp. **76,** "Astérix a vingt-cinq ans," adapted from an article from *Figaro Magazine*. **76, 79,** Astérix and Astérix cartoon characters from *Le Fils d'Astérix*, 1983 edition, reprinted by permission of Éditions Albert René. **84,** "Tout pour les toutous," adapted from an article from *Figaro Magazine*. **87,** Flatazor dog food ad, reprinted by permission of Flatazor. **91,** "Au Jardin Zoologique," reprinted by permission of Société Zoologique de St. Félicien, Québec. **94,** "Les Français vus par les Anglais et réciproquement," adapted from an article from *Paris Match*, reprinted by permission of the publisher. **102,** "La grotte de Lascaux," adapted from an article from *L'Express*, reprinted by permission of the New York Times Syndication Sales Corp. **110,** "L'Afrique, c'est mon milieu naturel," adapted from an article from *Jeune Afrique*, reprinted by permission of the publisher. **113,** "Les jeunes ont la parole," adapted from *Forum du Développement*, courtesy Nations Unies. **127,** "Naufrage sur la Côte de Bretagne," excerpt adapted from "Mer courage, mer cruelle," from *Le Point*, by permission of the publisher. **130,** Map of Brittany from *Guide Vert du Pneu Michelin Bretagne*, 26ᵉ édition, reprinted by permission of Michelin. **134,** Travel Service Chart from *Guide Pratique du Voyageur SNCF*, courtesy of SNCF. **140,** "Un Homme qui a tout fait," adapted from an article from *Manchete*. **143,** Jacques Cartier cartoon from *Il était une fois le Québec*, Editions du Nouvel Age. **150,** "Sept Remèdes à la fatigue du matin," article adapted from *Paris Match*, reprinted by permission of the publisher. **153,** article adapted from *Prima* magazine. **160,** "L'Amour à 20 ans," article adapted from *L'Express*, reprinted by permission of the New York Times Syndications Sales Corp. **170,** "Un Petit Coin du Canada français," adapted from an article from *Châtelaine* by Françoise R. Deroy-Pineau, reprinted by permission of the publisher. **174,** "C'est le bon temps de redécouvrir le Québec," article adapted from *Dimanche Matin*. **177,** "Une Société québécoise en mutation," from *Châtelaine*, reprinted by permission of the publisher. **191,** "Séparé de la Joconde," adapted from an article from *L'Express*, reprinted by permission of the New York Times Syndication Sales Corp. **195,** excerpt from *Ville de Paris*, reprinted by permission of the publisher. **199,** excerpt from the article "Les médecins de campagne en colère," from *L'Express*, reprinted by permission of the New York Times Syndications Sales Corp. **203,** excerpt from *Histoire de France* by Bonifacio and Maréchal, published by Classiques Hachette. **209,** "L'École dans le Nord," adapted from an article by Denis Lebrun from *Éducation Québec*, reprinted by permission of the publisher. **212,** "Les Franco-Américains," adapted from an article from *Québec Français*, reprinted by permission of the publisher.